I0217161

www.ingramcontent.com/pod-product-compliance
Lightning Source LLC
Chambersburg PA
CBHW031400040426
42444CB00005B/364
9781909669598

كتاب رسالة الحروف

كتاب تحصيل السعادة

ابو نصر محمد ابن محمد الفارابي

Kitab Rilasa al-Huruf

Kitab Tahsil al-Saida

Abū Naṣr Muḥammad ibn Muḥammad al-Fārābī

كتاب رسالة الحروف كتاب تحصيل السعادة
Kitab Rilasa al-Huruf/Kitab Tahsil al-Saida

Copyright © JiaHu Books 2013

First Published in Great Britain in 2013 by Jiahu Books – part of Richardson-Prachai Solutions Ltd, 34 Egerton Gate, Milton Keynes, MK5 7HH
ISBN: 978-1-909669-59-8

Conditions of sale
All rights reserved. You must not circulate this book in any other binding or cover and you must impose the same condition on any acquirer.

A CIP catalogue record for this book is available from the British Library
Visit us at: **jiahubooks.co.uk**

2

كتاب رسالة الحروف	5
الباب الأول	
البابُ الثاني	50
البابُ الثالِث	68
كتاب تحصيل السعادة	110

كتاب رسالة الحروف

للفيلسوف أبي نصر الفارابيّ

بسم الله الرحمن الرحيم

وبه نستعين الحمد لله ربّ العالمين والسلام على نبيّه وآله أجمعين.

الباب الأول

الحُروفُ وَ أسمَاء المقولات

الفصل الأوّل حرف إنّ (1) أمّا بعد فإنّ معنى انّ الثبات والدوام والكمال والوثاقة في الوجود وفي العلم بالشيء. وموضوع إنَّ وأنَّ في جميع الألسنة بيّن. وهو في الفارسيّة كاف مكسورة حينا وكاف مفتوحة حينا. وأظهر من ذلك في اليونانيّة " أُنْ " و " أُوْن "، وكلاهما تأكيد، إلا أنّ " أُوْن " الثانية أشدتأكيداً، فإنه دليل على الأكمل والأثبت والأدوم. فلذلك يسمّون الله ب " أُوْن " ممدود الواو، وهم يخصّون به الله، فإذا جعلوه لغير الله قالوها ب " أُنْ "مقصورة. ولذلك تسمّي الفلاسفة الوجود الكامل " إنية " الشيء- وهو بعينه ماهيّته - ويقولون " وما إنية الشيء " يعنون ما وجوده الأكمل، وهو ماهيته. إلاّ في الإخبار فقط دون السؤال.

الفصل الثاني: حرف متى (2) وحرف " متى " يُستعمَل سؤالا عن الحادث من نسبته إلى الزمان المحدود المعلوم المنطبق عليه، وعن نهايتي ذلك الزمان المنطبقتين على نهايتي وجود ذلك الحادث - جسما كان ذلك أو غير جسم - بعد أن يكون متحركا أو ساكنا، أو في ساكن أو في متحرك. وليس بشيء من الموجودات يحتاج إلى زمان يلتئم به وجوده أو ليكون سببا لوجود موجود أصلا. فإن الزمان متى مّا عارضٌ باضطرار عن الحركة، وإنما هو عِدّة عدّها العقل حتى يمحي به

ويقدّر وجود ما هو متحرّك أو ساكن. وليس الحال فيه مثل الحال في المكان، فإن أنواع الأجسام محتاجة إلى الأمكنة ضرورة في الأشياء التي أحصاها من قبل.

الفصل الثالث: المقولات (3) والذي ينبغي أن يُعلمَ أن أكثر الأشياء المطلوبة بهذه الحروف وما ينبغي أن يجاب به فيها فيسمّي الفلاسفة باسم تلك الحروف أو باسم مشتقّ منها. وكلّ ما سبيله أن يجاب به في جواب حرف " متى " إذا استعمل يسمّونه بلفظ ة متى. وما سبيله أن يجاب به عن سؤال " أين " يسمونه بلفظة أين.وما سبيله أن يجاب به في " كيف " يسمونه بلفظة كيف وبالكيفيّة. وكذلك ما سبيله أن يجاب به في " أيّ " بلفظة أيّ. وما يجاب به في " ما " يسمّونه بلفظة ما والماهية. غير أنهم ليس يسمّون ما سبياه أن يجاب به في حرف " هل" بلفظ هل، ولكن يسمّونه إنّ الشيء. (4) وكلّ معنى معقول تدلّ عليه لفظة مّا يوصف به شيء من هذه المشار إليها فإنا نسميه مقولة. والمقولات بعضها يعرّفنا ما هو هذا المشار إليه، وبعضها يعرّفنا كم هو، وبعضها يعرّفنا كيف هو، وبعضها يعرّفنا أين هو، وبعضها يعرّفنا متى هو أو كان أو يكون، وبعضها يعرّفنا أنه مضاف، وبعضها أنه موضوع وأنه وضع مّا، وبعضها أنّ له على سطحه شيئا مّا يتغشّاه، وبعضها أنه ينفعل، وبعضها أنه يفعل. (5) وقد جرت العادة أن يسمّى هذا المشار إليه المحسوس الذي لا يوصف به شيء أصلا إلاّ بطريق العرض وعلى غير المجرى الطبيعيّ، وما يعرّف ما هو هذا المشار إليه، الجوهر على الإطلاق، كما يسمّونه الذات على الإطلاق. ولأنّ معنى جوهر الشيء هو ذات الشيء وماهيته وجزء ماهيته، فالذي هو ذات في نفسه وليس هو ذاتا لشيء أصلا هو جوهر على الإطلاق، كما هو ذات على الإطلاق، من غير أن يضاف إلى شيء أو يقيَّد بشيء. وما يعرّف ما هو هذا المشار إليه هو جوهر هذا المشار إليه. ولأنه ليس يحمل على شيء آخر، لأنه من كلّ جهاته جوهر لكلّ ما يحمل عليه. وأما سائر المحمولات على هذا المشار إليه، فإنه ليس واحد منها بجوهر له، وإن كان جوهر الشيء آخر، فلذلك هو جوهر بالإضافة وبتقييد، وعرضٌ في المشار إليه. (6) والمقول فقد يُعنى به ما كان ملفوظا به، كان دالاّ أوغير دالّ، فإن القول قد يعنى به على المعنى الأعمّ كلّ لفظ، كان دالاّ أو غير دالّ. وقد يعنى به ملفوظا به دالاّ، فإنّ القول قد يعنى به على المعنى الأخصّ كلّ لفظ دالّ، كان اسما أو كلمة أو أداة. وقد يُعنى به مدلولا عليه بلفظ مّا. وقد يُعنى به محمولا على شيء مّا. وقد يُعنى به معقولا، فإن القول قد يدلّ على القول المركوز في النفس. وقد يُعنى به محدودا، فإن الحدهو قول مّا. وقد يُعنى به مرسوما، فإن الرسم أيضا هو قول مّا. وبهذه

سُمّيت المقولات مقولات، لأن كل واحد منها اجتمع فيه أن كان مدلولا عليه بلفظ، وكان محمولا على شيء مّا مشار إليه محسوس - وكان أول معقول يحصل إنما يحصل معقولَ محسوس، وإن كانت توجد معقولات معقولات حاصلة لا محسوسات فذلك ليس بينا لنا منذ أوّل الأمر -، وكانت أيضا مفردة والمفردة تتقدّم المركبات.

الفصل الرابع: المعقولات الثواني (7) وأيضا فإنّ هذه المعقولات الكائنة في النفس عن المحسوسات إذا حصلت في النفس لحقها من حيث هي في النفس لواحق يصير بها بعضها جنسا، وبعضها نوعا، ومعرّفا بعضٌ ببعض. فإنّ المعنى الذي به صار جنسا أو نوعا - وهو أنه محمول على كثيرين - هو معنى يلحق المعقول منحيث هو في النفس. وكذلك الاضافات التي تلحقها من أنّ بعضها أخصّ من بعض أو أعمّ من بعض هي أيضا معان تلحقها من حيث هي في النفس. وكذلك تعريف بعضها ببعض هي أيضا أحوال وأمور تلحقها وهي في النفس. وكذلك قولنا فيها إنها " معلومة " وإنها " معقولة " هي اشياء تلحقها من حيث هي في النفس. وهذه التي تلحقها بعد أن تحصل في النفس هي أيضا أمور معقولة، لكنها ليست هي معقولة حاصلة في النفس على أنها مثالات محسوسات او تستند إلى محسوسات، أو معقولات أشياء خارج النفس، وهي تسمّى المعقولات الثواني. (8) وهي أيضا لايمتنع - إذا كانت معقولات - أن تعود عليها تلك الأحوال التي لحقت المعقولات الأول، فيلحقها ما يلحق الأول من أن تصير أيضا أنواعا وأجناسا ومعرّفة بعضُها ببعض وغير ذلك؛ حتى يصير العلم نفسه الذي هو لاحق للشيء إذا حصل في النفس أن يكون معلوما أيضا، والمعلوم أيضا نفسه يكون معلوما؛ ويصير المعقول معقولا أيضا، والمعقول أيضا معقولا والعلم الذي بمعنى العلم أيضا معلوما، وذلك لعلم آخر، وهكذا الى غير النهاية؛ حتى يكون للجنس أيضا جنس، ولذلك أيضا كذلك، إلى غير النهاية. وذلك على مثال ما توجد عليه الألفاظ التي توضع في الوضع الثاني، فإنها أيضا يلحقها ما يلحق الألفاظ التي في الوضع الأوّل من الإعراب. فيكون " الرفع " مثلا أيضا مرفوعا برفع، و " النصب " يكون أيضا منصوبا بنصب، ثمّ هكذا إلى غير النهاية. (9) غير أن التي تمرّ إلى غير النهاية لما كانت كلها من نوع واحد صار حال الواحد منها هو حال الجميع وصار أيّ واحد منها أُخذ هو بالحال التي يوجد عليها الآخر. فإذا كان ذلك كذلك فلا فرق بين الحال التي توجد للمعقول الأول وبين التي توجد للمعقول الثاني، كما لا فرق بين الرفع الذي يُعرَب به " زيد " و " الإنسان " الذي هو لفظ في الوضع الأوّل وبين

الرفع الذي يُعرَبْ به لفظ الرفع الذي هـو في الوضـع الثـاني، فالحـال الـتي يكـون عليها إعراب ما في الوضـع الأول مـن الألفـاظ، بتلـك الحـال يكـون إعـراب مـا في الوضع الثاني منها.كذلك يوجد الأمر في المعقولات، فإنه بالحال الـتي توجـد عليهـا المعقولات الأول في هذه اللواحق هي بعينها الحال الـتي توجـد عليهـا المعقـولات الثواني، فالذي يعمّها من كلّ لا حق شيء واحد بعينه. فمعرفة ذلـك الواحـد هـي معرفة الجميع، كانت متناهية أو غير متناهية، كما أنّ معرفـة معنـى " الإنسـان " والذي يلحقه من حيث هو ذلك المعنى هي معرفة جميع الناس وجميـع مـا هـو إنسان، كانوا متناهين أو غير متناهين. (10) فإذن لا حجّة تلحق من أن تكـون غير متناهية، إذ كانت معرفتنا لواحد منها هي معرفة الجميع، إذ كنـا إنمـا نعـرف مـا يعمّ الجميع الذي هو غير متناهي العدد. ولذلك صـار سـؤال أنطسـثانس في حـدّ الإنسان، وحدّ الحدّ، وحدّ حدّ الحدّ، الصـائر إلى غير النهايـة، غلطـا، إذ كـان ليـس هناك نصير بالمعرفة إلى غير النهاية، ولا حاجـة بنـا إلى أن نعـرف مـا لا نهايـة لـه، حتى إذا عجزنا عنإحصائه وعن معرفة كـلّ واحـد على حيـاله تكـون المعرفـة قـد بطلت، إذ كان معنى الحـدّ معنـى واحـدا بعينـه كليـا في جميـع الحـدود كـانت متناهية أو غير متناهية - كما أن معنى رفع " الرفـع " ورفـع " زيـد " هـو بمعنـى واحد عن كلي في هذين وفي رفـع " رفـع الرفـع " الصـائر إلى غير النهايـة. وكـذلك السؤال عن جنس الجنس، وجنـس جنـس الجنـس، الصـائر إلى غير النهايـة. وعلى ذلك المثال علم العلم بأنه علم علم العلم، الصائر إلى غير النهاية. وكذلك السـؤال عن الشبيه وهل هو شبيهُ شبيهٍ آخر أو مغاير له، وهل معنى الغير غيٌر لغيرٍ آخـر أو شبيه به: فيكون الغير شبيها بمـا هـو غير وكـون الشـبيه غيرا بمـا هـو شـبيه؛ أو يكون الغير غيرا لغير آخر وغير الغير بغير آخر - غيرا لكلّ واحد من الأمرين، وغيرا بغيريةٍ غيرٍ من آخرَيـن، وغير الغير هكـذا، إلى غير النهايـة. وكـذلك شـبيه الشـبيه بشبيه آخر له شبيهٌ أيضا بشبيهين آخرَين، وذلك إلى غير النهاية. فهـذه السـؤالات كلها من جنس واحد، وإنما هي كلهـا في المعقـولات الثـواني. والجـواب عنهـا كلهـا جواب واحد، وهو على مثال ما لخصناه في تلك الأخر.

الفصل الخامس: الموضوعات الأولى للصنائع والعلوم (11) وهذه المعقولات هـي الأول بالإضافة إلى هذه الثانية كلّهـا. والألفـاظ الأول إنّمـا توضـع أوّلا للدلالـة على هذه وعلى المركَّبـات مـن هـذه. وهـذه هـي الموضـوعات الأول لصـناعة المنطـق والعلم الطبيعيّ والعلم المدنيّ والتعاليم ولعلم ما بعـد الطبيعـة. (12) فإنّهـا مـن حيث هي مدلول عليها بألفاظ، ومن حيث هي كلّيّة، ومـن حيـث هـي محمولـة

وموضوعة، ومن حيث هي معرّفة بعضُها ببعض، ومن حيث هـي مسـؤول عنهـا، ومن حيث تؤخذ أجوبة في السؤال عنها، هي منطقيّة. فيأخذها وينظر في أصناف تركيب بعضها إلى بعض من حيث تلحقها هذه الـتي ذُكـرت وفي أحـوال المركَّبـات منها بعد أن تركّبت. فإنّ المركَّبات منها إنّما تصير آلات تسدّد العقل نحـو الصـواب في المعقولات وتحرزه عن الخطأ في ما لا يؤمَن أن يغلـط فيـه مـن المعقـولات، إذا كانت المفردات التي منها رُكّبت مأخوذة بهذه الأحوال. (13) وأمّا في سائر العلوم فإنّما تؤخذ من حيث هـي معقـولات الأشـياء الخارجـة عـن الـذهن مجـرَّدة عـن ألفاظها الدالّة عليها ومن سائر ما يلحقها في الذهن من العوارض الـتي ذُكـرت. إلاّ أنّ الإنسان يضطرّ إلى أن يأخذها بتلك الأحوال ليصير بها إلى أن تحصـل معلومـة، وإذا حصـلت معلومـة أخـذها حينئذ مجـرَّدة عنهـا. ويضـطرّ إلى أخـذها بتلـك الأحوال، ويصير ما يطلـب علمـه منهـا نتـائج بتلـك الأحـوال، حتّـى إذا فـرغ مـن تعلّمها أُزيلت عنها تلك الأحوال، أو يجعل المقصد منها أن تؤخذ لا مـن جهـة مـا لها تلك الأحوال وإن كانت لا تنفكّ منها. (14) وما تحتوي عليه المقـولات بعضـها كائن وموجود عن إرادة الإنسان وبعضها كائن لا عن إرادة الإنسان. فما كان منها كائنا عن إرادة الإنسان نظر فيه العلم المدنيّ وما كـان منهـا لا عـن إرادة الإنسـان نظر فيه العلم الطبيعيّ. (15) وأمّـا علـم التعـاليم فـإنّه إنّمـا ينظـر مـن هـذه في أصناف ما هو كمّ وفيما كانت ماهيّات تلك الأنواع من الكمّ توجب أن يوجد فيها من سائر المقولات بعـد أن يجرّدهـا في ذهنـه ويخلّصـها عـن سـائر الأشـياء الـتي تلحقها وتعرض لها، سواء كانت تلك عن إرادة الإنسان أول عن إرادتـه. ولا ينظـر من المقولات في المشار إليه المحسوس الذي لا يُحمَل على شيء أصلا ولا بوجه مـن الوجوه، ولا في ما هو هذا المشار إليـه؛ ولا ينظـر في أنـواع الكـمّ مـن حيـث هـي لاحقة وعارضة لهذا المشار إليـه؛ ولا لمـاذا هـو هـذا المشـار إليـه؛ بـل يأخـذ تلـك الأنواع في ذهنه مجرَّدة عن هذا المشار إليه وعن ما هـو المشـار إليـه. (16) وأمّـا العلم الطبيعيّ فإنّه ينظر في جميع مـا هـو شيء شيء مـن هـذا المشـار إليـه، وفي سائر المقولات التي توجب ماهيّة أنواع مـا هـو هـذا المشـار إليـه أن توجـد لهـا. وينظر أيضا فيما ينظر فيه التعاليم من حيث هي بهـذه الحـال، فـإنّ جلّهـا - بـل جميعها - توجب ماهيّة أنواع ما هو هذا المشار إليه أن توجد لها. فالتعاليم ينظر فيها مخلَّصة عن جميع أنواع ما هو هذا المشار إليه، والعلم الطبيعيّ ينظـر فيهـا من حيث هي أنواع ما هو هذا المشار إليه. والتعاليم يقتصر بين أسباب هذه على ماذا هو كلّ واحد منها، والعلم الطبيعيّ يعطي جميع أسباب كـلّ مـا ينظـر فيـه، فإنّه يلتمس أن يعطي في كلّ واحد منها ماذا هو وعمّاذا هو وبماذا هو ولماذا هو.

والتعاليم لا يأخذ في ماذا هو كلُّ واحد ممّا- يعطي ماهيّته أمور ا خارجة عن المقولات أصلا. وأمّا العلم الطبيعيّ فإنّه يعطي أيضا في أسبابه أمورا غيرها خارجة عن المقولات. فإنّه يعطي في الأمكنة التي سبيله أن يعطي فيها الفاعل فاعلا غيره خارجا عن المقولات الفاعلة، أو يرقى إلى أن يعطي غاية الغاية، وغاية غاية الغاية، حتّى يروم المصير إلى حصول الغايات والأغراض التي لها كون ما تشتمل عليه المقولات. فإذا التمس أن يعطي ما هو كلّ واحد من أجزاء أجزاء الماهيّة حتّى يعطي أقصى ما يمكن أن يوجد في ماهيّاتها، هجم حينئذ على أسبابه معقولة خارجة عن المقولات وعلى أمور من أجزاء ماهيّته هي خارجة عن المقولات، فهجم على أمور هي فاعلة خارجة عن المقولات وعلى أمور يعلم أنّها غايات إلاّ أنّها خارجة عن المقولات، إلاّ أنّها أجزاء ماهيّة الأشياء ممّا في المقولات، وهي أجزاء بألتئامها وتركيب بعضها إلى بعض يكون ذلك الشيء الذي هو من المقولات. إلاّ أنّ تلك الأجزاء لم تكن موصوفة بشيء مفارق لأنّها إذا كانت أجزاء ماهيّة الشيء الذي هو أحد ما في المقولات، كان في جملة ما هو في ذلك الشيء. فإنّه إن كان ذلك الشيء هو المشار إليه، وكانت تلك الأشياء أجزاء ماهيّته، كان غير خارج عمّا- هو ذلك المشار إليه ولا مفارقا له، فيكون ذلك داخلا في المقولات. إلاّ أنّها على كلّ حال تكون غير مفارقة للأش ي اء التي في المقولات، إذ كان جملة الشيء غير مفارق لتلك الجملة. وأمّا الفاعل والغاية فقد يكون خارج الشيء ومفارقا له. فإذا كان كذلك فقد أعطى أقصى ما به ماذا الشيء - أي ما هو غي مفارق للشيء الذي يلتمس إعطاء ماهيّته من الأنواع التي في المقولات - وأقصى فاعل يكون مفارقا له، وكذلك أقصى غاية له. فالعلم الطبيعيّ يهجم إذن عند نظره في المقولات على أشياء خارجة عن المقولات غير مفارقة لها بل هي منها، وعلى أشياء خارجة عنها ومفارقة لها. فعند هذه يتناهى النظر الطبيعيّ. (17) وينبغي بعد ذلك أن يُنظَر في الأشياء الخارجة عن المقولات بصناعة أخرى وهي علم ما بعد الطبيعيّات. فإنّها تنظر في تلك وتستقصي معرفتها وتنظر في ما تحتوي عليه المقولات من جهة ما تلك الأمورُ أسبابها - حتّى في ما تحتوي عليه التعاليم منها والعلم المدنيّ وما يشتمل عليه المدنيّ من الصنائع العمليّة. وعند ذلك تتناهى العلوم النظريّة. (18) والمقولات هي أيضا موضوعة لصناعة الجدل والسوفسطائيّة، ولصناعة الخطابة ولصناعة الشعر، ثمّ للصنائع العمليّة. والمشار إليه الذي إليه تقاس المقولات كلّها هو الموضوع للصنائع العمليّة. فبعضها يعطيه كمّيّة مّا، وبعضها يعطيه كيفيّة مّا، وبعضها أينا مّا، وبعضها وضعا مّا، وبعضها إضافة مّا، وبعضها يعطيه أن يكون في وقت مّا، وبعضها يعطيه ما يتغشّى سطحه، وبعضها أن يفعلَ، وبعضها أن ينفعلَ،

وبعضها يعطيه اثنين من هذه، وبعضها ثلاثة من هذه، وبعضـها أ كـثر مـن ذلـك. فإنّك إذا تأمّلت موضوع صـناعة صـناعة مـن الصـنائع العمليّـة وجـدته شـيئا مّـا مشارا إليه تقاس المقولات. إلاّ أنّ ما يتصوّر صاحب الصـناعة في نفسـه مـن ذلـك هو نوعه، فإذا فعلَ فعلَ في مشار إليه يحمل عليه ذلك النوع حمل ما هـو. فـإنّ الصناعة التي في نفس إنسان إنسان إنّما تلـتئم مـن أنـواع موضـوعها ومـن أنـواع الأشياء التي تعطي ذلك الموضوع وتفعل فيه، فإذا فعلتْ فعلتْ في مشار إليه من النوع المعقول. وذلك بصناعة الخطابة وصـناعة الشـعر، وفيما يختصّـان بـه، دون السوفسطائيّة والجدل والفلسفة، فإنّ كلّ واحدة منهما إنّما تتكلّـم وتخـاطب حين ما تتكلّم وتخاطب في المشار إليه من التي إليها تقاس المقولات وتعرّف بأشياء ممّا في المقولات، وأمّا الخطابة فإنّها تلتمس أن تقنع بأنّ فيه شيئا مّا ممّا في المقـولات، وأمّا الشعر فيلتمس أن يخيّل بـأنّ فيـه شـيئا مّـا ممّا ـ في المقـولات. ومـا في نفـس الخطيب والشاعر مـن كـلّ واحـدة منهما فإنّمـا يلـتئم مـن نـوع نـوع مـن أنـواع موضوعاتها، ومن نوع نوع مـن أنـواع مـا يلتمـس الخطيـب أن يقنـع بـه أنّـه في الموضوع ويلتمس الشاعر أن يخيّل به أنّه في الموضوع. والخطابـة إنّمـا تلـتئم مـن نوع ما فيه تقنع ومن نوع ما إيّاه تقنع، والشعر ياتئم من نوع ما فيه يخيّل ومن نوع ما إيّاه يخيّل. والفلسفة والجـدل والسوفسـطائيّة فإنّهـا لا تعـدو الأنـواع ولا تنحطّ إلى المشار إليه.

الفصل السـادس: أسـماء المقـولات (19) وينبغـي لـك إن أردتَ أن تعـرف تلـك المقولات أن تكون قد عرفت المتّفقة أسماؤها؛ والمتواطئة أسماؤها؛ والمتوسطة بين المتّفقة أسماؤها وبين المتواطئة أسماؤها - وهي التي تسمّى باسم واحد وتُنسَـب إلى أشياء مختلفة بشيء متشابه من غير أن تسمّى تلك الأشياء الـتي تُنسَـب إليهـا باسم هذه و من غير أن يسمّى ذلك الواحد باسم تلك الأشياء، والتي تسمّى باسم واحد وتُنسَب إلى شيء واحد من غير أن يسمّى ذلـك الواحـد باسـم تلـك الأشـياء، والتي تسمّى باسم واحد مشتقّ من اسم الشيء الذي إليه تُنسَب، مثل " الطبّـيّ " المشتقّ من اسم الطبّ، والتي تسمّى باسم واحد هو بعينه اسم الشيء الذي إليـه تُنسَب - وكلّ واحد من هذه إمّا متساو وإمّـا متفاضـل؛ ثـمّ المتباينـة أسـماؤها؛ والمترادفـة أسـماؤها؛ والمشـتقّة أسـماؤها. (20) وينبغـي أن تعلـم أيضـا الأسـماء المتّفقة أشكال ألفاظها والمتواطئة أشكال ألفاظها وترتاضَ في هذه أيضا، فإنّهـا مـن المغلطات العظيمة التغليط. فمـن ذلـك مـا شـكله شـكل مشـتقّ ومعنـاه معنـى مشتقّ، كقولنا" الرجل كَرْم " أي كريم. ومنه ما شكله شكل فَعْل ومصدر، ومعنـاه

معنى مَفْعُول، كقولنا " خَلْقُ الله " أي مخلوقه. ومنه ما شكله شكل ما يَفْعَلُ ومعناه معنى ما يَنْفَعِلُ.ومنه ما شكله شكل مَفْعُول ومعناه معنى فَاعِل، مثل " سميع عليم " أي عالم وسامع أو مستمع. (21) ومّما ـ ينبغي أن تعلمه أنّ لفظا على شكل مّا وبِنْيَة مّا يكون دالاّ بنفسه على شيء مّا بمعنى أو على معنى بحال مّا، ثمّ يُجعَل ذلك اللفظ بعينه دالاّ على معنى آخر مجرَّد عن تلك الحال؛ فتكون بنيته بنية مشتقّ يدلّ في شيء مّا على ما تدلّ عليه سائر المشتقّات، ويُستعمَل بتلك البنية بعينها في الدلالة على معنى آخر مجرَّد عن كلّ ما تدلّ عليه سائر المشتقّات. (22) وإذا أُخذت الأنواع التي تشتمل عليها مقولة مقولة من هذه المقولات ورُتّبت بأن يُجعَل الأخصّ فالأخصّ منها تحت الأعمّ فالأعمّ تنتهي الأنواع التي في كلّ واحد منها إلى جنس عال، وتكون عنده الأجناس عشرة على عدد المقولات. فأعلى جنس يوجد في الأنواع التي تعرّفنا في مشار مشار إليه كم هو يسمّى الكمّيّة. وأعلى جنس يعمّ جميع الأنواع التي تعرّفنا في مشار مشار إليه كيف هو يسمّى الكيفيّة. وأعلى جنس يعمّ جميع الأنواع التي تعرّفنا في مشار مشار إليه أين هو يسمّى الأين. وكذلك يسمّى أعلى جنس يعمّ جميع الأنواع التي تعرّفنا في مشار مشار إليه متى هو أو كان أو يكون يسمّى متى. وأعلى جنس يعمّ جميع الأنواع التي تعرّفنا في مشار مشار إليه أنّه مضاف يسمّى الإضافة. وأعلى جنس يعمّ جميع الأنواع التي تعرّفنا في مشار مشار إليه أنّه على وضع مّا أو موضوع وضعامّا يسمّى الوضع. وأعلى ما يعرّف في مشار مشار إليه أنّ له ما يتغشّى جسمه يسمّى أن يكون له. وأعلى ما يعرّف فيه أن يفعلَ يسمّى أن يفعلَ. وأعلى ما يعرّف فيه أن ينفعلَ يسمّى أن ينفعلَ. (23) وأسبق هذه كلّها عِلْما هو علم المشار إليه الذي حاله الحال التي وصفنا دون الباقية. فإنّه هو الذي يُدرَك أوّلا بالحسّ. ثمّ هو بعينه يوجد موصوفا ببعض هذه التي ذُكرت، مثل أنّه هو " هذا الإنسان " وأنّه هو " هذا الأبيض " وأنّه هو " هذا الطويل ". فمتى أُخذ كلّ موصوفا بسائر المقولات الأخر أُخذ مدلولا عليه باسم مشتقّ. وإذا أُخذ كلّ واحد من هذه الصفات من غير أن يقال فيه " هذا " كأن يقال " هذا الإنسان " أو " هذا الأبيض " - بأن يقال " الإنسان " و " الأبيض "، انطوى فيه المشار إليه بالقوّة. فيصير ذلك وما أشبهه هو أوّل المعقولات، وكلّ واحد منهاإنّما ينطوي فيه مشار واحد بعينه في العدد، فيصير " الإنسان " و" الأبيض " و " الطويل " واحد بعينه، فتُميز المقولات بعضها عن بعض هذا التميّز. (24) ثمّ بآخره يقع من النطق تميّز آخر. وذلك أن توجد هذه المعاني الكثيرة من غير أن ينطوي في شيء منها هذا المشار إليه. فينزع الذهن هذه بعضها عن بعض ويُفرد

كلّ واحد منها على حياله، فيُفرد معنى " البياض " على حدة ومعنى " الطول " على حدة ومعنى " العرْض " على حدة، وكذلك الباقية مثل " القيام " و" القعود " وغير ذلك. وهذا شيء يخصّ العقل وينفرد به دون الحسّ. وهي أسبق إلى المعرفة من أن تكون منتزعة، ولكلّ واحد منها تقدُّم على الآخر بوجه مّا. غير أنّ الألفاظ إن كانت إنّما تدل عليها من حيث هي أحرى أن تكون معقولة ومن حيث لها تقدُّم في العقل فألفاظها الدالّة عليها من حيث هي مفردة عن المشار إليه أقدم، ومع ذلك فإنّها تدلّ عليها وهي منحازة بطبائعها وحدها ومن حيث هي أبسط وغير مركَّبة مع غيرها. وتكون ألفاظها الدالّة عليها من حيث هي مع زيادة شيء ومن حيث هي أحرى أن تكون محسوسة، هي المتأخّرة المأخوذة من الأول. فإن كانت ألفاظها سبقت عليها قبل أن تُنتزَع، فسُمّيت بأشكال تدلّ عليها من حيث هي أصناف المشار إليه، فتلك الأسبق، وهذه متأخرة مأخوذة من تلك. (25) ولكن كيف تمكّن الإنسان أن يكون قد وقف حيث ما كانت في المشار إليه أنّه معنى من المشار إليه حين علم أنّه مركَّب من شيئين، لولا أنّه علم كلّ واحد من المركَّبين على حياله ثمّ ركّب. فمن هذا يجب أن تكون التسمية التي تدلّ على تركيب بتغيّر شكلٍ متأخّرةً ومأخوذة عن لفظ مّا عُلم وحده بسيطا بلا تركيب. فلذلك رأى القدماء أنّ هذه هي المشتقّة وأنّ تلك هي المثالات الأول، لأنّهم إنّما يرون أنّ الألفاظ إنّما أُحدثت بعد أن عُقلت الأشياء، وأنّ الألفاظ إنّما تدلّ أوّلا على ما عليه الأمور في العقل من حيث هي معقولة ومتى حدث للعقل فيها فعل خاصّ، وأنّه لا يُنكَر أن تكون الأشياء من قبل أن يحدث فيها للعقل فعل خاصّ ومن حيث كانت هي أقرب إلى المحسوس قد كان يُدَلّ عليها إمّا بإشارات وإمّا بحروف وإمّا بأصوات وزعقات، أو بألفاظ غير متأمَّل أمرها ولا مدبَّرة من أنحاء دلالاتها - فحينئذ إمّا أن لا تكون تلك ألفاظ وإمّا أن تكون غير كاملة، فإنّ الكاملة منها هي التي حصلت دالّة عليها بعد أن صارت معقولة بفعل للعقل فيها خاصّ. فاذلك يجب أن تُجعَل الدالّة عليها وهي مفردة مثالات أول، وباقيها مشتقّة منها، مثل " الضَرْب " فإنّه مثال أوّل، و" الضارب " و " يضرب " و" ضَرَبَ " و " سيضرب " و " مضروب " وأشباه ذلك مشتقّة، وكذلك في غيرها. (26) والمقولات التسع الباقية يُدَلّ على كلّ واحد منها باسمين، مشتقّ ومثال أوّل، وأسماؤه المشتقّة كثيرة، مثل " عالم " و " معلوم " و " يعلم " و " عَلِمَ " وغير ذلك ممّا له تصاريف. وأمّا المقولة الدالّة على ما هو المشار إليه فإنّ أجناسها وأنواعها أسماء أ كثرها مثالات أول و لا تصاريف لها أصلا، وفي بعضها ما شكل لفظه شكل مشتقّ وليس معناه مشتقّا، مثل " الحيّ ". وأمّا فصولها التي تعرّف بأجناسها فتلتئم منها

حدودها، فإنّها كلّها يُدَلّ عليها بأسماء مشتقّة. وكلّ ما يدلّ على ما هو المشار إليه فإنّ المشار إليه منطوٍ فيه بالقوّة. وكذلك الأسماء المشتقّة الدالّة على سائر المقولات فإنّ المشار إليه منطوٍ فيهابالقوّة. وذلك أنّ المثالات الأول الدالّة على سائر المقولات المنتزَعة تنطوي فيها أجناسها بالقوّة مدلولا عليها بالمثالات الأول. وإذا أُخذت مدلولا عليها بألفاظها المشتقّة انطوت فيها أنواعها بالقوّة مدلول عليها بألفاظها المشتقّة وانطوى فيها مع ذلك المشار إليه بالقوّة أيضا. إلاّ أنّ تلك تنطوي فيها على مثال ما ينطوي المشار إليه تحت كلّ ما يعرّف منه ما هو. وأمّا أنواع المقولات الأخر فإنّ المشار إليه الذي هو تحت كلّ نوع منها لا يمكن أن نُشير إليه إلاّ مع المشار إليه الأوّل، مثل " هذا البياض "، فإنّا نُشير إليه وهو في هذا الثوب أو في هذا الحائط، لأنّا نُشير إلى الثوب أو إلى الحائط. إلاّ أنّ المشار إليه الأوّل لا يمكن أن نسمّيه باسم مشتقّ من اسم هذا البياض، إذ كان لا اسم له، ولكن يُدَلّ عليه بأن يقال " هو في موضوع لا على موضوع ". والمشار إليه الأوّل لا ينفكّ من مشار إليه هو في موضوع لا على موضوع، وإنّما يوصف المشار إليه الذي لا في موضوع بنوع المشار إليه الذي هو في موضوع، إذ كان المدلول عليه باللفظ نوعه وليس هو بنفسه.

الفصل السابع: أشكال الألفاظ وتصريفها (27) وا لأ لفاظ الدالّة على الذي يعرّف ما هو كلّ واحد ممّا- هو مشار إليه وليست في موضوع هي ألفاظ لا تُصرَّف أصلا، أي لا تُجعَل لها كَلِم. والدالّة على سائر المقولات الأخر متى أُخذت من حيث ينطوي فيها المشار إليه بالقوّة فلها أشكال، ومتى أُخذت دالّة عليها من حيث هي مفردة في النفس عن المشار إليه الذي في موضوع فلها أشكال أخر. وكثير من التي يُدَلّ عليها من حيث هي مفردة عن المشار إليه تُجعَل لها كَلِم . فإذا جُعلت لها كَلِم وحصلت هذه المراتب الأربع من المعارف - أعني علم المشار إليه أوّلا، ثمّ أنّه هذا الإنسان وهذا الأبيض، ثمّ الإنسان والأبيض، ثمّ الإنسان والبياض - ابتدأت التسمية حينئذ، إذ كانت النفس تتشوّق إلى الدلالة على ما لا تفي الإشارة بالدلالة عليه. فإنّ الذي يشار إليه هو هذا الأبيض لا البياض ولا الأبيض على الإطلاق، وهذا الطويل لا الطول ولا الطويل على الإطلاق - ولكنّ الطويل والأبيض هو أقرب إلى المشار إليه من الطول والبياض. (28) فإذا انتزعت القوّة الناطقة هذه الأشياء بعضها عن بعض، عادت فركّبت بعضها إلى بعض ضروبا من التركيب تتحرّى بها محاكاة ما هو خارج النفس من التركيب، فيصير لها بعضا إلى بعض تركيب القضايا فتحدث الموجبات والسوالب، وبعضها تركيب

تقييد واشتراط، وبعضها تركيب اقتضاء مثل الأمر والنهي، وغير ذلك من أصناف التركيبات. (29) فتحدث حينئذ ألفاظ وتُقدَّر، ويقع تأمّل لها وإصلاح، وان يتمّ المحاكاة بها للمعقولات، وتحدث به أصناف الألفاظ، ويُدَلّ بصنف صنف منها على صنف صنف من المعقولات، فتحصل الألفاظ الدالّة أوّلا على ما في النفس. وما في النفس مثالات ومحاكاة للتي خارج النفس. وإنّما قلنا " أوّلا " أنّ انفراد المعاني المعقولة بعضها عن بعض ليس يوجد خارج النفس وإنّما يوجد في النفس خاصّة. والألفاظ ينفرد بعضها عن بعض مدلولا بها على المعاني التي ينفرد في النفس بعضها عن بعض. (30) والألفاظ هي أشبه بالمعقولات التي في النفس من أن تشبه التي خارج النفس. ولذلك أنكر خلق أن يكون كثير من التي تدلّ عليها الألفاظ موجودة أو صادقة، مثل " البياض " و " السواد " و " الطول "، بل يزعمون أنّ الموجود هو " الأبيض " لا " البياض" و " الطويل " لا " الطول ". بل أنكر كثير منهم أيضا أن يكون " الأبيض " و " الإنسان " موجودا، بل الموجود - زعموا - هو " هذا الإنسان " و " هذا الأبيض " و " هذا الطويل ". بل أنكر أيضا كثير من الناس أن يكون ما يدلّ عليه المشار إليه ليس بكثير، فأبطلوا وجود المعقولات. غير أنّ هذه مخالفة المحسوس ومخالفة المعارف الأول وخروج عن الإنسانيّة. لأنّ في طباع الإنسان أن ينطق بألفاظ وفي طباعه أن يدلّ ويعلّم، وأن تحصل الأشياء في ذهنه معقولة بالحال التي وُصفت. وليس يمكن أن يُكشَف ما غلط فيه هؤلاء إلاّ أن توضع الناطقة والتعليم والتفهيم فيما بيننا وبينهم، وإلاّ لم يكن بيننا وبين النبات والحجارة فرق. فأمّا إذا وضعنا حيوانا وإنسانا، لم يكن بُدّ من التعليم والتفهيم، بل تجعل ذلك بما شئت من الأمور بعد أن تكون مُفهمة أو دالّة من بعض لبعض. وإذا كان كذلك عادت المعقولات على ما رُتّبت. (31) وظاهر أنّ التسمية إذا حصلت بالألفاظ وأُصلحت على مرّ الدهور إلى آن أن تحصل الصناعة، وُجد فيها ما هو مشتقّ وما هو غير مشتقّ، ووُجد فيها ما يدلّ على معان منتزَعة عن المشار إليه وعلى ما يدلّ على هذه المعاني بأعيانها من حيث المشار إليه موصوف بها - وهذا بعضه يدلّ على ما هو المشار إليه وبعضه يدلّ على غيره من المعقولات. والمعاني المنتزَعة هي متأخّرة بالزمان عنها من حيث يوصف بها المشار إليه ومن حيث ينطوي فيها بالقوّة المشا ر إليه. وأمّا الألفاظ الدالّة عليها، فإنّه ينبغي أن تكون هناك ألفاظ مشكَّلة بأشكال تدلّ عليها من حيث هي منتزَعة مفردة عن المشار إليه، وألفاظ أخر تدلّ عليها من حيث المشار إليه منطوٍ فيها بالقوّة. (32) وقوم زعموا أنّ الألفاظ التي تدلّ عليها من حيث ينطوي فيها بالقوّة المشار إليه ومن حيث المشار إليه موصوف بهابالقوّة هي

مشتقّة من ألفاظها الدالّة عليها من حيث هي منتزَعة عن المشار إليه، وأنّ ألفاظها تلك هي المثالات الأول. وآخرون رأو اعكس ذلك. ولكلّ واحد من الفريقين موضع مقال. فإنها من حيث هي صفات المشار إليه والمشار إليه موصوف بها أحرى بأن تكون موجودة خارج النفس منها كَلم- وهذه تسمّى عند نحويي العرب " مصادر " وهي تصرَّف في الأزمان الثلاثة. وما كان من هذه تدلّ عليها من حيث ينطوي فيها المشار إليه الذي لا في موضوع فإنها كلها مشتقة. وقد توجد سائر المقولات منها ما ينطوي فيه المشار إليه الذي لا في موضوع وليس بمشتقّ من مصدر. فإذا أردنا أن نجعل له شكلا يقوم مقام المصدر، كان حينئذ المشكَّل بذلك الشكل أحرى أن يكون مأخوذا من اللفظ الذي ليس بمشتقّ من المصدر. وهذا بعينه نفعله في أسماء الأشياء التي تعرّف في المشار إليه - من التي لا في الموضوع - ما هو، مثل " الإنسان "، فإنّا نقول " إنّه إنسان ظاهر الإنسانيّة " و " رجل بيّن الرجوليّة "، فيكون ذلك شبيهاً بقولنا " هو أبيض بيّن- البياض " و " هو عالم تامّ العلم "، فتكون " الإنسانية " مصدرا و " الرجولّية " مصدرا أو قائما مقام المصدر. غير أنه بيّنُ أنّ مصدر المقولات الأخر إنّما يدلّ عليها مفردة منتزَعة من موضوعاتها التي تُعرَف منها ما هو خارج عن ذاتها.فإذا انتُزعت عن تلك الموضوعات سائر المقولات في الذهن، بقيت الموضوعات موجودة معقولة، وكانت المفردة عنها معقولة مجرَّدة بطبائعها وحدها غير مقترنة بغيرها. (33) وينبغي أن ننظر في " الإنسانيّة " و " الرجوليّة " و " البنائيّة " وأشباه ذلك ممّا يجري مجرى المصادر، هل تدلّ على أشياء مفردة انتُزعت عن موضوعات فأُفردت عنها. فإن كانت كذلك، فما موضوع " الإنسانيّة ". فإن كان ذلك هو " الإنسان " فإنّ " الإنسان " إنّما يدلّ على معنى انطوى فيه بالقوّة موضوع. فمعنى " الإنسان " مركَّب من ذلك الموضوع ومن معنى مّا من الموضوع لا يدلّ على ذاته، ويكون مجموعهما هو جملة معنى " الإنسان " - " حال البياض " من " الأبيض " -، وتلك تكون حال كلّ ما يعرّف من المشار إليه - الذي لا في الموضوع - ماهو. فيكون كلّ واحد منها مركّبا من شيئين، أحدهما مثل " البياض " الآخر مثل الذي فيه " البياض "، ومجموعهما " الأبيض "، وهو مثل " الإنسان ". وكما أنّ " الأبيض " إنّما ينطوي فيه موضوعه بالقوّة، فياهل تُرَى " الإنسان " ينطوي فيه موضوعه بالقوّة أيضا. (34) وظاهر أنّ الموضوع غيرُ المشار إليه الذي ينطوي في " الإنسان " بالقوّة. لأنّ " الإنسان " هو معقول للمشار إليه ويعرّف من المشار إليه ماهو، وأمّا هذا الموضوع فإنّ " الإنسان " يدلّ منه لا على ماهو. ونسبة هذا الموضوع من " الإنسان " كنسبة المشار إليه الذي لا في موضوع من "

الأبيض ". ونسبة المشار إليه من " الإنسان " كنسبة المشار إليه الذي تحت " الأبيض " – وهو شخص " الأبيض " - ممّا هو أبيض، وهو الذي يعرّف " الأبيض " منه ما هو بالفعل، إذ نقول إنّ " الإنسان " ينطوي فيه ذلك الموضوع بالفعل. ف"الإنسان " إذن مركَّب من شيئين بها قوامه. فبيّنٌ أنّ الذي به قوام " الإنسان " والذي يدلّ عليه حدّه هو جنسه وفصله، أو شيئان أحدهما كالمادّة والآخر كالصورة والخِلقة؛ مثل " الأبيض " الذي " البياض " له مثل الصورة والفصل، والموضوع المشار إليه أو بعض أنواعه أو أجناسه كالمادّة أو الجنس. غير أنّ " الأبيض " دلالته على " الأبيض " بالفعل ودلالته على الموضوع بالقوّة، فهل " الإنسان " يدلّ على الذي هو له كالصورة أو كالفصل بالفعل ويدلّ على الذي هو كالمادّة أو كالجنس بالقوّة، أو دلالته عليهما بالفعل. فإن كان ذلك، ف"الإنسانيّة " التي منزلتها من " الإنسان " منزلة " البياض " من " الأبيض "، ما هي منهما، هي المادّة أو الصورة، أو هل هي الجنس أو الفصل. فإن كان " البياض " كالصورة أو الفصل، ف"الإنسانيّة " هي ماهيّته التي هي الصورة أو الفصل مجردًا دون المادّة أو الجنس. فإذن " الإنسانيّة " هي إمّا مثل " الناطق " وحدّه وإمّا مثل " النطق ". فإذا كانت " الإنسانيّة " هي " النطق " مجرّدا عن " الناطق "، و" الإنسان " هو " الناطق "، ف"الناطق " ينطوي فيه " الحيوان بالقوّة لا بالفعل. ف"الناطق " إذن لا يدلّ على ما هو " الإنسان " أ كثر من أنّه " حيوان ". فإذن أمثال هذه المصادر فيما تعرّف ما هو المشار إليه إنّما تصحّ دلالتها في كلّ ما كان منها مركّبا إذا أُفرد ما هو منه، مثل الصورة أو الفصل الذي لا يُدَلّ عليه باسم مشتقّ. وما لم يكن منقسما، وكان إمّا كالصورة لا في مادّة أو مادّة بلا صورة، فليس يمكن أن يُجعَل له مصدر. فإن جُعل له مصدر كان ما يدلّ عليه المصدر والمشتقّ منه معنى واحدا لا غير. فقد تبيّن أيضا أنّ فصول ما يدلّ على ما هو هذا المشار إليه هي أيضا تعرّف ما هو هذا الشيء. (35) وعلى أنّ في سائر الألسنة سوى العربيّة مصادر ما تتصرّف من الألفاظ وتُجعَل منها كَلِم على ضربين، ضرب مثل " العِلْم " في العربيّة وضرب مثل " الإنسانيّة "، وبالجملة مثل مصادر ما لا يتصرّف من الأشياء. فإنّ أهل " الإنسانيّة "، وكذلك سائر الأسماء - ممّا تتصرّف وممّا لا تتصرّف - يجعلون لها مصدر ا على هذه الجهة - أعني أنّهم يقولون من المثلّث " مثلّثيّة " ومن المدوَّر " مدوَّريّة " ومن الأبيض " أبيضيّة " ومن الأسود " أسوديّة ". على أنّهم يقولون أيضا " التثليث " و " التدوير " و " البياض " و " السواد ". ف" الأبيضيّة " و" الأسوديّة " و " الظنيّة " و " العالميّة " و " المثلّثيّة " و " المدوَّريّة " هي أشبه ب"الإنسانيّة " و " الرجوليّة " من شبهها ب" العِلْم " و " السواد " و " البياض ". فإنّ " العِلْم " و "

السواد " و " البياض " إنّما تدلّ على معاني هذه مجرَّدة مفـردة عـن كـلّ موضـوع وكلّ ما يُقرَن به في موضوعه. وأمّـا " الأبيضـيّة " و " الأسـوديّة " فكأنّهـا تـدلّ على هذه المعاني من حيث هي في موضوعاتها ومن حيث هي غير مفارقـة موضـوعها. فلـذلك قـد تكـون بهـذا الشـكل بعينـه في تلـك الألسـنة الألفـاظ المركَّبـة، مثـل " العَبْقَسَة " و " العَبْشَمَة " و " العَبْدَرِيَّة ". وكذلك تـدلّ هـذه الأشـكال على هـذه المعاني من حيث هي متمكّنة في موضوعها. فإنّ هذا هو الفرق بين " العـالِم " و " العالِميّة " في تلك الألسنة، فإنّ " العِلْم " قد يكون لمـا هـو غير متمكّـن ولا يصير بعد صناعة ولا هو عسير الزوال، وأمّا " العالِميّة " فإنّها تدلّ عليها من حيث هـي متمكّنـة في موضـوعاتها غير مفارقـة. وأمّـا مثـل هـذه المصـادر فيشـبه أن تكـون مشتقّة ومأخوذة من الأسماء. وهذه لا تتصرّف بأنفسها في تلك الألسنة، ولكـن إذا أرادوا أن يصرّفوها جعلوا منها لفظة الفعل، فنقول " فَعَلَ العالِميّة " و " يستعمل العالِميّة ". فلذلك ينبغي أن نفهم من " الإنسانيّة " أنّها تدلّ على شيء غير مفارق لموضوع مّا. (36) غير أنّ هذه المصادر تفارق الأسماء التي لم تُشكَّل بهذه الأشكال في أنّ الأسماء ينطوي فيها معنى الوجود الذي هو الرابط الذي به يصير المحمـول محمولا على موضوع. فلذلك نقول " زيد إنسان " ولا نقـول " هـو إنسـانيّة "، و " زيد عالِم " و لا نقول " هو عالِميّة ". وأشكال الألفـاظ الدالّـة على الوجـود الـذي هو الرابط تختلف فيما تعرّف وفيما تعرّف منه أشياء أخر، مثـل كـم وكيـف وغير ذلك. فيكون الذي يعرّف ما هو شكل مّا والذي يعرّف أنحـاء أخـر مـن التعريـف شكلا آخر، فالشكل الذي لـذلك لا يُسـتعمَل في هـذا والـذي لهـذا لا يُسـتعمَل في ذلك. ولكن لمّا كـانت الألفـاظ إنّمـا هـي بالشريعة والوضـع أمكـن أن يُخَـلّ بهـذا القانون. فإنّه ربّما اتّفق أن يكون اشتراك في الأشـكال. فيكـون شـكل مّـا دالاّ في الأ كثر على الوجود الرابط في تعريف أنحاء أخر من التعريف لا مـن طريـق مـا هـو يحيل أحيانا فيدلّ على ما هو، مثل " الحـيّ " الـذي يُسـتعمَل مكـان " الحيـوان " الذي هو جنس الإنسان. فإنّ اسم " الحيّ " وشكله مشتقّ وليس يعبَّر بـه معنـى المشتقّ. ويكون شكل مّـا دالاّ في الأ كـثر على الوجـود الرابـط فيما يعـرّف مـا هـو يحيل أحيانا فيدلّ على نحو آخر من التعريف. وقد تكـون أحيانـا ألفـاظ أشكالها مصادر ومعانيها معاني المشتقّ، مثل " رجـل كَـرْم ". وقـد يلحـق في اليونانيّـة شيء طريف، وهو أنّه قد يكون اسم مّا دالاّ على مقولة ونوع مّا مجـرَّد عـن موضـوعه، ولا يسمّى الموضوع به من حيث يوجد له ذلك النوع باسم مشتقّ من اسـم ذلـك النوع، بل مشتقّ من اسم نوع آخر، مثل " الفضيلة " في اليونانيّ، فإنّ المكيَّف بهـا لا يقال فيه " فاضل " كما يقال في العربيّة، بل يقال " مجتهد " أو " حريص".

الفصل الثامن: النسبة (37) النسبة يستعملها المهندسون من أصحاب التعاليم دالّة في الأعظام على معنى هو نوع من الإضافة التي هي مقولة مّا. فإنّهم يحدّون النيبة في الأعظام أنّها " إضافة في القَدَر بين عِظَمَين من جنس واحد ". ويعنون بقولهم " من جنس واحد " أن تكون إضافة بين سطحين أو خطّين أو حجمين، لا أن تكون بين سطح وخطّ، وحجم وسطح، وحجم وخطّ. ويعنون بقولهم " في المقدار " المساواة والزيادة والنقص. فإنّ الإضافة في القدر على الإطلاق ليست هي غير هذه النسبة، وذلك أن تكون متساوية أ وبعضها زائدا على بعض أو بعضها ناقصا عن بعض. ثمّ أصناف النسب عندهم على عدد أصناف المساواة أ و النقصانات أو الزيادات. و المساواة التي لها متشابهة وإن كانت في أجناس مختلفة، مثل أنّه ساوى خطّ خطّا كان الشبيه به في النسبة حجم يساوي حجما آخر أو سطح يساوي سطحا آخر. وإن كان خطّ زائدا على خطّ وهذا زائد على آخر، كانت نسبته بتلك الزيادة على حسب ما تحدّه صناعة، وهو أن تكون الزيادتان متساويتين معا على ما يحدّه المهندسون - يقولون في الأقدار المتناسية نسبة واحدة " إنّها هي التي إذا أُخذت للأوّل والثالث أضعاف متساوية، وللثاني والرابع أضعاف متساوية، كانت أضعاف الأوّل والثالث زائدتين معا على أضعاف الثاني والرابع أو ناقصتين عنهما معا أو متساويتين لهما معا "، وسائر ما نجدهم يقولونه، فإنّها كلّها أنواع من الإضافة. (38) وأصحاب العدد يجعلونها أيضا نوعا من الإضافة. فإنّهم يقولون " إنّ النسبة في العدد هو أن يكون العدد جزءا أو أجزاء من عدد آخر ". وهذا نوع من أنواع الإضافة أخصّ من الذي يأخذه المهندسون. فإنّ النسبة التي يحدّها المهندسون هو جنس يعمّ النسبة التي يحدّها صاحب العدد. وذلك أنّ النسبة التي يحدّها صاحب العدد منطقيّة، والنسبة التي يحدّها المهندسون منها منطقيّة ومنها غير منطقيّة. (39) والمنطقيّون يجعلون النسبة أعمّ من الإضافة التي هي مقولة مّا، فإنّهم يجعلون الإضافة نسبة مّا. وبالجملة كلّ شيئين ارتبطا بتوسّط حرف من الحروف التي يسمّونها حروف النسبة - مثل " من " و " عن " و " على " و " في " وسائر الحروف التي تشاكلها - يسمّونها " المنسوبة بعضها إلى بعض " (ويسمّون هذه حروف النسبة)، وكذلك المرتبطات بوصلة أخرى سوى الحروف - أيّ وصلة كانت. ويحصون في النسبة عدّة مقولات، منها الإضافة ومقولة أين ومقولة متى ومقولة أن يكون له. وقوم يجعلون النسبة جنسا يعمّ هذه الأربعة. غير أنّه ليس ينبغي أن تُجعَل جنسا ومقولة على أشياء كثيرة بتواطؤ، إذ كانت اللفظةتقال عليها بتقديم وتأخير. فإنّ متى متأخرة عن أين، فإنّ نسبة وجود الزمان هو أن

ينفعل الجسم في أين مّا فيحدث حينئذ الزمان الذي ينطبـق على الشيء ويُنسَـب إليه لأجل انطباقه على وجوده، فهذه النسبة شبيهة بتلـك النسـبة - أعنـي نسـبة الشيء إلى مكانه. وأن يكون له هو نسبة مّا، غير أنّهـا ليـس تكـون دون أن يكـون أين مّا؛ فإذا كان كذلك، كانت هذه النسبة متأخرة عن الوضع، والوضع متأخر عن الأين. فالنسبة يقال عليها بتقديم وتأخير. فالنسبة إنّما تقال في أن يكون لـه لأجـل وضع ذلك الشيء من شيء آخر في أين مّا. فلذلك ليـس ينبغـي أن يقـال إنّ لفظـة النسبة يقال عليها بتواطؤ، بل باشتراك، أو بجهة متوسّطة بين الاشـتراك والتواطـؤ، أو بتواطؤ مّا . فالنسبة تقال باشتراك أو بجهة متوسّطة على مقولـة الإضـافة وعلى مقولة أين وعلى مقولة متى وعلى مقولـة أن يكـون لـه. ثـمّ يكـون اسـم النسـبة مقولا على أنواع الإضافة الـتي يسـتعملها المهندسـون. فيكـون الاسـم الأعـمّ عنـد المنطقيّين يُستعمَل على الخصوص عند المهندسين. فيكون الاسـم الـذي يقـال على الجنس الذي هو بالإضافة يقال أيضا على بعض أنـواعه، ويكـون ذلـك مـن جملـة الأسماء التي تقال على العموم أحيانا وعلى الخصوص أحيانا. فإذا سُـئلنا عـن حـدّ النسبة أجبنا " الإضافة "، ثمّ نرسم " أين "، ثمّ نرسم " متى "، ونرسـم " أن يكـون له ". فإذا سُئلنا عن حدّ ما يعمّ هذه أجبنا بأنّها ليس لها حدّ يعمّ هذه الأربعة. (40) على أنّ اسم الإضافة واسم النسبة يستعملها النحويّون في الدلالة على ما هـو أخصّ من هذه كلّها. وذلك أنّ المنسوب إلى بلد أو جنس أو عشيرة أو قبيلـة يُـدَلّ عليه عند أهل كلّ طائفة بألفاظ مشكَّلة بأشكال متشـابهة ينتهـي آخرهـا إمّـا إلى حرف واحد - مثل ما في العربيّة والفارسـيّة - أو إلى حـروف بأعيانهـا، مثـل مـا في اليونانيّة. وكلّ اسم كان مشكَّلا بذلك الشكل فـإنّه دالّ عنـدهم على النسـبة، ومـا عدا ذلك من الألفاظ التي ليست مشكَّلة بذلك الشكل فليسـت دالّـة على نسـبة. فهم يخصّون هذه خاصّـة باسـم النسـبة والمنسـوب، ومـا عـدا هـذه لا يسـمّونها منسوبة ولا نسبة. وكذلك لأهل كـلّ لغـة أشـكال في الألفـاظ أو حـروف يقرنوهـا بألفاظهم، فمتى كانت ألفـاظهم مشـكَّلة بتلـك الأشـكال أو كـانت مقرونـة بتلـك الحروف قيل في معاني تلك الألفاظ من حيـث هـي مـدلول عليهـا بتلـك الألفـاظ مشكَّلة بتلك الأشكال أو مقرونة بتلك الحروف إنّها " مضافة ". والإضـافة عنـدهم هي أن يُدَلّ على المعاني بألفاظها مشكَّلة بتلك الأشكال أو مقرونة بتلك الحـروف، وما عدا ذلك يسمّونها " مضافة " لا " إضافة ". وإذا تأمّلتَ معنى معنى من الـتي يدلّون عليها بتلك الألفاظ وجدتَ بعضها تحت مقولة الإضـافة وبعضـها في سـائر المقولات أنسب. فهذه معاني النسب، ولا معنى لها غير هذه الإضافة.

الفصل التاسع: الإضافة (41) والمضافان يُنسَب كلّ واحد منهما إلى الآخر بمعنى واحد مشترك لهما يوجد معا لكلّ واحد منهما، مثل أن يكون المضافان آ و ب، فإنّ ذلك المعنى المشترك إذا أُخذ بحروف " آ إلى ب " نُسب به حرف آ إلى ب، وإذا أُخذ بحروف " ب إلى آ " نُسب به حرف ب إلى آ، وذلك المعنى المشترك هو الذي هو إضافة، وبه يقال كلّ واحد منهما بالقياس إلى الآخر. وذلك المعنى الواحد هو الطريق الذي بين السطح وأرض الدار الذي إذا أُخذ مبدؤه من السطح وانتهاؤه عند الأرض يسمّى هبوطا، وإذا جُعل مبدؤه من الأرض ومنتهاه السطح يسمّى صعودا، وليس يختلف إن أُخذ ما له في طرفيه فقط. وكذلك الإضافة، فإنّ المضافين هما طرفاها، فتؤخذ مرّة من آ إلى ب ومرّة من ب إلى آ. (42) وأنواع الإضافة منها ما لا اسم له أصلا، فيبقى المضافان لا اسم لهما من حيث يوجد لهما ذلك النوع من أنواع الإضافة، فيؤخذ اسماها اللذان يدلّان على ذاتيهما لا من حيث هما مضافان، فيُستعمَلان عند الإضافة، فلا يتبيّن معنى الإضافة فيهما. ومنهاما يوجد له اسم إذا أُخذ لأحدهما، ولا يكون له اسم إذا أُخذ للآخر، فيُستعمَل اسم ذلك الآخر الدالّ على ذاته عند الإضافة واسم الأوّل الدالّ عليه من حيث له ذلك النوع من أنواع الإضافة. ومنها ما يوجد له اسمان يدلّ كلّ واحد منهما على واحد من المضافين من حيث له ذلك النوع من أنواع الإضافة، فيؤخذ لهما عند إضافة كلّ واحد منهما إلى الآخر اسمه الدالّ عليه من حيث له ذلك النوع من أنواع الإضافة. فمن هذه ما اسماها متباينان - مثل " الأب " و " الابن " - ومنه ما اسماها مشتقّان من شيء مّا - مثل " المالِك " و " المملوك " - ومنه ما اسم أحدهما مشتقّ من اسم آخر - مثل " العِلْم " والمعلوم " - ومنه ما اسماهما جميعا شيء واحد - مثل " الصديق " و " الصديق " و " الشريك " و" الشريك ". وكثير من التي لها اسمانقد يسامح المتكلّم فيأخذ أحدهما أو كلّ واحد منهما بالقياس إلى الآخر ومنسوباإلى الآخر مدلولا عليهما باسميهما الدالّين على مجرَّد ذاتيهما، من غير أن يؤخذ اسميهما الدالّين عليهما من حيث لهما نوع الإضافة التي بها صار كلّ واحد منهما منسوبا إلى الآخر - كقولنا " ثور زيد "، فإنّه لا الثور ولا زيد يدلّ على نوع الإضافة التي لأجلها نُسب الثور إلى زيد. بل إن قلنا " إنّ الثور المملوك زيد مالكه " كان " المملوك " و " المالك " هما اسماهما من حيث يوجد لهما ذلك النوع من الإضافة. و" زيد " هو اسمه الدالّ على ذات المضاف إليه، فلا يدلّ عليه من حيث له هذا النوع من الإضافة. ولو قلنا " فلان عبد لزيد مولاه " لَكُنّا عبّرنا عنهما باسميهما الدالّين عليهما من حيث لهما هذا النوع من الإضافة. ومن المضاف ما يوجد للمتضايفين اللذين لهما جنسه اسمٌ لكلّ واحد

منهما من حيث يوجد لهما جنس الإضافة الذي لهما، ولا يوجد لهما اسم من حيث لهما نوع لذلك الجنس من الإضافة. مثل " العِلْم" و " المعلوم "، فإنّ العلم عِلْمٌ للمعلوم والمعلوم معلوم للعلم، وأنواع العلم ليس يوجد لها اسم من حيث لها أنواع الإضافة التي العلم هو جنسها إلى أنواع المعلوم الذي هو جنسها، مثل " النحو " و " الخطابة ". فلذلك يمكن أن يقال " النحو نحوٌ لشيء هو معلوم بالنحو "، بل إذا أردنا أن نضيف النحو إلى شيء مّا ممّا ـ له إليه إضافة من المعلومات بالنحو أخذناه موصوفا بجنسه فقلنا " النحو علم للشيء الذي هو معلوم بالنحو ". (43) فشريطة المضافين أن يكون كلّ واحد منهما أُخذ مدلولا عليه باسمه الدالّ عليه من حيث له ذلك النوع من الإضافة.فلذلك قال أرسطوطاليس " إنّ المضافين هما اللذان الوجود لهما أنّهما مضافان بنوع من أنواع الإضافة ". فلذلك إذا وجدنا شيئا منسوبا إلى شيء بحرف من حروف النسبة، أو كان شكلهما أو شكا أحدهما شكل مضاف في ذلك السان، فليس ينبغي أن يقال إنهما مضافان حتّى يكون اسماهما دالّين عليهما من حيث لهما ذلك النوع من الإضافة. فحينئذ ينبغي أن يقال إنّهما مضافان. (44) وأمّا الجمهور والخطباء والشعراء فيتسامحون في العبارة ويجوّزون فيها. فلذلك يجعلون لكلّ اثنين قيل أحدهما بالقياس إلى الآخر مضافين، كانا موجودين باسميهما الدالّين عليهما من حيث لهما ذلك النوع من الإضافة، أو كانا موجودين باسميهما الدالّين على ذاتيهما، أو كان أحدهما مأخوذا باسمه الدالّ عليه من حيث له الإضافة التي لهما والآخر مأخوذاباسمه الدالّ على ذاته. وبهذا يُرسَم المضاف أوّلا، إذ كان المضاف في بادئ الرأي هذا رسمه. فلذلك رسمه أرسطوطاليس في افتتاحه باب المضاف في كتاب " المقولات " بأن قال " يقال في الأشياء إنّها من المضاف متى كانت ماهيّاتها تقال بالقياس إلى الآخر بنحو من أنحاء النسبة - أيّ نحو كان "، أراد بقوله " ماهيّتها " ما تدلّ عليه ألفاظها كيف كانت على العموم، كانت تدلّ عليها من حيث هي أنواع الإضافة التي لها، أو كان المدلول عليها بألفاظها ذواتها. فلذلك لمّا أمعن أرسطوطاليس في تلخيص معاني المضاف لزم عنها ما يُبين بأنّ الرسم الأوّل ليس فيه كفاية في تحديد المضاف. فحينئذ خصّ المضاف بالرسم الآخر، فتمّ له معنى المضاف معنى واحدالحقه حدّ المضافات ولم يُخلّ أصلا. (45) فهذه هي المضافات وهذه هي الإضافة وهذه هي الأسماء التي ينبغي أن يُحتفَظ بها في المضاف والإضافة. وجميع ما تسمع نحويّ العرب يقولون فيها إنّها مضافة فإنّها داخلة تحت المضاف الذي ذكرناه على الجهات التي عند الخطباء والشعراء وعلى الرسم الأوّل الذي رسم به أرسطوطاليس المضاف في كتابه في " المقولات ". غير أنّها مضافات فرّط المضيف أو

تجوّز أن يجعل إضافات بعضها إلى بعض إضافة معادَلة، وليست هي على الرسم الأخير الذي رسم به أرسطوطاليس المضاف في ذلك الكتاب. وأنت فينبغي أن لا تسمّي المضاف إلاّ ما كان داخلا تحت الرسم الأخير، وهي ما كانت إضافة أحدهما إلى الآخر إضافة معادَلة.

الفصل العاشر: الإضافة والنسبة (46) وأمّا ما سبيله أن يجاب به في جواب " أين الشيء " فإنّه إنّما يجاب فيه أوّلا بالمكان مقرونا بحرف من حروف النسبة، وفي أ كثر ذلك حرف في، مثل قولنا " أين زيد " فيقال " في البيت " أو " في السوق ". فإنّ الأسبق في فكر الإنسان من معاني هذه الحروف هو نسبة الشيء إلى المكان أو إلى مكانه الذي له خاصّة أو لنوعه أو لجنسه. ويشبه أن تكون هذه الحروف إنّما تُنقَل إلى سائر الأشياء متى تخيَّل فيها نسبة إلى المكان. والمكان لمّا كان محيطا ومطيفا بالشيء، والشيء المنسوب إلى المكان محاط بالمكان - فالمحيط محيط بالمحاط والمحاط محاط به بالمحيط - فالمكان بهذا المعنى من المضاف. وأيضا فإنّ أرسطوطاليس لمّا حدّ المكان في " السماع الطبيعيّ " قال فيه " إنّه النهاية المحيط ". فقد جعل المحيط جزءا من حدّ المكان، وجعل ماهيّته تكمل بأنّه محيط، وإنيته ما به محيط، والمحيط محيط بالمحاط والمحاط به هو الذي في المكان. فإن كان معنى قولنا " في " أنّه محاط، فقولنا " في " ههنا إنّما يدلّ على مضاف. فيكون ما يجاب به في جواب " أين " من المضاف، فأين إذن من المضاف. (47) غير أنّه إن كان معنى قولنا " زيد في البيت " ليس نعني به أنّه محاط بالبيت - وإن كان يلزم ضرورة أن يكون محاطا بحسب حدّ المكان -، وكان قولنا " في البيت " ليس نعني به هذه النسبة بل نسبة أخرى لا تدخل في المضاف، كانت مقولة أين ليست من المضاف. ويعرض لها أن تكون من المضاف لا من جهة ما هي مقولة أين ومن حيث يجاب بها في جواب سؤال " أين ".ويكون معنى حرف في ههنا نسبة أخرى غير نسبة الإضافة. فإنّ كان يلحقها مع ذلك نسبة الإضافة، فتكون لها نسبتان إلى المكان، وتكون إحداهما هي التي يليق أن يجاب بها في جواب " أين "، والأخرى تصير بها من المضاف. (48) غير أنّه قد يقول قائل في مثل قولنا " ثور زيد " و " غلام زيد " ما الذي يمنع أن تكون لها نسبتان، يوجد في إحدى النسبتين اسم كلّ واحد منهما الدالّ على ذاته، ولا يكون ذلك من المضاف، ويكون من المضاف إذا أُخذ رسم كلّ واحد منهما الدالّ عليه من حيث له نوع مّا من أنواع الإضافة. فإن كان ليس كذلك، بل كان هذا وأمثاله مضافا سومح في العبارة عنه. فكيف لم يكن قولنا " زيد في البيت " مضافا سومح في العبارة عنه، ولو وفّى عبارته

لقيل " زيد المحاط به في البيت المحيط به "، ولبان حينئذ أنّه من المضاف. وإذا كان قولنا " هذا الثور لزيد " و " هذا الكلام لزيد " لم تُجعَل له نسبتان نسبة ليست بإضافة و نسبة مدلول عليها بقولنا " هذا الثور المملوك مملوك لزيد المالك له "، فيكون المنسوب بتلك النسبة الأولى التي ليست بإضافة تلحقه الإضافة من جهة أخرى، بل يُجعَل أيضا قولنا " هذا الثور لزيد " من أوّل الأمر مضافا سومح في العبارة عنه اتّكالا على ما في ضمير السامع، وأنّه ليس يُفهَم منه إلاّ أنّه مُلْكٌ لزيد؛ فكيف لم يُجعَل أيضا قولنا " زيد في البيت " من أوّل الأمر مضافا سومح في العبارة عنه اتّكالا على ما في ضمير السامع، وأنّه ليس يُفهَم منه إلاّ أنّه محاط بالبيت، فيكون معنى حرف في منذ أوّل الأمر معنى الإحاطة. (49) فنقول أنّ هذا صحيح - أعني أن يكون زيد محاطا بالبيت والبيت محيطابزيد، وأنّهما يكونان مضافين متى أُخذ اهكذا. غير أنّ ما تقال عليه النسبة ضربان، ضرب هو معنى واحد مشترك بين اثنين هما طرفاه يؤخذ كلّ واحد منهما مبدءا والآخر منتهى. وأحيانا يُجعَل هذا مبدءا أو ذاك منتهى، فيقال هذا بين اثنين، بل هو من أحدهما إلى الآخر فقط. فيكون أحدهما هو المبدأ دون الآخر، وذلك المنتهى دون الأوّل، وليس يمكن أن يؤخذ الآخر مبدءا بذلك المعنى بعينه، بل إنّما يقال الأوّل بالقياس إلى الثاني فقط. وهذا هو الذي يسمّى على الخصوص النسبة، وذاك يُخَصّ باسم الإضافة. فهذا الضرب إنّما يوصف به أحدهما فقط، ويوجد له وحده على أنّه محمول عليه دون الآخر، وإن كان ذلك الآخر يحدث معه ويكون جزءا ممّا يكمل به المحمول. فإنّ قولنا " زيد هو أبو عمرو " ف"أبو " يحدث معه " عمرو " على أنّه جزء محمول، وقولنا " عمرو ابن زيد " ف"ابن" يحدث معه زيد على أنّ جزء محمول، فيكون كلّ واحد منهما موضوعا حينا وجزء محمول حينا إذا أُخذا مضافين. وقولنا " زيدفي البيت " فإنّ " البيت " جزء محمول، ولا يمكننا أن نجعل " زيدا " جزء المحمول على البيت بالمعنى الذي قلنا في زيد إنّه " في البيت "، بل إذا قلنا " البيت ملك زيد " كان " زيد " حينئذ جزء المحمول بمعنى غير الأوّل. وهذا هو الذي يعمّ الأين ومتى وأن يكون له. (50) و هذان الصنفان هما صنفا النسبة على أنّها اسم مشترك، ولم يُشترَط فيه ما يخصّ كلّ واحد منهما، بل أُخذ على الإطلاق، وهو النسبة التي تعمّكلّ واحد منهما وتعمّ الأين ومتى وله. وإنّما يختلف باختلاف الأجناس التي إليها تقع النسبة. وليس بعضه تحت بعض، فإنّه لا المكان تحت الزمان ولا الزمان تحت المكان ولا اللباس تحت واحد منهما. فإنّ اللباس جسم موضوع حول جسم تكون النسبة إليه، والمكان ليس بجسم بل هو بسيط جسم ونهايته، والزمان أبعد من اللباس. وليس ينبغي أن يشكّكنا ما نجد

من أنّ كلّ واحد من هذه الأشياء المنسوبة قد يمكننا أن نجعله من باب المضاف بأن تلحقه الإضافة، فإنّ الإضافة تلحق كلّ ما سواه من المقولات.

الفصل الحادي عشر: النسبة وعدد المقولات (51) وقوم أنكروا أن يكون لها وجود أصلا وكذلك لكلّ نسبة. ولذلك قال أرسطوطاليسفي أوّل كتابه في " العلم المدنيّ ": فأمّا الإضافة فقد يُظَنّ أنها إنّما هي شرع وجور فقط. وأرادوا بذلك لضعف وجودها. وآخرون ينكرون أن تكون من المعقولات الأول، بل يجعلونها من المعقولات الثواني. وأرسطوطاليس يعتقد أنّ كثيرا منها في المعقولات الأول، ولذلك جعلها في المقولات. وقد يوجد كثير منها في المعقولات الثواني حتّى أنّها ما يلحقها أن تصير إلى غير النهاية - مثل أن يقال " إضافة الإضافة " و " نسبة النسبة " و " نسبة نسبة النسبة " - فاستُعملت، وانقطع بها عدم التناهي؛ على مثال ما يُعمَل في سائر المعقولات الثواني، إذ كانت تصير غير متناهية. فإنّ كلّ ارتباط وكلّ وصلة بين شيئين اثنين محسوسين أو معقولين إنّما تكون بإضافة أو نسبة مّا. ولذلك إذا كانت النسبة والذي توجد له النسبة شيئين اثنينمحسوسين بينهما صلة، لم يكن بُدّ من أن تكون نسبة مّا، وذلك هكذا إلى غير النهاية. (52) ثمّ قال قوم إنّه غير موجود من أوّل أمره، إذ كان يلزم وضعه ما يُظَنّ أنّه محال، وهو الجريان إلى غير النهاية. غير أنّ هذا الضرب ممّا هو غير متناه لم يتبيّن ببرهان بأنّه محال ولا هو بيّن بنفسه أنّه محال. وآخرون قالوا إنّ الواحد نسبته للأوّل، وباقي تلك ليست لها نسبة ولا هناك لها نسب. وبعضهم قطعوها بقدر شيئين. وقد بيّنا نحن كيف الوجه في الجري إلى غير النهاية في المعقولات الثواني. (53) وقوم يسمّون أصناف النسب كلّها إضافة، ويجعلونها جنس يعمّ مقولات النسب. فتصير المقولات عندهم سبعة: ما هو هذا المشار إليه الذي لا في موضوع ولا على موضوع، وكم هو، وكيف هو، وما يعرّف فيه أنّه يفعل، وما يعرّف فيه أنّه ينفعل، ووضعه، وإضافته إلى شيء مّا. وآخرون ادخلوا وضعه في الإضافة وأنّه مضاف، فصيّروا المقولات ستّة. والوضع بيّن أنّه ليس بمضاف بما هو وضع، وإن كان قد يعرض له ويلحقه أن يضاف إلى شيء، كما قد يعرض أن يضاف الإنسان إلى شيء وكما يعرض أن يكون الخطّ مضافا. غير أنّ من الوضع ما هو وضع بذاته ومنه ماهو وضع مضاف - على مثال ما توجد عليه أنواع ما هو أين، يكون أينا بذاته وأينا بالإضافة -، فحينئذ يكون وضعا عند شيء. وأمّا أن يكون الوضع وضعا لشيء على أنّه وضع عرض لموضوع، وكان بهذا مضافا، فهو مثل البياض الذي هو للأبيض، فإنّ هذا يوجد لكلّ عرض موجود في موضوع؛ فهو بهذه الجهة ممّا- قد

لحقه أن يكون مضافا، لا من جهة ما هـو وضـع. والوضـع وإن كـانت مـاهيّته لا يمكن أن تكمل إلاّ بنوع من الإضافة - إذ كانت إنّما توجد أجـزاء الجسـم محاذيـة لأجزاء من المكان محدودة، والمحاذاة إضافة مّا، فقد صار جزء ماهيّة الوضع نوعـا من أنواع الإضافة - فليس يجب من أجل ذلك أن يكون تحت مقولة الإضافة، كما أنّ كثيرا مما هو كمّ هو متّصل أو منفصل، والمتّصل والمنفصل بما هي كـذلك فهما مضافان، وليس الخطّ بما هو خطّ مضافا ولا المُصْمَت. وآخرون يـرون في أن يفعـل أنّه إنّما يقال بالإضافة إلى أن ينفعل، فتحصل عندهم المقولات خمسة. وهذا أيضـا و إن كانت ماهيّته أو جزء ماهيّته نسبة أو إضافة - فإنّ معنـى أن يفعـل هـو أن تتبدّل على الجسم النسب التي بها أجزاء ما يفعل - فليس يلزم من ذلك أن يكون تحت المضاف، كما أنّ الذي ينفعل في كيف ليـس تحـت مقولـة كيـف، ولا الـذي ينفعل في كم داخل تحت مقولة كم، فإنّه ليس تبدّل النسـب على مـا يفعـل حين ما يفعل إلاّ كتبدّل الكيـف على مـا ينفعـل حين مـا ينفعـل. وآخـرون يظنّـون أنّ معنى أن يفعل وأن ينفعل هو الفاعل والمفعول، ولمّا كان هذان من المضاف ظنّوا أنّ المقولتين جميعا من المضاف، فتكون المقولات عندهم أربعة. وأمر هـذين بيّنـ أنّهما ليسا بفاعل ومفعول، على ما لخّصنا مرارا كـثيرة. وآخـرون ظنّـوا أنهما فِعْـل وانفعال، وقد بيّنّـا في مواضـع كـثيرة أنّهما ليسـا كـذلك. (54) وقـوم يزعمـون أنّ المقولات اثنتان، ما هو هذا المشار إليه، وعرضه؛ ويسمّون ما هو هذا المشار إليـه " لاجـوهر ". فجعلـوا المقـولات اثـنـتين، الجـوهر والعـرض. وبيّنـ أنّ الجـوهر على الإطلاق هو الذي ليس في موضوع، والعرض معناه هـو الـذي في موضـوع. فكـأنّه قال المقولات اثنتان، إحداهما ذات الموضوع، والأخرى ما عرّف ما هو خـارج عـن ذاته. وهذاأيضا رسمان ترسم الجوهر والعرض. ولكن ليس معنـى العـرض جنسـا يعمّ التسعة، ولكنّه إضافة مّا لكلّ واحدة من هذه المقولات إلى المشار إليه. زنحن فليسنسمّي المقولة ما كان جنسا يعمّ أنواع كلّ واحـدة منـالتي نسـبتها إلى مشـار مشار إليه هذه النسبة والتي لها هذه الإضـافةإلى المشـار إليـه. وليـس شيء منهـا جنسا ولا طبيعة معقولة توصف بهـا تلـك الأنـواع - نعنـي مـن حيـث لحقهـا أن كانت لها هذه الإضافة. وكذلك قولنا " ما عرّف ما هو هذا المشار إليه " يدلّ أيضا على إضافة لحقت كلّ واحد من أنواع هذا المشـار إليـه وأجنـاس أنـواعه، وكـذلك قولنا " مقولة " تعمّ أيضا جميعها، لا على أنّها جنس لها، لكن إمّـا على أنّهـا اسـم مشترك يعمّها وإمّا أن تكون دالّة على الإضافة الـتي لحقتهـا على العمـوم، وليـس واحد منهما جنسا لها، لا الاسم المشترك لها ولا العرض اللاحق لهـا على العمـوم. (55) وقوم ظنّوا أنّه قد قصّر في عدد المقـولات، وذكـروا أنّ التـأليف يحتـاج في أن

يحصل إلى اجتماع أشياء، وأن توضع بعضها مـن بعـض على ترتيـب محـدود، وأن يكون لها رباط تُربَط به، فهو شيء مركَّب من مقولات عدّة. والاجتماع هو إضـافة مّا، فجنسه أن توضع بعضها من بعض على ترتيـب وارتبـاط محـدود، فهـو داخـل تحت الوضع، فليس ينبغي أن يوضع جنسـا عاليـا مـا هـو بيّن- أنّـه داخـل تحـت واحدة من هذه. فالوضع جنسه وباقي تلك فصوله. فإن كان إنّما يريـد بالتـأليف تأليف ما ليس بمشار إليه أصلا على الحال التي ذكرنـا، فليـس يـدخل في شيء مـن المقولات. لأنّ كلّ واحد إنّما يقال له " مقولة " بالإضافة إلى المشار إليه، وما لم يكن معرّفا أصلا لمشار إليه على الصفة التي قلنا فليس بداخل في المقولات.

الفصل الثاني عشر: العرض (56) العرض عند جمهور العرب يقـال على كـلّ مـا كان نافعا في هذه الحياة الدنيا فقط؛ أمّا ما كان نافعا في الحيـاة الآخـرة فقـط، أو نافعا مشتركا يُستعمَل لأجل الحياة في الـدنيا ويُسـتعمَل لأجـل الحيـاة في الآخـرة، فإنّه لا يسمّى عرضا. وقد يقال أيضا على كلّ ما سوى الدراهم والـدنانير ومـا قـام مقامهما من فلوس ونحاس أو دراهم حديد ممّا استُعمل مكان الدراهم والدنانير. وقد يقال أيضا على كلّ ما توافت أسبابه كونه أو فساده القريبة - فإنّه يقال فيـه إنّه يعرض كذا - أو أنّه قريب من أن يوجد أو يتلف لحضور سبب مّـا لـه قريـب لوجوده أو تلفه، أو لتخريب كثير لوجوده أو تلفه، أو لتخريب له كثير. وقد يقال أيضا على كلّ ما يقال عليه العارض، وهو كلّ حادث سريع الـزوال. (57) وأمّـا في الفلسفة فإنّ العرض يقال على كلّ صفة وُصف بها أمر مّا ولم تكن الصفة محمولا حُمل على الموضوع، أو لم يكن المحمول داخلا في ماهيّته. وهذان ضربان، أحدهما عرض ذاتيّ والثـاني عـرض غير ذاتيّ- . والعـرض الـذاتيّ هـو الـذي يكـون موضـوعه ماهيّته أو جزء ماهيّته، أو توجب ماهيّة موضوعه أن يوجد لـه على النحـو الـذي توجب ماهيّة أمر مّا أن يوجد له عرض مّا. فـإنّ ذلـك العـرض إذا حُـدّ أُخـذ ذلـك الأمر في حدّ العرض. فما كان من الأعراض هكذا فإنّه يقـال إنّـه عـرض ذاتيّ- وغير الذاتيّ هو الذي لا يـدخل موضـوعه في شيء مـن مـاهيّته، ومـا هيّـة موضـوعه لا توجب أن يوجد له ذلك العرض. فهذا هو معنى العرض في الفلسـفة. (58) واسـم العرض إنّما يدلّ على صفات حالها هذا الحال، ولا معنى له غير هذا. وهو المقابـل للعرض الذي قد يوجد في الأمر حينـا ولا يوجـد حينـا. والـذي يمكـن أن يوجـد في الشيء وأن لا يوجد ليس هو معنى العرض. فإنّ اسم العرض ليس يدلّ على الشيء من حيث له هذه الحال - أعني أن يوجد حينـا وأن لا يوجـد حينـا - ولكنّـه شيء لحق بوجود الشيء عرضا. فإنّ العرض قد يكون دائم الوجود وقد يكـون غير دائم

الوجود، وليس يسمّى عرضا لدوام وجوده ولا لسرعة زواله، بل معنى أنّه عرض هة أنّه لا يكون داخلا في ماهيّة موضوعه. (59) وما بالعرض والموجود بالعرض غير قولنا العرض على الإطلاق. فإنّ الذي هو بالعرض في شيء أو له أو عنده أو معه أو به أو منسوبا إليه بجهة مّا هو أن لا يكون ولا في ماهيّة واحدة منها يُنسَب إليه تلك النسبة. فإن كان في ماهيّة أحدها أن يوجد له أو لأن يُنسَب إليه تلك النسبة قيل فيه إنّه بالذات لا بالعرض. والعرض يقابله ما هو الشيء على الإطلاق، فإن كان يُحمَل على الشيء حما ما هو و لا يُحمَل أصلا عليه ولا على شيء آخر حملا يعرّف به ما هو خارج عن ذاته، فإنّه مقابل ما هو عرض. وكذلك ما هو على موضوع فقط يقابل ما هو بوجه مّا في موضوع . وأمّا الذي هو بالعرض فإنّما يقابل ما هو بالذات. (60) والعارض غير العرض وغير ما بالعرض. فإنّ العارض يقال على كيفيّات مّا توجد في شيء مّا إذا كانت قليلة المكث فيه سريعة الزوال، مثل الغضب وغيره. فما كان منها في الأجسام سُمّيت عوارض جسمانيّة، وما كان منها في النفس سُمّيت عوارض نفسانيّة. ولا يكادون يقولون ذلك فيما عدا الكيفيّة من المقولات. وأمّا الجمهور فإنّهم يسمّون بهذا الاسم كلّ ما كان قليل المكث سريع الزوال من سائر المقولات التسع، ويسمّون العوارض " انفعالات " أيضا، فالنفسانيّة منها " انفعالات نفسانيّة "، والجسمانيّة " انفعالات جسمانيّة ". وقد يلحق كلّ ما يقال إنّه عوارض أن يكون عرضا، إذ كانت كيفيّة مّا، والكيفيّة لا تعرّف من المشار إليه الذي لا في موضوع ما هو، بل كيفيّة خارجة عن ذاته. إلاّ أنّ معنى العارض فيه غير معنى العرض. وقد يلحق كثيرامّا ـ يقال فيه أنّه عارض أن يكون موجودا في شيء بالعرض. فيكون معنى أنّه بالعرض غير أنّه عارض وغير معنى أنّه عرض. (61) وكلّ ما هو بالعرض في شيء مّا فإنّه موجود فيه على الأقلّ. وكلّ ماهو بالذات لا بالعرض فهو إمّا دائم فيه وإمّا في أ كثر الأوقات. فلذلك يقول أرسطوطاليس " الذي بالعرض هو الذي يوجد لا دائما ولا على الأ كثر ". وكثيرا مّا يسمّى الذي بالعرض على المسامحة والتجوّز " العرض ". والذي يعرّف من المحمولات ماهو هذا المشار إليه الذي لا في موضوع يسمّى أيضا الجوهر على الإطلاق. فصار هذا المعنى من معاني الجوهر مقابلا لمعنى العرض. فتكون المحمولات على المشار إليه الذي لا في موضوع منها ما هو جوهر ومنها ما هو عرض. فالعرض يقال على المقولات التسع التي ليس بواحدة منها تعرّف ماهو هذا المشار إليه الذي لا في موضوع.

الفصل الثالث عشر: الجوهر (62) والجوهر عند الجمهور يقال على الأشياء المعدنيّة والحجاريّة التي هي عندهم بالوضع والاعتبار نفيسة، وهي التي يتباهون في اقتنائها ويغالون في أثمانها، مثل اليواقيت واللؤلؤ وما أشبهها، فإنّ هذه ليس فيها بالطبع ولا بحسب رتبة الموجودات جلالة في الوجود ولا كمال تستأهل بها في الطبع الإجلال والصيانة. والإنسان أيضا يستفيد الجمال عند الناس والكرامة والجلالة والتعظيم في اقتنائها، لا الجمال الجسمانيّ ولا الجمال النفسانيّ، سوى الوضع والاعتبار فقط، وأنّ لها ألوانا يعجبون بها فقط ويستحسنون منظرها فقط، وأنّها قليلة الوجود. فلذلك يقولون في مَن عندهم من الناس نفيس ذو فضائل عندهم " إنّه جوهر من الجواهر ". وقد يقال أيضا الجواهر على الحجارة التي إذا سُبكت وعولجت بالنار حصل عنها ذهب وفضة أو حديد أو نحاس، فهي بوجه مّا من موادّ وهذه هيولاتها. (63) وقد يستعملون اسم الجوهر في مثل قولنا " زيد جيّد الجوهر "، ويعنون به جيّد الجنس وجيّد الآباء وجيّد الأمّهات. فالجوهر يعنون به الأمة والشعب والقبيلة التي منهم آباؤه وأمّهاته - وأكثر ذلك في الآباء -، والجودة يعنون بهاالفضائل - فإنّهم إذاكانوا ذوي فضائل قيل فيهم إنّهم ذوواجودة . فإنّ آباءه وجنسه متى كانوا فاضلين قيل فيه إنّه جيّد الجوهر، ومتى كانوا ذوي نقص قيل فيه ردئ الجوهر. والجوهر ههنا إنّما يعنون به الجنس والآباء والأمّهات - فهم إمّا مادّته وإمّا فاعلوه. فإنّ الإنسان إنّما يُظَنّ به دائما أنّه شبيه مادّته وآبائه وجنسه. فإنّه يُظَنّ أوّلا أنّه يُفطَر في فطرته الإنسانيّة على فِطَر آبائه وجنسه النفسانيّة التي كانت لهم، وبحسب فطرته النفسانيّة تكون أفعالهالخلقيّة جيّدة أو رديّة. ثمّ أنّه بعد ذلك يتأدّب بما يراهم عليه من الآداب ويتخلّق بما يراهم عليه من الأخلاق ويقتفي بهم في كلّ ما يعملونه، إذ كان لا يعرف غيرهم من أوّل أمره. ولأنّه أيضا يثق بهم أ كثر من ثقته بغيرهم. ولأنّه أيضا يحتاج أن يسعى في حياته لما يسعى له جنسه. فمتى كان أولئك ذوي نقائص بالطبع والعادة تظَنّ به النقائص التي كانت فيهم، ومتي كانوا ذوي فضائل بالطبع والعادة تُظَنّ به أيضا تلك الفضائل التي كانت فيهم. فإنّما يُلتمَس بجودته ورداءته فضيلته ونقيصته لا غير، إمّا بالطبع وإمّا بالعادة (64) وكثيرا مّا يقولون " فلان جيّد الجوهر "، يعنون به جيّد الفطرة التي بها يفعل الأفعال الخلقيّة أو الصناعيّة، وبالجملة الأفعال الإراديّة. فإنّ الإنسان إنّما يُفطَر على أن تكون بعض الأفعال الإراديّة أسهل عليه من بعض، فإذا خلاّ يفه نفسَه منذ أوّل الأمر فعل الأفعال التي هي عليه أسهل. فإن كانت تلك أفعال جيّدة قيل إنّه بفطرته وطبعه جيّد. فيحصل الأمر في هذا وفي ذلك الأوّل على الفِطَر التي

يُفطَرالإنسان عليها من أن تكون الأفعال الجيّدة عليه أسهل أو الرديّة أسهل، إمّا فطرة آبائه وعاداتهم وإمّا فطرته هو في نفسه. (65) وبيّن- أنّ فطرته التي بها يفعل هي التي منزلتها من الإنسان منزلة حِدّة السيف من السيف، وتلك هي التي تسمّى الصورة. فإنّ فعل كلّ شيء إنّما يصدر عن صورته إذا كانت في مادّة تعاضد الصورة في الفعل الكائن عنها (عن الصورة). وبيّن- أنّ ماهيّة الشيء الكاملة إنّما هي بصورته إذا كانت في مادّة ملائمة معاضدة على الفعل الكائن عنها. فإذن للمادّة مدخل لا محالة في ماهيّته. فإذن ماهيّته بصورته في مادّته التي إنّما كُوّنت لأجل صورته الكائنة لغاية مّا. فإذا كان كذلك، فإنّ الفطرة التي كان الناس يعنون بقولهم " الجوهر " إنّما هي ماهيّة الإنسان، كان ذلك جوهر زيد أو آبائه أو جنسه. وأيضا فإنّهم يظنّون أنّ آباءه وأمّهاته وجنسه الأقدمين هم موادّه التي منها كُوّن، ويظنّون أنّ موادّ الشيء متى كانت جيّدة كان الشيء جيّدا، مثل موادّ الحائط وموادّ السرير. فإنّهم يظنّون أنّ الخشب إذا كان جيّدا كان السرير جيّدا، إذ تكون جودة الخشب سببا لجودة السرير، وإذا كان الحجارة واللبن والآجرّ والطين جيّدا كان الحائط المبني منها أيضا جيّدا، إذ كانت جودة تلك سببا لجودة الحائط. فعلى هذا المثال يرون في آباء الإنسان وأمّهاته وأجداده وقبيلته وأمّته وأهل بلده، فإنّ كثيرا من الناس يخيَّل إليهم أنّهم موادّ الإنسان الكائن عنهم أو فيهم. وموادّ الشيء هي إمّا ماهيّته وإمّا أجزاء ماهيّته، فهم إذن إنّما يعنون بالجوهر ههنا ماهيّته أو ما به ما هيّته. وقد يقولون " هذا الثوب جيّد الجوهر "، يعنون به سداه ولحمته من كتّان أو قطن أو صوف، وتلك كلّها موادّ. فهم يعنون بالجوهر ههن أيضا موادّ الثوب، وموادّ الشيء إمّا ماهيّته وإمّا أجزاء ماهيّته؛ فإنّ قوما يرون أنّ ماهيّة الشيء بمادّته فقط، وآخرون أنّها بأجزاء ماهيّته. (66) فهذه هي المعاني التي يفال عليها الجوهر عند الجمهور. وهي كلّها تنحصر في شيئين، أحدهما الحجارة التي في غاية النفاسة عندهم، والثاني ماهيّة الشيء وما به ماهيّته وقوام ذاته - وما به قوام ذاته إمّا مادّته وإمّا صورته وإمّا هما معا. ويكون الجوهر عندهم إمّا جوهرابإطلاق وإمّا جوهرالشيء مّا. (67) وأمّا في الفلسفة فإنّ الجوهر يقال على المشار إليه الذي هو لا في موضوع أصلا. ويقال على كلّ محمول عرّف ما هو هذا المشار إليه من نوع أو جنس أو فصل، وعلى ما عرّف ماهيّة نوع نوع من أنواع هذا المشار إليه وما به ماهيّته وقوامه- وظاهر أنّ ما عرّف ما هو نوع نوع من أنواع هذا المشار إليه فهو يعرّف ما هو هذا المشار إليه. وقد يقال على العموم علىما عرّف ماهيّة أيّ شيء كان من أنواع جميع المقولات، وعلى ما به قوام ذاته، وهو الذي بالتئام بعضها إلى بعض تحصل

ذات الشيء، وهي التي إذا عُقلت يكون قد عُقل الشيء نفسه ملخَّصا بأجزائه التي بها قوام ذاته أو ملخَّصا بالأشياء التي بها قوام ذاته، وهو الذي بالتئام بعضها إلى بعض يحصل ذلك الشيء - أيّ شيء كان. فلذلك تسمع المتفلسفين يقولون: " الحد " يعرّف جوهر الشيء، ويدلّ " قوام " على جوهر الشيء. فإنّهم يعنون بالجوهر ههنا الأشياء التي بالتئام بعضها إلى بعض تحصل ذات الشيء، وهي التي إذا عُقلت يكون قد عُقل الشيء نفسه ملخَّصا بأجزائه التي بها يقوم ذاته أو ملخَّصا بالأشياء التي بها قوام ذاته. فإنّ هذا المعنى الثالث من معاني الجوهر جوهر مضاف ومقيَّد بشيء، وليس يقال إنّه جوهر على الإطلاق، وإنّما يقال إنّه جوهر لشيء مّا. وأمّا المعنى الأوّل فإنّه إنّه جوهر على الإطلاق. والمعنى الثاني يقال أيضا إنّه جوهر على الإطلاق، إذ كان معقول المشار إليه الذي لا في موضوع، ومعقول الشيء هو الشيء بعينه، إلاّ أنّ معقوله هو ذلك الشيء من حيث هو في النفس، والشيء هو ذلك المعقول من حيث هو خارج النفس. (68) ويشبه أن يكون هذان إنّما سُمّيا جوهرا على الإطلاق لأجل أنّهما مستغنيان في ماهيّتهما وفي ما يتقوّمان به عن سائر المقولات، وباقي المقولات محتاجة في أن تحصل لها ماهيّتها إلى هذه المقولة، فإنّ ماهيّة كلّ واحدة منها لا بدّ أن يكون فيهاشيء ممّا في هذه المقولة. فهذه المقولة هي بالإضافة إلى باقيها مستغنية عنها. وفي باقي المقولات شيء من هذه، فإنّ جنس ذلك النوع أو جنس جنسه لا بدّ أن يصرَّح فيه ببعض أنواع هذه المقولة. ويشب ه أن تكون هذه المقولة هي بالإضافة إلى باقيها مستغنية عنها وباقيها مفتقر إليها - فهي لذلك أكمل وأوثق وجودا وأنفس وجودا بالإضافة إلى باقيها - وأنّه ليس هناك شيء آخر نسبة هذه المقولة إليه كنسبة باقي المقولات إليه. فيشبه أن يكونوا نقلوا إليها هذا الاسم من الحجر الذي هو أنفس الأموال عند الجمهور وأجلّها وأحرى أن يقال في أثمانها - على قلّة غنائها في الأشياء الضروريّة، بل لا مدخل لها أصلا في شيء من الضروريّة ولا في السعادة - " إن لم تكن السعادات كفت مكانها ". فرأوا أنّ نسبة هذه المقولة وهذا المشار إليه إلى باقي المقولات نسبة هذه الحجارة إلى سائر ما يقتنيه الإنسان، فسُمّي لذلك باسمه. فلذلك قد تقع المقايسة بين هذا المشار إليه وبين كلّيّاته، فيُنظَر أيّهما أحرى أن يكون له هذا المعنى الذي قيل لكلّ واحد منهما بأنّه جوهر، وهو أيّهما أوثق وجودا وأكمل. فإنّ أرسطوطاليس يسمّي المشار إليه الذي لا في موضوع " الجوهر الأوّل " وكلّيّاته " الجواهر الثواني "، إذ كانت تلك هي الموجودة خارج النفس وهذه إنّما تحصل في النفس بعد تلك، وسائر الأشياء التي قيلت في كتاب " المقولات ". فهذه هي الجواهر على الإطلاق (69) وأمّا المعنى الثالث فإنّه جوهر

مضاف، ونقل إليه هذا الاسم عن المعاني التي يسمّيها الجمهور الجوهر على أنّه جوهر لشيء مّا، مثل جوهر الذهب أو جوهر زيد أو جوهر هذا الثوب. فيكون المعنى الذي تسمّي الفلاسفة جوهرا على الإطلاق إنّما نُقل إليه اسم الجوهر عن الذي يسمّيه الجمهور جوهرا على الإطلاق، والمعنى الذي تسمّيه الجمهور بالإضافة إلى شيء مّا إنّما نُقل إليه اسم الجوهر عن المعنى الذي يسمّيه الجمهور جوهرا بالإضافة إلى شيء مّا. (70) ويلحق الكلّيّات التي تعرّف من مشار إليه مشار إليه من التي ليس في موضوع أن يقال لها جواهر من جهتين، من جهة أنّها جواهر على الإطلاق ومن جهة أنّها جواهر مشار إليه مشار إليه من التي ليست في موضوع. والمشار إليه الذي لا في موضوع يلحقه أن يقال إنّه جوهر من جهة واحدة فقط، وهو أن يكون جوهرا على الإطلاق لا جوهرا لشيء أصلا. ويلحق كلّيّات سائر المقولات أن تكون جوهر مضافة إلى شيء مّا فقط، وهي أن تكون جواهر ما يوجد في حدودها لا جوهر على الإطلاق، فتصير أيضا جواهر من جهة واحدة فقط. وأمّا المشار إليه الذي هو في موضوع فإنّه ليس يقال فيه إنّه جوهر أصلا، لا بالإضافة ولا بالإطلاق. والسموات والكواكب والأرض والهواء والماء والنار والحيوان والنبات والإنسان يقال إنّها جواهر، إذ كانت إمّا مشاراإليها لا في موضوع وإمّا أن تعرّف ما هو مشار إليه مشار إليه من التي ليست في موضوع. وكذلك كلّ ما يعرّف في نوع نوع من أنواع ما هو مشار إليه لا في موضوع ما هو أيضا جوهر على الإطلاق. فلذلك إذا كان شيء مّا ظُنّ أنّه يعرّف في مشار إليه مشار إليه من التي ليست تقال في موضوع أو في نوع نوع من أنواعه ما هو، قيل فيه إنّه جوهر. (71) وإذا كان يُظَنّ بما عرّف ماهو في كلّ واحد أنّ به يقام ذلك الشيء وأنّه سبب حصوله ذاتا وجوهرا، ظُنّ بكلّ واحد ظُنّ به أنّه يعرّف ماهو في شيء شيء من تلك أنّها ليست جواهر فقط، بل أحرى أن تكون أو تسمّى جواهر. فلذلك لمّا ظنّ قوم أنّ كلّيّات هذه من أجناس وفصول هي التي تعرّف ماهيّاتها، ظنّوا أنّها هي أحرى أن تكون جواهر من هذه. ولمّا ظنّ قوم أن الجسم والمصمَت، وأنّ كونها جسما ومصمَتا، وأن يقال فيها إنّه جسم أو مصمَت، هو الذي يعرّف ماهيّاتها، ظُنّ أنّ الجسم والمصمَت هو أحرى أن يكون جوهرا من هذه. ولمّا ظنّ قوم أنّ قوام هذه بالطول والعرْض والعمق، جعلوا هذه الثلاثة أحرى أن تكون جواهر من الجسم. ولمّا ظُنّ أنّ الطول وكلّ واحد من الباقين إنّما تلتئم من نُقَط، وظُنّ بالنُقَط أنّها هي جواهر أ كثر من الباقية، وأنّها هي التي تعرّف ماهيّاتها (الطول والعرْض والعمق)، وهذه الثلاثة هي التي هي بها ماهيّات الجسم والمصمَت، صارت النُقَط هي أحرى أن تكون جواهر على

الإطلاق، وأحرى أن تكون جواهر من هذه، وأنّها أقدمها كلّها في أن تكون جواهر، إذ كانت لا تنقسم إلى أشياء أخر بها التئام ذواتها. ولمّا ظنّ آخرون أنّ الأجسام إنّما تلتئم باجتماع الأجزاء التي لا تنقسم، قالوا في الأجزاء التي لا تنقسم إنّها هي من الجواهر، أو أحرى أن تكون جواهر. وكلّ مَن ظنّ أنّ ماهيّة كلّ واحد من المشار إليه الذي لا يقال في موضوع، أو ماهيّة نوعه، بمادّته شيء مّا، وظنّ أنّها واحد - مثل الماء والنار والأرض والهواء وأشياء غير ذلك - قال في ذلك الشيء إنّه جوهر، وإنّه أحرى أن يكون جوهرا على الإطلاق، وأحرى أن يكون جوهرا للشيء الكائن عنه، وإنّ جوهر كلّ واحد من الأشياء واحد، أو جوهر الأشياء كلّها واحد. ومَن رأى أنّ مادّة كلّ واحد من هذه كثيرة متناهية، قال فيها إنّها جواهر كثيرة، وإنّ جواهر كلّ مشار إليه أو أنواع كلّ مشار إليه كثيرة، إمّا متناهية وإمّا غير متناهية. ومَن رأى أنّ كلّ واحد من هذه إنّما يحصل أن يكون ذاتا مّا بالتئام مادّة وصورة، وأنّ هاتين اللتان تعرّفان ماهيّته، قال في كلّ واحدة من هذه إنّها جوهر. ونظر في كلّ واحد من هذه أيّ شيء مادّته وأيّ شيء صورته. فالشيء الذي يظنّه ظانّ أنّه هو صورة شيء والذي يظنّه مادّته، فإيّاه يسمّى الجوهر، أو يجعله أحرى أن يكون جوهرا من المشار إليه أو من نوع المشار إليه. (72) فإذا كان المشار إليه الذي لا في موضوع أحرى أن يكون جوهرا بالإطلاق لا جوهرابالإضافة إلى ما يعرّف فيه ماهو، إذا كان لا يُحمَل ولا على موضوع وإذا كان ليس جوهرا لشيء آخر، وكان كلّ ما سواه يُحمَل عليه إمّا حملا في موضوع، وكان هذا الموضوعَ الأخير الذي للمقولات كلّها ولا موضوع له، كان الذي هو لا على موضوع ولا هو موضوع لشيء أصلا بوجه من الوجوه أحرى أن يكون جوهرا، إذ كان أكمل وجوداوأوثق. والبرهان يوجب أن يكون هنا ذاتاهو بهذه الصفة. فهو أحرى أن يكون جوهرا. ويكون هذا جوهرا خارجا عن المقولات، إذ ليس هو محمولا على شيء أصلا ولا موضوعا لشيء أصلا، اللّهمّ إلاّ أن يكون الذي يسمّى جوهرا على الإطلاق يُقتصَر به من بين هذين على ما كان لا في موضوع ولا على موضوع إذا كان مشارا إليه محسوسا أو كان موضوعا للمقولات. (73) وإذغ كان كذلك صار ما يقال عليه الجوهر في الفلسفة ضربين، أحدهما الموضوع الأخير الذي ليس له موضوع أصلا، والثاني ماهيّة الشيء - أيّ شيء اتّفق ممّا ـ له ماهيّة. ولا يقال الجوهر على غير هذين. فإنّ المادّة والصورة هما ماهيّة ثانيهما. وإن سامح إنسان فجعل الجوهر يقال على ما ليس يقال على موضوع ولا في موضوع وهو لا هو مشار إليه ولا هو موضوع لشيء من المقولات أصلا - إن تبرهن أنّ ههنا شيئا مّا بهذه الحال - صار الجوهر على ثلاثة أنحاء. أحدها ما ليس له موضوع من

المقولات أصلا ولا هو موضوع لشيء منها - اللّهمّ إلاّ أن يكون لإضافة مّا، فإنّه ليس يعرَّف شيء أصلا أن يوصف بنوع منها. والثاني ما ليس له موضوع من المقولات أصلا وهو موضوع لجميعها. والثالث ماهيّة أيّ شيء اتّفق ممّا له ماهيّة من أنواع المقولات، وأجزاء ماهيّته. فيعرض ههنا أيضا أن يكون الجوهر إمّا جوهرا بالإطلاق وإمّا جوهرا لشيء مّا.

الفصل الرابع عشر: الذات . (74) الذات يقال على كلّ مشار إليه لا في موضوع. ويقال على ما يعرّف في مشار مشار إليه ممّا- ليس في موضوع ماهو، ممّا- تدلّ عليه لفظة مفردة أو قول. ويقال أيضا على كلّ مشار إليه في موضوع. ويقال على كلّ ما يعرّف فب مشار مشار إليه ممّا- في موضوع مّا. وهذه بأعيانها هي المقولات الباقية التي تعرّف في المشار إليه الذي ليس في موضوع، ما هو خارج عن ماهيّته. ويقال أيضا على ما ليس له موضوع أصلا ولا هو موضوع لشيء أصلا، إن تبرهن أنّ شيئا مّا بهذه الصفة. فهذه معاني الذات على الإطلاق. (75) وهو يقال على كلّ ما يقال عليه الجوهر وعلى ما لا يقال عليه الجوهر. فإنّ المشار إليه الذي في موضوع ليس يقال إنّه جوهر أصلا لا بإطلاق ولا بإضافة. وأمّا ذات الشيء فهو ذات مضافة. فإنّه يقال على ماهيّة شيء وأجزاء ماهيّته وبالجملة لكلّ ما أمكن أن يجاب به - في أيّ شيء كان - في جواب " ما هو " ذلك الشيء، كان الشيء مشاراإليه لا في موضوع أو نوعا له أو كان مشاراإليه في موضوع أو نوعا له. وإنّ الذات المضافة إلى شيء ينبغي أن يكون غير المضاف إليه، ولا يبالي أيّ غيريّة كانت بينهما بعد أن يكون عيره بوجه مّا. حتّى أنّا إذا قلنا " ما ذات الشيء الذي نراه " يكون الذات مضافة إلى ما نفهمه من قولنا " هذا الذي نراه ". فإنّ معنى قولنا " هذا الذي نراه " ليس هو ذات لذلك الذي عنه نسأل، بل ذاته أنّه " إنسان "، فلذلك المسؤول عن ذاته هو إذن غير ذاته الذي إيّاه يُلتمَس. وحتّى لو قلنا " ذات الشيء " أو " ذات هذا الشيء " أو ذات شيء مّا " فإنّما نلتمس به ماهيّته التي هي أخصّ ممّا يدلّ عليه الشيء. ولو قلنا " ذات زيد " فإنّما نلتمس ماهيّته التي هي أعمّ ممّا يدلّ عليه " زيد " أو التي هي ماهيّته في الحقيقة. لأن اسم " زيد " ربّما وقع على المشار إليه من حيث له علامة من غير أنّه " إنسان ". وأمّا أن يكون قولنا " ذات الشيء " مضافا إلى شيء مّا من حيث لا غيريّة بين المضاف والمضاف إليه بوجه من الوجوه، فإنّه هذر من القول، اللّهمّ إلاّ أن نسامح فيه، فإنّ قولنا " نفس الشيء " أيضا إنّما نعني به أيضا هذا المعنى، وهو ما هيّة الشيء، وهو بعينه معنى قولنا " جوهر الشيء ". (76) وأمّ قولنا " ما بذاته " و " الذي

هو بذاته " فإنّه غير الذات وغير قولنا " ذات الشيء ".فإنّ " ما بـذاته " قـد يقـال على المشار إليه الذي لا يقال على موضوع، يُعنى به أنّع مستغن في مـاهيّته عـن باقي المقولات، فإنّه ليس يحتاج في أن تحصل ماهيّته لا أن يُحمَل عليه شيء منهـا ولا أن يوضع له، لا في أن يحصل معقـولا ولا في أن يحصـل خـارج النفـس. ويقـال أيضا على ما يعرّف ماهو هذا المشار إليه، إذ كان مسـتغنيا في أن تحصـل مـاهيّته ومستغنيا في أن تُعقَل ماهيّته من مقولة أخرى، فأمّا سائر المقـولات الباقيـة فإنّهـا محتاجة في أن تحصل لها ماهيّتها معقولـة في النفـس وتحصـل خـارج النفـس إلى هذه المقولة - أعني إلى المشار إليه الـذي لا في موضـوع وإلى مـا يعـرّف مـاهيّته. فإذن يقال هذا على مـا يقـال عليـه الجـوهر على الإطلاق. (77) وقـد يقـال " مـا بذاته " على شيء آخر خارج عن هذين. فإنّه قـد يقـال في المحمـول إنّـه محمـول على الموضوع " بذاته " متى كانت ماهيّة الموضوع أو جزء ماهيّته هي أن يوصف بذلك المحمول، مثل أنّ الحيوان محمول على الإنسان " بـذاته " إذا كـانت ماهيـة الإنسان أو جزء ماهيته أن يكون حيوانا أو أن يوصف بأنه حيـوان. وقـد يقـال في المحمول إنه محمول على الموضوع "بـذاته" مـتى كـانت ماهيـة المحمـول أوجـزء مـاهيته هـي أن يكـون محمـولا على الموضـوع، مثـل " الضـحاك " الموجـود في " الإنسان " فإنّ ماهية " الضحاك " أو جـزء مـاهيته هـي أن يكـون محمـولا على " الإنسان ". وقد يقال في المحمول إنه محمول على الموضوع " بـذاته " مـتى كـانت ماهية المحمول أو جزء مـاهيته هـي أن يكـون في ذلـك الموضـوع وكـانت ماهيـة الموضوع أو جزء ماهيته هي أن يوصف بذلك المحمول، وذلك أن يكون موضـوعه جزء ماهيته أو ماهيته مثل الزوج أو الفرد في العـدد، فـإن ماهيـة الـزوج أو جـزء ماهيته هي أن يكون في العدد، والعـدد هـو جـزء ماهيـة كـلّ واحـد منهما وهما محمولان على العدد. والخالصة التي في قولنا "ذاته" هي راجعة على ما شئت من هذين، إن شئت على الموضوع وإن شئت على المحمول. غير أنها تُظَنّ أنها راجعـة في الأوّل على الموضوع - فكأنه قيل المحمول محمـول على الموضـوع "بـذات ذلـك الموضوع " يُعنى " بذات الموضوع " مـن جهـة ماهيـة الموضـوع - وفي الثاني على المحمول - فكأنه قيل " المحمول بذاته وماهيته محمول ". وأنت فأجعَله ما شئت منها.وقد يقال أيضا في المحمول إنّـه محمـول على الموضـوع " بـذاته " مـتى كـان الموضوع إذا حُدّ لزم من حدّه أن يوجد له ذلك المحمول، وهـو أن تكـون مـاهيّته الموضوع توجب دائما أو على أ كثر الأمر أن يوجد لـه ذلـك المحمـول حتّـى تكـون ماهيّته، وحدّه هو السبب في أو يوجد لـه ذلـك المحمـول. وقـد يقـال في مـا عـدا نسبة المحمول إلى الموضوع من سائر النسـب - مثـل أن يكـون شيء عنـد شيء أو

معه أو به أو عنه أو فيه أو له أو غير ذلك ممّا تدلّ عليه سائر الحروف النسبية - إنّه " بذاته " متى كانت ماهيّته كلّ واحد منهما أو ماهيّة أحدهما توجب أن تكون له تلك النسبة إلى ذلك الشيء أو أن يكون ضروريّا في ماهيّة أن تكون له تلك النسبة. وبالجملة إنّما يقال في شيء إنّه منسوب إلى شيء آخر " بذاته " - أيّ نسبة كانت - متى كان أحدهما أو كلّ واحد منهما محتاجا في أن تحصل ماهيّته إلى أن تكون له تلك النسبة أو إن كانت ماهيّة أحدهما أو كلّ واحد منهما توجب أن تكون له تلك النسبة. وهذا إنّما يكون أبدا في ما أحدهما منسوب إلى الآخر تلك النسبة دائما أو في الأ كثر. وهذا المعنى من معاني " ما بذاته " يقابل ما هو بالعرض. (78) والمعنى الثاني من معاني " ما بذاته " - وهو الذي يقال على ما يعرّف ماهو المشار إليه الذي لا في موضوع - يجتمع فيه أن يقال له " بذاته " بالجهتين جميعا - بالجهة التي قيل في المشار إليه إنّه " بذاته " والجهة التي قيل في ماهو محمول بذاته على الموضوع إنّه " بذاته " - بمعنى واحد، وهو أنّه مستغن في أن يحصل ماهيّته بنفسه من غير حاجة إلى مقولة أخرى. و " المنسوب إلى شيء آخر بذاته " يقال عليه بمعنى واحد، وهو أن تكون ماهيّته توجب أن يكون له تلك النسبة أو أن يكون يحتاج في أن تحصل له ماهيّته إلى أن يكون منسوبا هذه النسبة. والذي يعرّف ماهو المشار إليه يقال له إنّه " بذاته " بالمعنيين جميعا، أحدهما أنّه أيضا مستغن في أن تحصل له ماهيّته بنفسه من غير حاجة إلى المقولات الأخر، والثاني أنّ المشار إليه يحتاج في ماهيّته إلى أن يوصف به ويُحمَل عليه، إمّا في أن تحصل ماهيّته موجودة أو معقولة. وقد يقال في الموضوع إنّه " بذاته له محمول مّا " متى كان يوجد له لا بتوسّط شيء آخر بين المحمول وبين الموضوع، كما يقول قوم " إنّ الحياة هي للنفس بذاتها ثمّ للبدن بتوسّط النفس ". وهذا أيضا قد يُدَلّ عليه بقولنا " الأوّل "، كما يقول قائل " إنّ النفس توجد لها الحياة أوّلا ". وهذا ربّما كان بالإضافة إلى شيء دون شيء. فإنّ المثلّث يقال فيه " إنّه توجد له مساواة الزوايا لقائمتين أوّلا "، فتناوله قوم من المفسّرين على أنّه بلا واسطة أصلا. وهذا شنيع غير ممكن، ولكن هذا " أوّل " بالإضافة إلى جنس المثلّث، ومعناه أن لا يوجد بجنسه قبله وجودا كلّيّا. فإنّ قولنا في الشيء إنّه " بذاته " قد يقال على ما وجوده لا يُنسَب أصلا لا لفاعل ولا مادّة ولا صورة ولا غاية أصلا. ووجود ما هذه صفته يلزم ضرورة متى يُترقّى بالنظر إلى أسباب الأسباب وكانت متناهية العدد في الترقّي.وكلّ مستغن عن غيره في وجوده أو فعله أو في شيء آخر ممّا هو له أو به أو عنه، يقال إنّه " بذاته ". (79) وهذه اللفظة وما تصرّف وتشكّل منها - أعني " الذات " و " ما بذاته " و " ذات الشيء "

- ليست مشهورة عند الجمهور وإنّما هي ألفاظ يتداولها الفلاسفة وأهل العلوم النظريّة. والجمهور يستعملون مكانها قولنا " بنفسه ". فإنّهم يقولون " زيد بنفسه قام الحرب " يعنون بلا معين، ويقولون " زيد هو بنفسه " أي بذاته لا بغيره، أي مستغن عن غيره في كلّ ما يفعله.

الفصل الخامس عشر: الموجود (80) الموجود في لسان جمهور العرب هو أوّلا اسم مشتقّ من الوجود والوجدان. وهو يُستعمَل عندهم مطلَقا ومقيَّدا، أمّا مطلَقا ففي مثل قولهم " وجدتُ الضالّة " و " طلبتُ كذا حتّى وجدتُه "، وأمّا مقيَّدا ففي مثل قولهم " وجدتُ زيدا كريما " أو " لئيما ". فالموجود المستعمَل عندهم على الإطلاق قد يعنون به أن يحصل الشيء معروف المكان وأن يُتمكَّن منه في ما يراد منه ويكون معرضا لما يُلتمَس منه. فإنّما يعنون بقولهم " وجدتُ الضالّة " و " وجدتُ ما كنت فقدتُه " أنّي علمتُ مكانه وتمكّنتُ ممّا ألتمسُ منه متى شئتُ. وقد يعنون به أن يصير الشيء معلوما. وأمّا الذي يُستعمَل مقيَّدا في مثل قولهم " وجدتُ زيدا كريما " أو " لئيما " فإنّما يعنون به عرفتُ زيدا كريما أو لئيما لا غير. وقد يستعمل العرب مكان هذه اللفظة في الدلالة على هذه المعاني " صادفتُ " و " لقيتُ "، ومكان الموجود " المصادَف " و " الملقى ". (81) وتُستعمَل في ألسنة سائر الأمم عند الدلالة على هذه المعاني التي تدلّ عليها هذه اللفظة في العربيّة وفي الأمكنة التي يستعمل فيها جمهور العرب هذه اللفظة لفظةٌ معروفة عند كلّ أمّة من أولئك الأمم يدلّون بها على هذه المعاني بأعيانها، وهي بالفارسيّة " يافت " وفي السغديّة " فيرد " – يعنون به الوجود والوجدان - و " يافته " و " فيردو " - يعنون به الموجود. وفي كلّ واحد من باقي الألسنة لفظة من نظير ما في الفارسيّة والسغديّة، مثل اليونانيّة والسريانيّة وغيرها. (82) ثمّ في سائر الألسنة - مثل الفارسيّة والسريانيّة والسغديّة - لفظة يستعملونها في الدلالة على الأشياء كلّها، لا يخصّون بها شيئا دون شيء.ويستعملونها في الدلالة على رباط الخبر بالمخبَر عنه، وهو الذي يربط المحمول بالموضوع متى كان المحمول اسما أو أرادوا أن يكون المحمول مرتبطا بالموضوع ارتباطا بالإطلاق من غير ذكر زمان. وإذا أرادوا أن يجعله مرتبطا في زمان محصَّل ماض أو مستقبل استعملوا الكَلِم الوجوديّة، وهي كان أو يكون أو سيكون أو الآن. وإذا أرادوا أن يجعلوه مرتبطا به من غير تصريح بزمان أصلا نطقوا بتلك اللفظة، وهي بالفارسيّة " هست " وفي اليونانيّة " " استين " وفي السغديّة " استي " وفي سائر الألسنة ألفاظا أخر مكان هذه. وهذه الألفاظ كما قلنا تُستعمَل في مكانين كما قلنا. وهذه كلّها غير مشتقّة في شيء من هذه الألسنة. بل هي مثالات أول وليست لها مصادر ولا تصاريف.

ولكن إذا أرادوا أن يعملوها مصادر اشتقّوا منها ألفاظا أخر مكان هذه، وهذه الألفاظ يستعملونها مصادر، مثل " الإنسان " الذي هو مثال أوّل في العربيّة ولا مصدر له ولا تصريف، ولكن إذا أرادوا أن يعملوا منها مصدرا قالوا " الإنسانيّة " مشتقّا من " الإنسان ". وكذلك تعمل سائر الألسنة بتلك اللفظة؛ مثل ما في الفارسيّة، فإنّهم إذا أرادوا أن يعملوا " هست " مصدراقالوا "هستي"، فإنّ هذا الشكل يدلّ على مصادر ما ليس له تصاريف من الألفاظ عندهم، كما يقولون " مردم " - وهو الإنسان - و " مردمي " - وهو الإنسانيّة. (83) وليس في العربيّة منذ أوّل وضعها لفظة تقوم مقام " هست " في الفارسيّة ولا مقام " استين " في اليونانيّة ولا مقام نظائر هاتين اللفظتين في سائر الألسنة. وهذه يُحتاج إليها ضرورة في العلوم النظريّة وفي صناعة المنطق. فلمّا انتقلت الفلسفة إلى العرب واحتاجت الفلاسفة الذين يتكلّمون بالعربيّة ويجعلون عبارتهم عن المعاني التي في الفلسفة وفي المنطق بلسان العرب، ولم يجدون في لغة العرب منذ أوّل ما وُضعت لفظة ينقلوا بها الأمكنة التي تُستعمل فيها " استين " في اليونانيّة و " هست " بالفارسيّة فيجعلونها تقوم مقام هذه الألفاظ في الأمكنة التي يستعملها فيها سائر الأمم، فبعضهم رأى أن يستعمل لفظة " هو " مكان " هست " بالفارسيّة و " استين " باليونانيّة. فإنّ هذه اللفظة قد تُستعمَل في العربيّة كناية في مثل قولهم " هو يفعل " و "هو فَعَلَ". وربّما استعملوا " هو " في العربيّة في بعض الأمكنة التي يستعمل فيها سائر أهل الألسنة تلك اللفظة المذكورة. وذلك مثل قولنا " هذا هو زيد "، فإنّ لفظة " هو " بعيد جدّا في العربيّة أن يكونوا قد استعملوها ههنا كناية. كذلك " هذا هو ذاك الذي رأيتُه " و " هذا هو المتكلّم يوم كذا وكذا " و " هذا هو الشاعر "، وكذلك " زيد هو عادل " وأشباه ذلك. فاستعملوا "هو" في العربيّة مكان " هست " في الفارسيّة في جميع الأمكنة التي يستعمل الفرس فيها لفظة " هست ". وجعلوا المصدر منه " الهُويّة "، فإنّ هذا الشكل في العربيّة هو شكل مصدر كلّ اسم كان مثالا أوّلا ولم يكن له تصريف، مثل " الإنسانيّة " من " الإنسان " و " الحماريّة " من " الحمار " و" الرجوليّة " من " الرجل ". ورأى آخرون أن يستعملوا مكان تلك الألفاظ بدل الهو لفظة الموجود، وهو لفظة مشتقّة ولها تصاريف. وجعلوا مكان الهويّة لفظة الوجود، واستعملوا الكَلِم الكائنة منها كَلِما وجوديّة روابط في القضايا التي محمولاتها أسماء، مكان كان ويكون وسيكون. واستعملوا لفظة الموجود في المكانين، في الدلالة على الأشياء كلّها وفي أن يُربَط الاسم المحمول بالموضوع حيث يُقصَد أن لايُذكَر في القضيّة زمان، وهذان المكانان هما اللذان فيهما " هست " بالفارسيّة و " استين "

باليونانيّة. واستعملوا الوجود في العربيّة حيث تُستعمَل " هستي " بالفارسيّة، واستعملوا وُجد ويوجَد وسيوجَد مكان كان ويكون وسيكون. (84) ولأنّ لفظة الموجود وهي أوّل ما وُضعت في العربيّة مشتقّة، وكلّ مشتقّ فإنّه يخيّل ببِنْيَته في مل يدلّ عليه موضوعا لم يصرَّح به ومعنى المصدر الذي منه اشتُقّ في ذلك الموضوع، فلذلك صارت لفظة الموجود تخيّل في كلّ شيء معنى في موضوع لم يصرَّح به - وذلك المعنى هو المدلول عليه بلفظةالوجود - حتّى تخيّل وجودا في موضوع لم يصرَّح به، وفُهم أنّ الوجود كالعرض في موضوع. أو تخيّل أيضا فيه أنّه كائن عن إنسان، إذ كانت هذه اللفظة منقولة من المعاني التي يوقع عليها الجمهور هذه اللفظة - وهي التي للدلالة عليها وُضعت من أوّل ما وُضعت - وكانت معاني كائنة عن الإنسان إلى شيء آخر، إمّا إنسان أو غيره، كقولنا " وجدتُ الضالّة " و " طلبتُ كذا " أو" وجدتُه " و " وجدتُ زيدا كريما " أو " لئيما "، فإنّ هذه كلّها تدلّ على معان كائنة عن إنسان إلى آخر. (85) وينبغي أن تعلم أنّ هذه اللفظة إذا استُعملت في العلوم النظريّة التي بالعربيّة مكان " هست " بالفارسيّة فينبغي أن لا يخيَّل معنى الاشتقاق ولا أنّه كائن عن إنسان إلى آخر، بل تُستعمَل على أنّها لفظة شكلها شكل مشتقّ من غير أن تدلّ على ما يدلّ عليه المشتقّ، بل أنّ معناه معنى مثال أوّل غير دالّ على موضوع أصلا ولا على مفعول تعدّى إليه فعل فاعل، بل يُستعمَل في العربيّة دالاّ على ما تدلّ عليه " هست " في الفارسيّة و " استين " في اليونانيّة. وتُسعمَل على مثال ما نستعمل قولنا " شيء ". فإنّ لفظة الشيء إذا كانت مثالا أوّلا لم يُفهَم منه موضوع ولا فُهم أنّه كائن عن إنسان إلى آخر، بل إنّما يُفهَم منه ما يعمّ ما يدلّ عليه المشتقّ والمثال الأوّل، وما هو كائن عن إنسان إلى آخر أو غير كائن. وتُستعمَل لفظة الوجود مصدرا، لكن ينبغي أن يُتحرَّز من أن يُتخيَّل أنّ معناه هو كائن عن إنسان إلى آخر - وهو ما كان هذا المصدر يدلّ عليه عند جمهور العرب من أوّل ما وُضع - ولكن يُستعمَل على مثال ما نستعمل قولنا في العربيّة " الجمود " وأشباه ذلك ما بِنْيَته بنية الوجود في العربيّة ممّا ليس يدلّ على كونه عن إنسان إلى آخر. (86) ولأنّ هذه اللفظة بحيث ما هي عربيّة وبِنْيَتها عندهم هذه البنية صارت مغلطة جدّا، رأى قوم أن يتجنّبوا استعمالها واستعملوا مكانها قولنا " هو " ومكان الوجودِ " الهُوّية ". ولأنّ لفظة " هو " ليست باسم ولا كلمة في العربيّة. ولذلك لا يمكن فيها أن نعمل منها مصدرا أصلا، وكان يُحتاج في الدلالة على هذه المعاني التي يُلتمَس أن يُدَلّ عليها في العلوم النظريّة إلى اسم، وكان يُحتاج إلى أن يُعمَل منه مثل " الرجل " و " الرجوليّة " و " الإنسان " و " الإنسانيّة "، رأى قوم أن يتجنّبوها ويستعملوا

الموجود مكان " هو " والوجود مكان الهُويّة. وأمّا أنا فـإنّي أرى أنّ الإنسـان لـه أن يستعمل أيّهما شاء. ولكن إن يستعمل لفظـة " هـو " فينبغـي أن يسـتعملها على أنّها اسم لا أداة - و " الهُويّـة "، المصدر المعمـول الآخـر، جـارٍ وإن لم يُسـتعمَل - تُركَّب مبنيّة في جميع الأمكنة على طرف واحد، على مثال ما توجد عليه كثير مـن الأسماء العربيّة التي تُركَّب مبنيّة على طرف واحد آخِر. وأمّا المصدر الكـائن منهـا وهو " الهُويّـة " فينبغـي أن يُسـتعمَل اسـما كـاملا ويُسـتعمَل فيـه الطـرف الأوّل والأطراف الأخيرة كلّها. و إذا استُعملت لفظة الموجـود اسـتُعملت على أنّهـا مثـال أوّل وإن كان شكلها شكل مشتقّ ولا يُفهَم منها ما تخيّله نظائرها مـن المشـتقّات ولا من التي تُفهمها هذه اللفظة إذا اسـتُعملت في الأمكنـة الـتي يسـتعملها فيهـا جمهور العرب وعلى وضعها الأوّل، لا موضوعا ولا معنى في موضوع ولا أنّـه كـائن عن الإنسان إلى آخر، بل على العموم وكيف اتّفق، بل تُستعمَل منقولـة عـن تلـك المعاني مجرَّدة عن التي توهمها هناك وتُستعمَل على مثـال مـا نسـتعمل قولنـا " شيء ". (87) فنحـن الآن نحصي معنـى هـذه اللفظـة إذا اسـتُعملت في العلـوم النظريّة على النحو الذي ذكرناه أنّه ينبغي أن تُستعمَل عليه. . (88) الموجود لفظ مشترك يقال على جميع المقولات - وهي التي تقال على المشار إليه - ، ويقال على كلّ مشار إليه، كان في موضوع أو لا في موضوع. والأفضل أن يقال إنّه اسم لجنس جنس من الأجناس العالية على أنّه ليست له دلالة على ذاته، ثمّ يقال على كلّ مـا تحت كلّ واحد منها على أنّه اسم لجنسه العالي، ويقال على جميع أنواعه بتواطؤ - مثل اسم العين، فإنّه اسم لأنواع كثيرة ويقال عليها باشتراك -، ثمّ يقال على كـلّ ما تحت نوع نوع بتواطؤ على أنّه اسم أوّل لذلك النوع، ثم لكـلّ مـا تحـت ذلـك النوع على أنّه يقال عليها بتواطؤ. وقد يمكن أن يقال إنّه اسم يقـال باشـتراك على العموم على جميع جنس جنس من الأجناس، ثمّ هو اسم لواحد واحد ممّا ـ تحتـه يقال عليه بالخصوص. وقد تلـزم هنـا شـنعة مّـا، فلـذلك آثرنـا ذلـك الأوّل، إلاّ أن يكون بنوع من الإضافة. وقد يقال على كلّ قضيّة كـان المفهـوم منهـا هـو بعينـه خارج النفس كما فُهم، وبالجملة على كـلّ متصـوَّر ومتخيَّـل في النفـس وعلى كـلّ معقول كان خارج النفس وهو بعينه كما هو في النفس. وهذا معنى أنّـه صـادق، فإنّ الصادق والموجود مترادفان. وقد يقال على الشيء " إنّه موجـود " ويُعنـى بـه أنّه منحاز بماهيّة مّا خارج النفس سـواء تُصُـوِّر في النفـس أو لم يُتصـوَّر. والماهيّـة والذات قد تكون منقسمة وقد تكون غير منقسـمة. فما كـانت مـاهيّته منقسـمة فإنّ التي يقال إنّها ماهيّته ثلاثة، إحداها جملته الـتي هـي غير ملخَّصـة، والثانيـة الملخَّصة بأجزائها التي بها قوامها، والثالثة جزء جزء من أجزاء الجملـة كـلّ واحـد

بجملته على حياله. فجملته ما دلّ عليه اسـمه، والملخَّصـة بأجزائهـا مـا دلّ عليـه حدّه، وجزء جزء من أجزائها جنس وفصل كلّ واحـد على حيـاله أو مـادّة وصـورة كلُّ واحدة على حيالها. وكـلّ واحـدة مـن هـذه الثلاثـة يسـمّى الماهيّـة والـذات. وبالجملة فإنّما يسمّى الماهيّة كلّ ما للشيء، صحّ أن يجـاب بـه في جـواب " مـاهو هذا الشيء " أو في جواب المسؤول عنه بعلامة مّا أخرى - فإنّ كلّ مسـؤول عنـه " ماهو " فهو معلوم بعلامة ليست هي ذاته ولا ماهيّته المطلوبـة فيـه بحـرف مـا. فقد يجاب عنه بجنسه، وقد يجاب عنه بفصله أو بمادّته أو بصورته، وقـد يجـاب عنه بحدّه، وكلّ واحد منها فهو ماهيّته المنقسـمة. وتنقسـم إلى أجـزاء. فـإن كـان ماهيّة كلّ واحد من أجزائها منقسمة، فتنقسم أيضـا إلى أجـزاء، حـتىّ تنقسـم إلى أجزاء ليس واحد منها ينقسم، فتكون ماهيّة كلّ واحـد منهـا غير منقسـمة. (89) فالموجود إذن يقـال على ثلاثـة معـان: على المقـولات كلّهـا، وعلى مـا يقـال عليـه الصادق، وعلى ما هو منحاز بماهيّة مّا خارج النفس تُصُوِّرت أو لم تُتصوَّر. وأمّا مـا ينقسم حتّى تكون له جملة وملخَّص تلك الجملة فإنّ الموجود والوجود يختلفـان فيه، فيكون الموجود هو بالجملة - وهي ذات الماهيّة - والوجود هو ماهيّـة ذلـك الشيء الملخَّصة أو جزء جزء من أجزاء الجملة إمّا جنسـه وإمّـا فصـله، وفصـله إذ كان أخصّ به فهو أحرى أن يكون وجوده الذي يخصّه. ووجود ما هو صادق فهـو إضافة مّا للمعقـولات إلى مـا هـو خـارج النفـس. والموصـوف بجنـس جنـس مـن الأجناس العالية فوجوده هو جنسه، وأيضا هو داخل في معنى الوجود الـذي هـو الماهيّة أو جزء ماهيّة، فإنّ جنسه هو جزء ماهيّته وهو ماهيّة مّا به، وإنّمـا يكـون ذلك في ماماهيّته منقسمة. وكلّ ما كانت ماهيّته غير منقسمة فهو إمّـا أن يكـون موجودا لا يوجد وإمّا أن يكون معنى وجوده وأنّه موجود شيئا واحدا، ويكون أنّه وجود وأنّه موجود لا يوجد وإمّا أن يكون معنى وجوده وأنّه موجود شيئا واحدا، ويكون أنّه وجود وأنّه موجود معنى واحـدا بعينـه. فـالموجود المقـول على جنـس جنس من الأحناس العالية فإنّ الوجود والموجود فيها معنى واحد بعينـه. وكـذلك ما ليس في موضوع ولا موضوع لشيء أصلا فإنّه أبدا بسيط الماهيّـة، فـإنّ وجـوده وأنّه موجود شيء واحد بعينه. (90) وظاهرأنّ كلّ واحد من المقـولات الـتي تقـال على مشار إليه هي منحازة بماهيّة مّا خارج النفس من قبل أن تُعقَل منقسـمة أو غير منقسمة. وهي مع ذلك صادقة بعد أن تُعقَل، إذ كانت إذا عُقلـت وتُصُـوِّرت تكون معقولات ما هو خارج النفس. فيجتمع فيها أنّها موجودات بتينـك الجهـتين الأخرتين. فيحصل أن تكون ترتقي معاني الموجـود الى معنيين: إلى أنّـه صـادق وإلى أنّ له ماهيّة مّا خارج النفس. (91) وظاهر أنّ كلّ صادق فهـو منحـاز بماهيّـة مّـا

خارج النفس. والمنحاز بماهيّة مّا خارج النفس هو أعمّ من الصادق. أنّ ما هو منحاز بماهيّة مّا خارج النفس إنّما يصير صادقا إذا حصل متصوّرا في النفس، وهو من قبل أن يُتصوَّر منحاز بماهيّة مّا خارج النفس وليس يُعَدّ صادقا - وإنّما معنى الصادق هو أن يكون المتصوَّر هو بعينه خارج النفس كما تُصُوِّر - وإنّما يحصل الصدق في المتصوَّر بإضافته إلى خارج النفس، وكذلك الكذب فيه. فالصادق بما هو صادق هو بالإضافة إلى منحاز بماهيّة مّا خارج النفس. والمنحاز بماهيّة مّا على الإطلاق من غير أن يُشرَط فيه هو أعمّ من الذي هو منحاز بماهيّة مّاخارج النفس. فإنّ الشيء قد ينحاز بماهيّة متصوَّرة فقط ولا تكون هي بعينها خارج النفس، أو كانت منها أشياء معقولة متصوَّرة ومتخيَّلة ليست بصادقة، كقولنا " القُطر مشارك للضِلع " وكقولنا " الخلاء " فإنّ الخلاء له ماهيّة مّا، وذلك أنّا قد نسأل عن الخلاء " ما هو " ويجاب فيه بما يليق أن يجاب في جواب " ما هو الخلاء " ويكون ذلك قولا شارحا لاسمه وما يشرح الاسم فهو ماهيّة مّا وليست خارج النفس. (92) وينبغي أن تعلم ما هي الأشياء التي لها ماهيّات خارج النفس، فتحصل إذن على المعقولات، وعلى ما عليها تقال، وعلى ماعنها استفادت ماهيّاتها وهي مادّتها. فلذلك إذا قلنا في الشيء " إنّه موجود " و " هو موجود " فينبغي أن يُسأل القائل لذلك أيّ المعنيين عنى، هل أراد أنّ ما يُعقَل منه صادق أو أراد أنّ له ماهيّة مّا خارج النفس بوجه مّا من الوجوه. وما له ماهيّة مّاخارج النفس، وإن كان عامّا، فإنّه يقال بالتقديم والتأخير على ترتيب. وهو أنّ ما كان أكمل ماهيّة ومستغنيا في أن يحصل ماهيّة عن باقيها، وباقيها فيحتاج في أن يحصل ماهيّة وفي أن يُعقَل إلى هذه المقولة، هي أحرى أن تكون وأن يقال فيها إنّها موجودة من باقيها. ثمّ ما كان من هذه المقولة محتاج في أن يحصل ماهيّة إلى فصل أو جنس من هذه المقولة كان أنقص ماهيّة من ذلك الذي هو من هذه المقولة سبب لأن يحصل ماهيّة. فما كان ممّا في هذه المقولة سببا لأن تحصل به ماهيّة شيء منها كان أكمل ماهيّة وأحرى أن يسمّى موجودا. ولا يزال هكذا يرتقي في هذه المقولة إلى الأكمل فالأكمل ماهيّة إلى أن يحصل فيها ما هو أكمل ماهيّة ولا يوجد في هذه المقولة ما هو أكمل منها، كان ذلك واحدا أو أ كثر من واحد. فيكون ذلك الواحد وتلك الأشياء هي أحرى أن يقال " إنّه موجود " من الباقية. فإن صودف شيء خارج عن هذه المقولات كلّها هو المسبّب في أن يحصل ماهيّة ما هو أقدم شيء في هذه المقولة، كان ذلك هو السبب في ماهيّة باقي ما في هذه المقولات، ويكون ما في هذه المقولة هو السبب في ماهيّة باقي المقولات الأخر. فتكون الموجودات التي يُعنى بالموجود فيها ما له ماهيّة خارج النفس

مرتَّبة بهذا الترتيب. (93) والموجود الذي يُعنى به ما له ماهيّة مّا خارج النفس، منه موجود بالقوّة ومنه موجود بالفعل . وما هو موجود بالفعل ضربان، صرب غير ممكن أن لا يكون بالفعل ولا في وقت من الأوقات أصلا - فهو دائمابالفعل - ومنه ما قد كان لا بالفعل، وهو الآن بالفعل، وقد كان قبل أن يكون بالفعلوقد كان موجودا بالقوّة. ومعنى قولنا " موجود بالقوّة " أنّه مسدَّد ومعَدّ لأن يحصل بالفعل. ومل هو مسدَّد ومعَدّ لأن يحصل بالفعل منه ما هو مسدَّد ومعَدّ لأن يحصل بالفعل فقط من غير أن يكون تسديده واستعداده لذلك استعداداالأن لا يحصل بالفعل أو لأن يحصل بالفعل ولأن لا يحصل بالفعل، بل يكون استعداده استعدادا مسدَّدا نحو الفعل فقط، ومنه ما هو مسدَّد ومستعدّ أن يحصل بالفعل أو لا يحصل. فالموجود بالقوّة فإنّ قوّته تنقسم إلى هذين. ولا فرق بين أن نقول " القوّة " أو " الإمكان ". فإنّ ما هو موجود بالقوّة منه ما هو بقوّته وإمكانه مسدَّد نحو أن يحصل بالفعل فقط، ومنه ماهو مسدَّد أن يحصل بالفعل وألاّ يحصل، فيكون مسدَّدا لمتقابلين. وما هو مسدَّد في ذاته لأن يحصل بالفعل فقط فإنّه ضربان، ضرب معرَّض للعوائق الواردة من خارج، وضرب لا عائق له أصلا، وما لا عائق له أصلا من خارج من هذين فإنّه سيكون لا محالة يحصل بالفعل. مثل إحراق النار للحَلْفاء التي تماسّها، فإنّ النار فيها قوّة الإحراق فقط وليست هي مسدَّدة لأن تحرق ولا تحرق، ولكن لمّا كانت معرَّضة للعوائق عن الإحراق صارت ربّما أحرقت وربّما لم تحرق. وأمّا كسوف القمر فإنّ قوّته التي هو بها مستعدّ لأنينكسف، هو بها مسدَّد لأن ينكسف عند الاستقبال في العقدة، وغير معرَّض لعائق من خارج أصلا. فلذلك إذا قابل الشمس عند إحدى العقدتين انكسف لا محالة. وهذه أشياء قد لُخّصت في الفصل الثالث من كتاب " باري ارميناس ". (94) وما هو موجود بالقوّة لم تجري عادة الجمهور فيه أن يسمّوه موجودا بل يسمّوه غير موجود ما داموا يعبّرون عنه بلفظ الموجود. وإنّما يسمّون بلفظ الموجود ما كانت ماهيّته التي بالفعل صادقة - ولا يسمّون ما كانت ماهيّته صادقة وماهيّته بعد بالقوّة موجودا - فإنّ هذا هو الأسبق إلى نفوسهم من لفظ الموجود . فأمّا إذا نطقوا عن أنواع ما يقال فيه على العموم إنّه موجود جعلوا العبارة عنه حين ما هو بعد بالقوّة باللفظة التي يعبّرون بها عنه وهو بالفعل. وذلك مثل " الضارب " و " القاتل " و " المضروب " و " المبنيّ " و " المقتول ". فإنّهم يقولون " فلان مضروب - أو مقتول - لا محالة "، وذلك من قبل أن يُضرَب، إذا كان مستعدّا لأن يُضرَب في المستقبل. وكذلك يقولون " ما ببلاد الهند من الأشجار مرئيّة " يعنون به معرضة لأن تُرى. وكذلك يقولون " إنّ الإنسان ميّت "

أو " زيد ميّت " يعنون به معرض للموت. وذلك من قبل أن يموت. فيجعلون العبارة في جزئيّات ما هو بالقوّة حينا وبالفعل حينا بألفاظ واحدة بأعيانها، ويجعلون اللفظ الدالّ على ما هو بعد بالقوّة هو بعينه اللفظ الدالّ على ما هو منه حاصل بالفعل. فاتّبع الفلاسفة في لفظةالموجود المقولة على جميع هذه العموم حذوهم في جزئيّات ما يقال عليه الموجود بأن سمّوا ما هو منه بعد القوّة باسم ما هو منه بالفعل، فسمّوه الموجود في الوقتين جميعا، وفصلوا بينهما بما زادوه من شريطة القوّة والفعل، فقالوا " موجود بالقوّة " و " موجود بالفعل ". وقد يقال " إنّه موجود لا بالقوّة " وقد يقال " إنّه غير موجود بالقوّة "، فإليك أن تنطق عنه بأيّ العبارتين شئت. وكذلك فيما هو موجود بالقوّة، إن شئتَ قلتَ فيه " إنّه موجود لا بالفعل " وإن شئتَ قلتَ " إنّه غير موجود بالعفل ".(95) و " غير الموجود " و" ما ليس بموجود " تقال على نقيض ما هو موجود، وهو ما ليست ماهيّته خارج النفس. وذلك يُستعمَل على ما لا ماهيّة له ولا بوجه من الوجوه أصلا لا خارج النفس ولا في النفس؛ وعلى ما له ماهيّة متصوَّرة في النفس لكنها خارج النفس، وهو الكاذب، فإنّ الكاذب قد يقال " إنّه غير موجود ". وذلك أنّ ما له ماهيّة خارج النفس سَلْبه قولنا " ليست له ماهيّة خارج النفس "، وهذا مشتمل على ما له ماهيّة في النفس فقط من غير أن يكون خارج النفس وما ليست له ماهيّة خارج النفس ولا في النفس. و " غير الموجود " انّما يدلّ على هذاالسلب، كما أنّ قولنا " ليس يوجد عادلا "ولا يصدق على ما يمكن فيه وعلى ما لا يمكن فيه العدل. وما ليس بصادق فهو أعمّ من الكاذب. وذلك أنّ الذي لا ماهيّة له أصلا ليس بصادق ولا كاذب - لأنّه لا اسم له ولا قول يدلّ عليه أصلا - ولا بجنس ولا بفصل ولا يُتصوَّر ولا يُتخيَّل ولا تكون عنه مسألة أصلا. وأمّا ما كان ليس بصادق وهو كاذب فإنّه يُعقَل أو يُتصوَّر أو يُتخيَّل وله ماهيّة. فإنّ للكاذب ماهيّة مّا وله اسم وقد يُسأل عنه " ما هو ". مثل الخلاء، فإنّه قد يُسأل عنه " ما هو " فيقال " هو مكان لا جسم فيه أصلا " و " يمكن أن يكون فيه جسم " أو غير ذينك ممّا يجاب به عن الخلاء وعن أشبهه. فإنّ هذا وما أشبهه هو كاذب وهو غير موجود. وإنّما تكون هذه مركَّبة من أشياء لكلّ واحد منها على انفراده ماهيّة صادقة. والذي له ماهيّة خارج النفس ليس يقال فيه " إنّه صادق " ما لم يُتصوَّر. فإنّه " غير موجود " إذن بمعنَيين مختلفَين، فإنّ الذي ينفي " غيرُ- " ليس هو المعنى " يوجد " إلاّ باشتراك الاسم. وهذا شيء يعرض لكلّ شيئين اشتركا في اسم واحد وكان الصادق هو نفي أحدهما عن أمر مّا وإيجاب الآخر، مثل " إنّ العضو الذي به نبصر هو عين وليس بعين "، وكذلك ما أشبهه. إلاّ أنّ الصادق إنّما يقال

فيه " إنّه موجود " لأجل إضافته إلى الذي له ماهيّة خارج النفس. فهو إذن بالإضافة إلى المعنى الآخر الذي يقال عليه الموجود. فأقدم ما يقال عليه الموجود هو هذا المعنى. فإن قال فيه قائل " إنّه غير موجود " يعني أنّه غير صادق، أي كان لم يُتصوَّر بعد، فما ينبغي أن يُستنكَر، فإنّه ليس بممتنع. (96) والأسبق إلى النفوس في بادئ الرأي من قولنا " غير موجود " ما لا ماهيّة له أصلا ولا بوجه من الوجوه. ولذلك لمّا كان لا ماهيّة له أصلا ولا بوجه من الوجوه، وكان أن يُعلَم عند الجمهور هو أن يُحَسّ، صار ما كان غير محسوس عندهم في حدّ ما ليس بموجود. ولذلك لمّاصار أيضا ما كان أخفى في الحسّ عندهم من الأجسام مثل الهباء والهواء وما أشبهه في حدّ ما هو عندهم غير موجود، صاروا يقولون في ما تلف وبطل " إنّه هباء " و " صار هباء " و " ريحا ". ولذلك يسمّون القول الكاذب أيضا ريحا، إذ كان معناه يقال فيه إنّه غير موجود. فمن ههنا يتبيّن أنّهم يقولون على الكاذب أيضا " غير موجود "، وإن لم يكن ذلك مشهورا في نطقهم، إذ كانوا يعبّرون عن الكاذب بالذي يعبّرون به عمّا ما لا ماهيّة له أصلا، فيقولون " إنّه ريح " كما يقولون فيما بطلت ماهيّته " إنّه صار ريحا ". (97) ولمّا كان الأقدمون من القدماء يعملون في الفلسفة على ما يُفهَم من الألفاظ في بادئ الرأي، وكان قولنا " غير موجود " يُفهَم عنه ببادئ الرأي ما ليست له ماهيّة أصلا، وكان ما هو غير موجود هكذا لا يمكن أن يصير موجودا وأن يحصل عنه موجود بالفعل، ورأوا ما يُحَسّ أشياء تحدث وتحصل بالفعل وكان ما يحدث يسبق إلى النفس إنّه يحدث عن غير موجود، وكان الأسبق إلى النفس عن غير الموجود أنّه لا ماهيّة له أصلا، لزم عندهم محال، إذ كان يلزم أن يحدث موجود عن غير موجود. فاعتقد بعضهم أنّه غير موجود. ورأى بعضهم أيضا أنّ هذا يلزم عنه أيضا محال، إذ كان يلزم أن يكون ما هو الآن موجود حادث الوجود قد كان موجودا قبل حدوثه. فأبطلوا الكون والحدوث. وقالوا إنّ الأشياء كلّها لم تزل ولا تزال وليس فيها شيء يحدث ويبطل. وأبطلوا أن يتغيّر شيء أصلا بوجه من وجوه التغيّر، قالوا إنّه لا ينبغي أن يُعمَل على ما يظهر للحسّ، وذلك مثل قول ماليسس. وهذا المعنى فهم فاسد من قولنا " غير موجود ". فقال: كلّ ما سوى الموجود فهو غير موجود، وما هو غير موجود فليس بشيء. وإنّما حكم على ماهو لا موجود أنّه ليس بشيء، إذ فهم عن ما هو لا موجود ما لا ماهيّة له أصلا. (98) ولمّا لم يتميّز أيضا للطبيعيّين الأقدمين فرق ما بين الموجود بالقوّة والموجود بالفعل كما تبيّن للإلاهيّين، شنع عندهم أن يقال في شيء واحد " إنّه موجود " و " إنّه غير موجود "، إذ كانوا يفهمون عن " الموجود " ما له ماهيّة بالفعل فقط - فإنّ هذا هو أسبق إلى النفوس في بادئ

الرأي - وعن " غير الموجود " ما لا ماهيّة لـه أصلا - وهـذا أيضـا هـو الأسـبق إلى النفوس في بادئ الرأي. فاعتقد كثير مـن المنطقيّين أن كـلّ حـادث الوجـود حصـل بالفعل فقد كـان بالفعـل قبـل وجـوده. فبعضـهم قـال إنّـه كـان متفرّقافـاجتمع، وبعضهم قال كان مجتمعا مختلطا فافترق وتميّز بعضه عن بعـض، وبعضـهم قـال إنّه كان عن لا موجود أصلا من كلّ الجهات. ثمّ أخـذوا يحتـالون في مـا معنـى أن يكون عن غير موجود أصلا ولا ماهيّة له أصلا. (99) و" الموجود بـذاته " هـو على عدد أقسام ما يقال " بذاته ". فمن ذلك ما ماهيّته مستغنية عـن بـاقي المقـولات ولا تحتاج إليه أن تتقوّم أو تحصل أو تُعقَل إليها، وتلك هي المشـار إليـه الـذي لا في موضوع ثمّ ما يعرّف ما هو هـذا المشـار إليـه، والمقابـل لهـذا هـو الموجـود في موضوع. ومنه ما ماهيّته مستغنية عن أن تحتاج إلى أن تتقوّم إلى نسبة بينه وبين غيره بوجه مّا من الوجوه، وهو الذي لا سبب أصلا لماهيّته في أن تحصل، والمقابـل لهذا هو الموجود الذي له سبب مّا. وأمّا الموجـود بـذاته المقابـل لمـا هـو موجـود بالعرض، فإنّه ليس يكون في ما يوصف بالموجود على الإطلاق وبالوجه الأعمّ. فإنّه ليس شيء ماهيّته بالعرض، بل إنّما يقال ذلك عند مقايسة الموجـودات بعضـها إلى بعض وعندما يضاف بعضها إلى بعض - أيّ إضافة كانت وأيّ نسـبة كـانت - مثـل أن يكون أحدهما أو كـلّ واحـد منهما بـالآخر أو عنـه أو إليـه أو منـه أو معـه أو عنده أو منسوبا إليه نسبة أخرى - أيّ نسبة كانت. فإنّه إذا كانت ماهيّة أحدهما أو كلّ واحد منهما هي ظان تكون له تلـك النسـبة إلى الآخـر، قيـل في كـلّ واحـد منهما " إنّه منسوب إلى الآخر بذاته ". مثل إن كـانت ماهيّـة شيء مّـا أن يوصـف بمحمول مّا فيه قيل في ذلك المحمول " إنّه محمول بذاته على ذلك الشيء " وقيـل في ذلك الشيء " إنّه بذاته يوصف بذلكالمحمول ". كذلك إن كانت ماهيّـة أمـر أن يكون محمولا على موضوع قيل فيـه " إنّـه محمـول بـذاته على ذلـك الموضـوع " وقيل في ذلك الموضوع " إنّه بذاته يُحمَل عليه ذلك المحمول ". وكـذلك إن كـانت ماهيّة شيء مّا توجب دائما أو في أ كثر الأمر أن يوصـف بـأمر مّـا قيـل فيـه " إنّـه محمول عليه بذاته ". وكذلك إن كان شيء كائنا أو قوامه بـأمر مّـا كـان سـببا لـه. فإنّه إن كانت ماهيّته هي أن يكون عنه، أو ماهيّة مـا هـو سـبب أن يكـون عنـه ذلك الشيء، قيل " إنّه له بذاته ". وإن لم يكن ذلك ولا في ماهيّة واحد منهما قيـل " إنّه لـذلك الأمـر - أو فيـه أو بـه أو عنـه أو معـه أو عنـده - بـالعرض ". (100) المقابل للموجود الـذي يقـال بالقيـاس إلى آخـر هـو " غير الموجـود " الـذي يقـال بالقياس إلى آخر. فإنّـا نقـول " زيـد غير موجـود عمـرا " و " الحـائط غير موجـود إنسانا " و " السرير غير موجـود عـن الطبيعـة بـل عـن الصـنعة "، نعنـي ليسـت

ماهيّة السرير مستفادة عن الطبيعة. وكذلك في الباقي، نعني ما هو زيد ليست ماهيّة عمرو. (101) وقد يُستعمَل الموجود في شيء آخر خارج عن هذه التي ذكرناها. وهو أنّه يُستعمَل رابطا للمحمول مع الموضوع في الأقاويل الجازمة الموجبة. فهذه اللفظة ومعناها تربط المحمول بالموضوع وبه يحصل إيجاب شيء لشيء. وقد يحصل هذا الصنف من تركيب الموجودات بعضها إلى بعض، فإنّ الموجود يدلّ على الإيجاب و " غير الموجود " يدلّ على السَلْب. وليس يدلّفي مثل قولنا " زيد موجود عادلا " على أنّ ماهيّة أحدهما بالذات أو بالعرض، ولا أنّ ماهيّة أحدهما أو كلاهما الخارجة عن النفس هي أن توصف بالعادل. فإنّه قد يكون هذا التركيب في جواب ما ليست له الآن ماهيّة خارج النفس، فيصدق قولنا " اوميرس موجود شاعرا ". فيكون صادقا لأنّ ما يدلّ الموجود ههنا ليس هو الموجود الذي تحدّدت معانيه فيما تقدّم، بل هو لفظة ينطوي فيها موضوع لمحمول أو محمول لموضوع، وبالجملة شيئان رُكّبا هذا التركيب. وقد تنطوي فيها ما هيّاتها على أنّ لكلّ واحد عند الآخر هذه النسبة فقط. وهذه اللفظة في قوّتها ماهيّتا أمرين يضاف كلّ واحد منهما إلى الآخر هذه الإضافة، ليس ماهيّاتهما اللتان يقال إنّهما خارج النفس، لكنّها ماهيّتاهما كيف اتّفقت من حيث هما مضافان هذه الإضافة التي يصير المؤلَّف منها قضيّة موجبة. فإنّ هذه اللفظة قد تُستعمَل فيما هي كاذبة وفيما هي صادقة وفيما لا ندري هل هي صادقة أو كاذبة. فإنّها إنّما تتضمّن ماهيّتهما على الإطلاق من حيث هما في النفس، سواء كانتا خارج النفس أو لم تكونا. وليس تتضمّن أيضا أمرين بأعيانهما، بل إنّما تتضمّن موضوعا لمحمول أو محمولا لموضوع. فلا فرق بين أن يُبتدَأ آ ب من الموضوع إلى المحمول أو من المحمول إلى الموضوع، فيقال " آ موجود ب " أو يقال " ب موجود آ ". و " غير الموجود " يدلّ على سَلْب محمول عن موضوع أو موضوع يُسلَب عنه محمول مّا. وليس للموجود منها معنى أخر غير هذا. (102) فلذلك لمّا ظنّ قوم أنّه يُعنى بالموجود ههنا ما له ماهيّة خارج النفس ظنّوا أنّ قولنا "زيد يوجد عادلا " يوجب أن يكون زيد موجود خارج النفس. وعلى هذا المثال ظنّوا السَلْب، كقولنا " زيد ليس يوجد عادلا ". فإنّهم زعموا أنّه رَفْع ماهيّة زيد من حيث هو عادل. وأنّ الإيجاب قد كان عندهم إثبات ماهيّة زيد من حيث هو عادل. فلذلك لا يصدق الإيجاب على زيد متى كان قد مات وبطل. وأخرون ظنّوا أنّه لا يصدق أن يقال " الإنسان موجود أبيض "، إذ ليست ماهيّة الإنسان أن يكون أبيض. وآخرون ظنّوا أن قولنا " الإنسان موجود حيوانا " كذب، إذ كان الحيوان قد يكون حمارا أو كلبا، وظنّوا انّ قولنا " الإنسان موجود حيوانا "

يُعنى به أنّ الإنسان ماهيّته الحيوان الـذي ينطـوي فيـه الحمار والكلـب، فتكـون ماهيّة الإنسان أن يكون حمارا أو كلبا، أو أن يكـون الحيـوان أيضـا جزءامـن حـدّ الحمار وأن تكون ماهيّة الإنسان حماريّة ما، وقالوا بل الصادق أن يقال " الإنسان موجود إنسـانا " و " العـادل موجـود عـادلا ". ولم يعلمـوا أنّ الموجـود ههنـا إنّمـا استُعمل باشتراك، وأنّه إنّما تنطـوي فيـه بـالقوّة ماهيّتـان اثنتـان مـن حيـث هما متصوَّرتان لهما نسبة المحمـول إلى موضـوع والموضـوع إلى المحمـول فقـط لا غير، وأنّه ليس يتضمّن إضافة ماهيّة خارج النفس إلى ماهيّة خارج النفـس بـل إضـافة في النفس أحد طرفيهـا الموضـوع والآخـر المحمـول، ولا يتضـمّن أن تكـون ماهيّـة أحدهما أن توصف بذلك المحمول بل إنّما يتضمّن مـا قلنـاه فقـط. وإنّمـا يتضـمّن إضافة مّا بها يصير أحد الأمريـن خـبرا والآخـر مخبَرـا عنـه موضـوعا لا غير (103) والمؤتلف من الشيئين اللذين يأتلف أحدهما إلى الآخر هذا الائتلاف هـو القضـيّة، وفيها يكون الصدق والكذب. فمنه موجبة ومنه سالبة. وكـلّ واحـد منهما إمّـا أن يكون معنى الوجود الرابط فيهما بالقوّة فقط، وهي القضايا التي محمولاتها كَلِم، وإمّا أن يكون معنى الوجود الرابط فيهما بالفعل، وهي الـتي محمولاتهـا أسـماء. ثمّ تنقسم هذه بما ينقسم الموجود على الإطلاق، فمنهاما فيه إيجاب هذا الموجود بالفعل دائما، ومنها ما فيه نفي هذا الموجود دائما، ومنها مـا فيـه هـذا الوجـود في وقت مّا وقد كان قبل ذلك بالقوّة. فما كان بالقوّة فهو ما دام بالقوّة يقـال فيـه " إنّه قضيّة ممكنة "، وإذا حصلت بالفعل فيها " قضـيّة وجوديّـة "؛ ومـا كـان منهـا إيجاب هذا الوجود دائما قيل فيه " إنّه قضيّة موجبة ضروريّة ". وما كـان في نفـي هذا الوجود دائما قيـل فيـه " سـالبة ضروريّة "؛ وسـائر مـا قلنـا في كتـاب " بـاري ارميناس " و كتاب " القياس ". فيكون منها ما هو " صادق ضروريّ " ومنها مـاهو " كاذب ضروريّ " وهو المحال، و" كاذب وجوديّ " وهو الكاذب غير المحـال، ومـا هو " صادق وجوديّ "، ثمّ ما هو " بالعرض " وما هو " بـذاته " ومـا هـو " أوّل " وما هو " ثان "، وسائر ما في كتاب " البرهان ".

الفصل السادس عشر: الشيء (104) والشيء قد يقال على كلّ مـا لـه ماهيّـة مّـا كيف كان، كان خارج النفس أو كان متصـوَّرا على أيّ جهـة كـان، منقسـمة أو غير منقسمة. فإنّا إذا قلنا " هذا شيء " فإنّا نعني به ما له ماهيّة مّا. فإنّ الموجود إنّمـا يقال على ما له ماهيّة خارج النفس ولا يقال على ما ماهيّة متصوَّرة فقـط، فبهـذا يكون الشيء أعمّ من الموجـود. والموجـود يقـال على القضـيّة الصـادقة، والشيء لا يقال عليها. فإنّا لا نقول " هذه القضيّة شيء " ونحن نعني به أنّها صادقة، بل إنّما

نعني أنّ لها ماهيّة مّا. ونقول " زيد موجود عادلا " ولا نقول " زيد شيء عـادلا ". والمحال يقال عليه " إنّه شيء " ولا يقال عليه " إنّـه موجـود ". فالشيء إذن يقـال على كثير ممّاـ يقـال عليـه الشيء وعلى مـا لا يقـال عليـه الشيء. (105) و " ليـس شيء " يُعنى به ما ليست له ماهيّة أصلا لا خـارج النفـس ولا في النفـس. وهـذا المعنى هو الذي فهم برمانـديس مـن " غير الموجـود "، فقـال " وكـلّ مـا هـو غير موجود فليس بشيء "، فإنّه أخذ " الموجود " على أنّه بتواطؤ وأخذ " غير الموجـود " على أنّه يدلّ على ما لا ماهيّة له أصلا ولا بوجه من الوجوه، فلذلك حكـم عليـه أنّه ليس بشيء. فكان الذي ينتج عن هذا القول أنّ ما سوى الموجـود ليـس بشيء، وأنّه لا ماهيّة له أصلا. فأبطل بذلك كثرة الموجودات وجعل الموجـود واحـدافقط. وأمّا هو فإنّه أنتج من أوّل الأمر " فـالموجود إذن واحـد ". فهـذه معـاني مـا يقـال عليه الشيء.

الفصل السابع عشر: الذي من أجله (106) " والذي من أجله " يقال على أنحاء. الأوّل في مثل قولنا " الأساس هو من أجل الحائط والحـائط هـو الـذي مـن أجلـه الأساس "، فإنّه يدلّ على أنّ الكلّ هو الذي من أجله الجزء. والثاني يدلّ على الآلـة والذي فيه تُستعمَل الآلة، فإنّ الذي يُطلَب بلوغه باستعمال الآلة هو الذي لأجله الآلة، مثل المِبْضَع والفِصاد. والثالث هو الفعل الذي يؤدّي إلى غاية و غرض، فـإنّ الغاية هو الذي لأجله الفعل، مثل التعليم والعلم الحاصـل عنـه، فـإنّ العلـم هـو الذي لأجله التعليم. وفي جميـع هـذه يلـزم ضرورة أن يكـون الـذي لأجلـه الشيء يتأخّر بالزمان عن الشيء وأن يتقدّمه الشيء بالزمان. والرابع المقتني، مثل الصحّة والإنسان. فإنّ الإنسان هو الـذي لأجلـه التُمسـت الصـحّة، والسرير الـذي يعملـه النجّـار هـو الـذي لأجـل زيـد، والمـال لأجـل مقتنـي المـال. والخـامس يـدلّ على المستعمل للآلة والخادم، فإنّ المِبْضَع إنّمـا التُمـس لأجـل الطـبيب والمِثْقَـب لأجـل النجّار، فإنّ النجّار هو الذي لأجله عُمِل المِثْقَب. والسادس يدلّ على الذي يُقتدىبه ويُجعَل مثالا وإماما ودستورا، وهو يسمّى به فيما يُعمَـل ويُلتمَـس رضـاه ويُتبَـع أمره، مثل ضرب الجِيَد لأجل الملك، والجهاد هو من أجل الله، والله هو الذي مـن أجله الجهاد والصلاة وأعمال البرّ والتمسّك بالنواميس التي يشرّعها. فهـذه الثلاثـة يلزم فيها أن يتقدّم بالزمان الأشياء التي التُمست لأجله هذه. فإنّ هـذه الأصـناف التي لأجلها الشيء تتقدّم بالزمان الشيء ويتأخّر عنهـا الشيء بالزمـان. (107) عـن يدلّ على فاعل، وعلى هذه الجهـة يقـال "عـن شَـتْم فلان لفلان كـانت الخصـومة ".ويدلّ على المادّة وعلى هذه الجهة يقال " الإبريق عـن النحـاس ". ويـدلّ على "

بعدُ " كقولنا " عن قليل تعلم ذلك "، وعلى هذه الجهة يقال " كان الموجـود عـن لاموجود " أو عن العدم " أو " وُجد الشيء عن ضدّه ".

البابُ الثاني
حُدوث الألفاظ وَالفلسفة والملّة

الفصل التاسع عشر: الملة والفلسفة تقال بتقديم وتأخير (108) ولمّا كـان سـبيل البراهين أن يُشعَر بها بعـد هـذه لـزم أن تكـون القـوى الجدليّـة والسوفسـطائيّة والفلسفة المظنونة أو الفلسفة المموّهة تقدّمت بالزمان الفلسفة اليقينيّـة، وهـي البرهانيّة. والملّة إذا جُعلت إنسانيّة فهي متأخّرة بالزمان عن الفلسفة، وبالجملـة، إذ كانت إنّما يُلتمَس بها تعليم الجمهور الأشياء النظريّة والعمليّة التي اسـتُنبطت في الفلسفة بالوجوه التي يتأتّى لهم فهم ذلك، بإقنـاع أو تخييـل أو بهما جميعـا. (109) وصناعة الكلام والفقه متأخّرتان بالزمان عنها وتابعتان لها. فإن كـانت الملّـة تابعة لفلسفة قديمة مظنونة أو مموّهة كان الكلام والفقـه التابعـان لهـا بحسـب ذلك بل دونهما، وخاصّة إذا كانت قد خلّـت الأشـياء ألـتي أخـذتها عنهما أو عـن إحداهما وأبدلت مكانها خيالاتها ومثالاتها، فأخـذت صـناعة الكلام تلـك المثـالات والخيالات على أنّها هي الحـقّ اليقين والتمسـت تصـحيحها بالأقاويـل. وإن اتّفـق أيضا أن يكون واضع نواميس متأخّر حاكفيما شرّعه مـن الأشـياء النظريّـة واضـع نواميس متقدّما قبله كان أخـذ الأمـور النظريّـة عـن فلسـفة مظنونـةأو مموّهـة، وأخذ المثالات والخيالات التي تَخيّل بها الأوّل ما كان أخذه عن تلك الفلسـفة على أنّها هي الحقّ لا أنّها مثالات، فالتمس تخييلها أيضا بمثـالات تُخيّـل تلـك الأشـياء، فأخذ صاحب الكلام في ملّته مثالاته تلك على أنها هي الحقّ، صـار مـا تنظـر فيـه صناعة الكلام في هذه الملّة أبعد عن الحقّ مـن الأولى، إذ كـان إنّمـا تصحيح مثـال مثالالشيء الذي ظُنّ حقّ أو مموَّه أنّه حقّ. (110) وبيّن أنّ صـناعة الكلام والفقـه متأخّرتان عن الملّة، والملّة متأخّرة عن الفلسفة، وأنّ القوّة الجدليّة والسوفسطائيّة تتقدّمان الفلسفة، والفلسفة الجدليّة والفلسفة السوفسطائيّة تتقـدّمان الفلسـفة البرهانيّة، فالفلسفة بالجملة تتقدّم الملّة على مثال مـا يتقـدّم بالزمـان المسـتعمل الآلات الآلات. والجدليّة والسوفسطائيّة تتقدّمان الفلسفة على مثـال تقـدّم غـذاء الشجرة للثمرة، أوعلى مثال ما تتقدّم زهرة الشـجرة الثمـرة. والملّـة تتقـدّم الكلام والفقه على مثال ما يتقـدّم الرئيـس المسـتعملُ للخـادم الخـادمَ المسـتعملُ للآلـة

الآلة. (111) والملّة إذ كانت إنّما تعلّم الأشياء النظريّة بالتخييل والإقناع، ولم يكن يعرف التابعون لها من طرق التعليم غير هذين، فظاهر أنّ صناعة الكلام التابعة للملّة لا تشعر بغير الأشياء المقنعة ولا تصحّح شيئا منها إلاّ بطرق وأقاويل إقناعيّة، ولا سيّما إذا قُصد إلى تصحيح مثالات الحقّ على أنّها هي الحقّ. والإقناع إنّما يكون بالمقدّمات التي هي في بادئ الرأي مؤثَرة ومشهورة، وبالضمائر والتمثيلات، وبالجملة بطرق خطبيّة، كانت أقاويل أو كانت أموراخارجة عنها. فالمتكلّم إذن يقتصر في الأشياء النظريّة التي يصحّحها على ما هو في بادئ الرأي مشترك. فهو يشاركالجمهور في هذا. لكنّه ربّما يتعقّب بادئ الرأي أيضا، لكنّه إنّما يتعقّب بادئ الرأي بشيء آخر هو أيضا بادئ الرأي. وأقصى ما يبلغ من التوثيق أن يجعل الرأي في نقضه جدليّا. فهو بهذا يفارق الجمهور بعض المفارقة. وأيضا فإنّه إنّما يجعل غرضه في حياته ما يستفاد بها. فهو أيضا يفارق الجمهور بهذا. وأيضا فإنّه لمّا كان خادما للملّة، وكانت الملّة منزلتها من الفلسفة تلك المنزلة، صار الكلام نسبته إلى الفلسفة أيضا على أنّها بوجه مّا خادمة لها أيضا بتوسّط الملّة، إذ كانت إنّما تنصر وتلتمس تصحيح ماقد صُحّح أوّلا في الفلسفة بالبراهين بما هو مشهور في بادئ الرأي عند الجميع ليحصل التعليم مشتركا للجميع. ففارق الجمهور بهذا أيضا. فلذلك ظُنّ به أنّه من الخاصّة لا من الجمهور. وينبغي أن يُعلَم أنّه أيضا من الخاصّة، لكن بالإضافة إلى أهل تلك الملّة فقط، والفيلسوف خاصّيّته بالإضافة إلى جميع الناس وإلى الأمم. (112) والفقيه يتشبّه بالمتعقّل. وإنّما يختلفان في مبادئ الرأي التي يستعملانها في استنباط الرأي الصواب في العمليّة الجزئيّة. وذلك أنّ الفقيه إنّا يستعمل المبادئ مقدّمات مأخوذة منقولة عن واضع الملّة في العمليّة الجزئيّة، والمتعقّل يستعمل المبادئ مقدّمات مشهورة عند الجميع ومقدّمات حصلت له بالتجربة. فلذلك صار الفقيه من الخواصّ بالإضافة إلى ملّة مّا محدودة والمتعقّل من الخاصّة بالإضافة إلى الجميع. (113) فالخواصّ على الإطلاق إذن هم الفلاسفة الذين هم فلاسفة بإطلاق. وسائر مَن يُعَدّ من الخواصّ إنّما يُعَدّ منهم لأنّ فيهم شبها من الفلاسفة. من ذلك أنّ كلّ مَن قُلّد أو تقلّد رئاسة مدنيّة أو كان يصلح لأن يتقلّدها أو كان معَدّا لأن يتقلّدها يجعل نفسه من الخواصّ، إذ كان فيه شبه مّا من الفلسفة، إذ كان أحد أجزائها الصناعة الرئيسة العمليّة. ومن ذلك أنّ الحاذق من أهل كلّ صناعة عمليّة يجعل نفسه من الخواصّ لكونه أنّه قد استقصى تعقيب ما هو عند أهل الصناعة مأخوذ على الظاهر. وليس الحاذق من أهل كلّ صناعة يسمّينفسه بهذا الاسم فقط، لكنّ أهل صناعة عمليّة ربّما سمّوا أنفسهم خواصّ بالإضافة إلى مَن ليس هو من أهل

تلك الصناعة، إذ كان إنّما يتكلّم وينظر في صناعته بالأشياء التي تخصّ صناعته، ومَن سواه إنّما يتكلّم وينظر فيها ببادئ الرأي وما هو مشترك عند الجميع في الصنائع كلّها. وأيضا فإنّ الأطبّاء يسمّون أنفسهم أيضا من الخواصّ إمّا لأنّهم كانوا يتقلّدون تدبير المرضى المدنفين، وإمّا لأنّ صناعتهم تشارك العلم الطبيعيّ من الفلسفة، وإمّا لأنّهم يحتاجون إلى أن يستقصوا تعقيب ما هو في صناعتهم من بادئ الرأي أكثر من سائر الصناعات للخطر والضرر الذي لا يؤمَن على الناس من أقلّ خطأ يكون منهم، وإمّا لأنّ صناعة الطبّ تستخدم صنائع كثيرة من الصنائع العمليّة مثل صناعة الطبخ والحرد وبالجملة الصنائع النافعة في صحّة الإنسان. ففي جميع هذه شبه من الفلسفة بوجه مّا. وليس ينبغي أن يسمّى أحد من هؤلاء خواصّ إلاّ على جهة الاستعارة، ويُجعَل الخواصّ أوّلا وفي الجودة على الإطلاق الفلاسفة، ثمّ الجدليّون والسوفسطائيّون، ثمّ واضعوا النواميس، ثمّ المتكلّمون والفقهاء. والعوامّ والجمهور أولئك الذين حدّدناهم، كان فيهم مَن تقلّد رئاسة مدنيّة أو كان يصلح أن يقلّدها أم لا.

الفصل العشرون: حدوث حروف الأمّة وألفاظها (114) وبيّن أنّ العوامّ والجمهور هم أسبق في الزمان من الخواصّ. والمعارف المشتركة التي هي بادئ رأي الجميع في الزمان من الصنائع العمليّة ومن المعارف التي تخصّ صناعة صناعة منها، وهذه جميعا هي المعارف العاميّة. وأوّل ما يحدثون ويكونون هؤلاء. فإنّهم يكونون في مسكن وبلد محدود، ويُفطَرون على صُوَر وخِلَق في أبدانهم محدودة، وتكون أبدانهم على كيفيّة وأمزجة محدودة، وتكون أنفسهم معَدّة ومسدّدة نحو معارف وتصوّرات وتخيّلات بمقادير محدودة في الكميّة والكيفيّة - فتكون هذه أسهل عليهم من غيرها -، وأن تنفعل انفعالات على أنحاء ومقادير محدودة الكيفيّة والكميّة - وتكون هذه أسهل عليها -، وتكون أعضائهم معدّة لأن تكون حركتها إلى جهات مّا وعلى أنحاء أسهل عليها من حركتها إلى جهات أخر وعلى أنحاء أخر. (115) والإنسان إذا خلا من أوّل ما يُفطَر ينهض ويتحرّك نحو الشيء الذي تكون حركته إليه أسهل عليه بالفطرة وعلى النوع الذي تكون به حركته أسهل عليه، فتنهض نفسه إلى أن يعلم أو يفكّر أو يتصوّر أو يتخيّل أو يتعقّل كلّ ما كان استعداده له بالفطرة أشدّ وأكثر - فإنّ هذا هو الأسهل عليه - ويحرّك جسمه وأعضاءه إلى حيث تَحَرُّكه وعلى النوع الذي استعدادُه بالفطرة له أشدّ وأكثر وأكمل - فإنّ هذا أيضا هو الأسهل عليه. وأوّل ما يفعل شيئامن ذلك يفعل بقوّة فيه بالفطرة وبملكة طبيعيّة، لا باعتياد له سابق قبل ذلك ولا بصناعة. وإذا

كرّر فِعْل شيء من نوع واحد مرارا كثيرة حدثت له ملكة اعتياديّة، إمّا خلقيّة أو صناعيّة. (116) وإذا احتاج أن يعرّف غيره ما في ضميره أو مقصوده استعمل الإشارة أوّلا في الدلالة على ما كان يريد ممّن يلتمس تفهيمه إذا كان مَن يلتمس تفهيمه بحيث يبصر إشارته، ثمّ استعمل بعد ذلك التصويت. وأوّل التصويتات النداء - فإنّه بهذا ينتبه مَن يلتمس تفهيمه أنّه هو المقصود بالتفهيم لا سواه - وذلك حين ما يقتصر في الدلالة على ما ضميره بالإشارة إلى المحسوسات. ثمّ من بعد ذلك يستعمل تصويتات مختلفة يدلّ بواحد واحد منها على اوحد واحد ممّا يدلّ عليه بالإشارة إليه وإلى محسوساته، فيجعل لكلّ مشار إليه محدود تصويتا مّا محدودا لا يستعمل ذلك التصويت في غيره، وكلّ واحد من كلّ واحد كذلك. (117) وظاهر أنّ تلك التصويتات إنّما تكون من القرع بهواء النفَس بجزء أو أجزاء من حلقه أو بشيء من أجزاء ما فيه وباطن أنفه أو شفتيه، فإنّ هذه هي الأعضاء المقروعة بهواء النفَس. والقارع أوّلا هي القوّة التي تسرّب هواء النفَس من الرئة وتجويف الحلق أوّلا فأوّلا إلى طرف الحلق الذي يلي الفم والأنف وإلى ما بين الشفتين، ثمّ اللسان يتلقّى ذلك الهواء فيضعطه إلى جزء جزء من أجزاء باطن الفم وإلى جزء جزء من أجزاء أصول الأسنان وإلى الأسنان، فيقرع به ذلك الجزءَ فيحدث من كلّ جزء يضغطه اللسان عليه ويقرعه به تصويت محدود، وينقله اللسان بالهواء من جزء إلى جزء من أجزاء أصل الفم فتحدث تصويتات متوالية كثيرة محدودة. (118) وظاهر أنّ اللسان إنّما يتحرك أوّلا إلى الجزء الذي حركته إليه أسهل. فالذين هم في مسكن واحد وعلى خِلَق في أعضائهم متقاربة، تكون ألسنتهم مفطورة على أن تكون أنواع حركاتها إلى أجزاء أجزاءمن داخل الفم أنواعا واحدة بأعيانها، وتكون تلك أسهل عليها من حركاتها إلى أجزاء أجزاء أخر. ويكون أهل مسكن وبلد آخر، أذا كانت أعضاؤهم على خِلَق وأمزجة مخالفة لخِلَق أعضاء أولئك، مفطورين على أن تكون حركة ألسنتهم إلى أجزاء أجزء من داخل الفم أسهل عليهم من حركتها إلى الأجزاء التي كانت ألسنة أهل المسكن الآخر تتحرك إليها، فتخالف حينئذ التصويتات التي يجعلونها علامات يدلّ بها بضعهم بعضا على ما في ضميره ممّا كان يُشير إليه وإلى محسوسه أوّلا. ويكون ذلك هو السبب الأوّل في اختلاف ألسنة الأمم. فإنّ تلك التصويتات الأول هي الحروف المعجمة. (119) ولأنّ هذه الحروف إذا جعلوها علامات أوّلا كانت محدودة العدد، لم تف بالدلالة على جميع ما يتّفق أن يكون في ضمائرهم إلى تركيب بعضها إلى بعض بموالاة حرف حرف، فتحصل في ألفاظ من حرفين أو حروف، فيستعملونها علامات أيضا لأشياء أخر. فتكون الحروف والألفاظ الأول

علامات لمحسوسات يمكن أن يشار إليها ولمعقولات تستند إلى محسوسات يمكن أن يشار إليها، فإنّ كلّ معقول كلّيّ- له أشخاص غير أشخاص المعقول الآخر. فتحدث تصويتات كثيرة مختلفة، بعضها علامات لمحسوسات - وهي ألقاب - وبعضها دالّة على معقولات كلّيّة لها أشخاص محسوسة. وإنّما يُفهَم من تصويت تصويت أنّه دالّ على معقول معقول متى كان تردّد تصويت واحد بعينه على شخص مشار إليه وعلى كلّ ما يشابهه في ذلك المعقول. ثمّ يُستعمَل أيضا تصويت آخر على شخص تحت معقول مّا آخر وعلى كلّ ما يشابهه في ذلك المعقول.

الفصل الحادي والعشرون: أصل لغة الأمّة واكتمالها . (120) فهكذا تحدث أوّلا حروف تلك الأمّة وألفاظها الكائنة عن تلك الحروف. ويكون ذلك أوّلا ممّن اتّفق منهم. فيتّفق أن يستعمل الواحد منهم تصويتا أو لفظة في الدلالة على شيء مّا عندما يخاطب غيره فيحفظ السامع ذلك، فيستعمل السامع ذلك بعينه عندما يخاطب المنشئ الأوّل لتلك اللفظة، ويكون السامع الأوّل قد احتذى بذلك فيقع به، فيكونان قد اصطلحا وتواطئا على تلك اللفظة، فيخاطبان بها غيرهما إلى أن تشيع عند جماعة.ثمّ كلّما حدث في ضمير إنسان منهم شيء احتاج أن يُفهمه غيره ممّن يجاوره، اخترع تصويتا فدلّ صاحبَه عليه وسمعه منه فيحفظ كلّ واحد منهما ذلك وجعلاه تصويتا دالاّ على ذلك الشيء. ولا يزال، يُحدث التصويتات واحد بعد آخر ممّن اتّفق من أهل ذلك البلد، إلى أن يُحدث مَن يدبّر أمرهم ويضع بالإحداث ما يحتاجون إليه من التصويتات للأمور الباقية التي لم يتّفق لها عندهم تصويتات دالّة عليها. فيكون هو واضع لسان تلك الأمّة. فلا يزال منذ أوّل ذلك يدبّر أمرهم إلى أن توضع الألفاظ لكلّ ما يحتاجون إليه في ضروريّة أمرهم. (121) ويكون ذلك أوّلا لما عرفوه ببادئ الرأي المشترك وما يُحَسّ من الأمور التي هي محسوسات مشتركة من الأمور النظريّة مثل السماء والكواكب والأرض ومافيها، ثمّ لما استنبطوه عنه، ثمّ من بعد ذلك للأفعال الكائنة عن قواهم التي هي لهم بالفطرة، ثمّ للملَكات الحاصلة عن اعتياد تلك الأفعال نت أخلاق أو صنائع للأفعال الكائنة عنها بعد أن حصلت ملَكات عن اعتيادهم، ثمّمن بعد ذلك لما تحصل لهم معرفته بالتجربة أوّلا ولما يُستنبَط عمّا- حصلت معرفته بالتجربة من الأمور المشتركة لهم أجمعين، ثمّ من بعد ذلك للأشياء التي تخصّ صناعة صناعة من الصنائع العمليّة من الآلات وغيرها، ثمّ لما يُستخرَج ويوجد بصناعة صناعة، إلى أن يؤتى على ما تحتاج إليه تلك الأمّة. (122) فإن كانت فِطَر تلك الأمّة على اعتدال وكانت أمّة مائلة إلى الذكاء والعلم طلبوا بفِطَرهم من غير أن

يعتمدوا في تلك الألفاظ التي تُجعَل دالّة على المعاني محاكاة المعاني وأن يجعلوها أقرب شبها بالمعاني والموجود، ونهضت أنفسهم بفِطَرها لأن تتحرّى في تلك الألفاظ أن تنتظم بحسب انتظام المعاني على أ كثر ما تتأتّى لها في الألفاظ، فيُجتهَد في أن تُعرب أحوالها الشبه من أحوال المعاني. فإن لم يفعل ذلك مَن اتّفق منهم فعل ذلك مدبّروا أمورهم في ألفاظهم التي يشرّعونها. (123) فيبين منذ أوّل الأمر أنّ ههنا محسوسات مدرَكة بالحسّ، وأنّ فيها أشياء متشابهة وأشياء متباينة، وأنّ المحسوسات المتشابهة إنّما تتشابه في معنى واحد معقول تشترك فيه، وذلك يكون مشتركا لجميع ما تشابه، ويُعقَل في كلّ واحد منها ما يُعقَل في الآخر، ويسمّى هذا المعقول المحمول على كثير " الكلّيّ- " و" المعنى العامّ ". وأمّا المحسوس نفسه، فكلّ معنى كان واحدا ولم يكن صفة مشتركة لأشياء كثيرة ولم يكن يشابهه شيء أصلا، فيسمّى الأشخاص والأعيان؛ والكلّيّات كلّها فتسمّى الأجناس والأنواع. فالألفاظ إذن بعضها ألفاظ دالّة على أجناس وأنواع وبالجملة الكلّيّات، ومنها دالّة على الأعيان والأشخاص. والمعاني تتفاضل في العموم والخصوص. فإذا طلبوا تشبيه الألفاظ بالمعاني جعلوا العبارة عن معنى واحد يعمّ أشياء مّا كثيرة بلفظ واحد بعينه يعمّ تلك الأشياء الكثيرة، وتكون للمعاني المتفاضلة في العموم والخصوص ألفاظ متفاضلة في العموم والخصوص، وللمعاني المتباينة ألفاظ متباينة. وكما أنّ في المعاني معاني تبقى واحدة بعينها تتبدّل عليها أعراض تتعاقب عليها، كذلك تُجعَل في الألفاظ حروف راتبة وحروف كأنّها أعراض متبدّلة على لفظ واحد بعينه، كلّ حرف يتبدّل لعرض يتبدّل. فإذا كان المعنى الواحد يثبت وتتبدّل عليه أعراض متعاقبة، جُعلت العبارة بلفظ واحد يثبت ويتبدّل عليها حرف حرف، وكلّ حرف منها دالّ على تغيير تغيير. وإذا كانت المعاني متشابهة بعرض أو حال مّا تشترك فيها، جُعلت العبارة عنها بألفاظ متشابهة الأشكال ومتشابهة بالأواخر والأوائل، وجُعلت أواخرها كلّها أوأوائلها حرفاواحدافجُعل دالاّ على ذلك العرض. وهكذا يُطلَب النظام في الألفاظ تحريّا لأن تكون العبارة عن معان بألفاظ شبيهة بتلك المعاني. (124) ويبلغ من الاجتهاد في طلب النظام وشبه الألفاظ بالمعاني إلى أن تُجعَل اللفظةالواحدة دالّة على معان متباينة الذوات متى تشابهت بشيء مّا غير ذلك وعلى أدائها وإن كان بعيدا جدّا، فتحدث الألفاظ المشكّكة. (125) ثمّ يبين لنا شبه الألفاظ بالمعاني، ونحاكي بالألفاظ المعاني التي ليست تكون بها العبارة، فيُطلَب أن يُجعَل في الألفاظ ألفاظ تعمّ أشياء كثيرة من حيث هي ألفاظ، كما أنّ في المعاني معاني تعمّ الأشياء كثيرة المعاني. فتحدث الألفاظ المشتركة، فتكون هذه الألفاظ المشتركة من غير أن يدلّ كلّ واحد منها على معنى مشترك. وكذلك

يُجعَل في الألفاظ ألفاظ متباينة من حيث هي ألفاظ فقط، كما أنّ المعاني معاني متباينة. فتحصل ألفاظ مترادفة. (126) ويُجرى ذلك بعينه في تركيب الألفاظ، فيحصل تركيب الألفاظ شبيها بتركيب المعاني المركَّبة التي تدلّ عليها تلك الألفاظ المركَّبة، ويُجعَل في الألفاظ لمركّبة أشياء ترتبط بهاالألفاظ بعضها إلى بعض متى كانت الألفاظ دالّة على معان مركَّبة ترتبط بعضها ببعض. ويُتحرّى أن يُجعَل ترتيب الألفاظ مساويا لترتيب المعاني في النفس. (127) فإذا استقرّت الألفاظ على المعاني التي جُعلت علامات لها فصار واحد واحد لواحد واحد وكثير لواحد أو واحد لكثير، وصارت راتبة على التي جُعلت دالّة على ذواتها، صار الناس بعد ذلك إلى النسخ والتجوّز في العبارة بالألفاظ، فعُبّر بالمعنى بغير اسمه الذي جُعل له أوّلا وجُعل الاسم الذي كان لمعنى مّا راتبا له دالاّ على ذاته عبارة عن شيء آخر كان له به تعلّق ولو كان يسيرا إما لشبه بعيد وإمّا لغير ذلك، من غير أن يُجعَل ذلك راتبا للثاني دالاّ على ذاته. فيحدث حينئذ الاستعارات والمجازات والتحرّد بلفظ معنى مّا عن التصريح بلفظ المعنى الذي يتلوه متى كان الثاني يُفهَم منالأوّل، وبألفاظ معان كثيرة يصرَّح بألفاظها عن التصريح بألفاظ معان أخر إذا كان سبيلها أن تُقرَن بالمعاني الأول متى كانت تُفهَم الأخيرة مع فهم الأولى، والتوسّع في العبارة بتكثير الألفاظ وتبديل بعضها ببعض وترتيبها وتحسينها. فيبتدئ حين ذلك في أن تحدث الخطبيّة أوّلا ثمّ الشعريّة قليلا قليلا. (128) فينشأ مَن نشأ فيهم على اعتيادهم النطق بحروفهم وألفاظهم الكائنة عنها وأقاويلهم المؤلَّفة عن ألفاظهم من حيث لا يتعدّون اعتيادهم ومن غير أن يُنطَق عن شيء إلاّ ممّا- تعوّدوا استعمالها. ويمكّن ذلك اعتيادهم لها في أنفسهم وعلى ألسنتهم حتّى لا يعرفوا غيرها، حتّى تحفوا ألسنتهم عن كلّ لفظ سواها وعن كلّ تشكيل لتلك الألفاظ غير التشكيل الذي تمكّن فيهم وعن كلّ ترتيب للأقاويل سوى ما اعتادوه. وهذه التي تمكّنت على ألسنتهم وفي أنفسهم بالعادة على ماأخذوه ممّن سلف منهم، وأولئك أيضا عن مَن سلف، وأولئك أيضا عن مَن وضعها لهم أوّلا. بإكمال التي وضعها لهم أولئك. فهذاهو الفصيح والصواب من ألفاظهم، وتلك الألفاظ هي لغة تلك الأمّة، وما خالف ذلك فهو الأعجم والخطأ من ألفاظهم.

الفصل الثاني والعشرون: حدوث الصنائع العامّيّة (129) وبيّن أنّ المعاني المعقولة عند هؤلاء هي كلّها خطبيّة، إذ كانت كلّها ببادئ الرأي. والمقدّمات عندهم وألفاظهم وأقاويلهم كلّها أوّلاخطبيّة. فالخطبيّة هي السابقة أوّلا. وعلى طول الزمان تحدث حوادث تُحْوجهم فيها إلى خُطَب وأجزاء خُطَب.ولا تزال تنشأ قليلا

قليلا إلى أن تحدث فيهم أوّلا من الصنائع القياسيّة صناعة الخطابة. ويبتدئ مع نشئها أو بعد نشئها استعمال مثالات المعاني وخيالاتها مفهمة لها أو بدلا منها،فتحدث المعاني الشعريّة. ولا يزالينمو ذلك قليلا قليلا إلى أن يحدث الشعر قليلا قليلا،فتحصل فيهم من الصنائع القياسيّة صناعة الشعر لما في فطرة الإنسان من تحرّي الترتيب والنظام في كلّ شيء. فإنّ أوزان الألفاظ هي لها رتبة وحسن تأليف ونظام بالإضافة إلى زمان النطق. فتحصل أيضا على طول الزمان صناعة الشعر. فتحصل فيهم من الصنائع القياسيّة هاتان الصناعتان - و هما العامّتان - منالصنائع القياسيّة. . (130) فينشغلون أيضافي الخُطَب والأشعار حتّى يقتصّوابهما الأخبار عن الأمور السابقة والحاضرة التي يحتاجون إليها. فيحدث فيهم رواة الخُطَب و رواة الأشعار وحفّاظ الأخبار التي اقتُصّت بها. فيكونون هؤلاءهم فصحاء تلك الأمّة وبلغاؤهم، ويكونون همحكماء تلك الأمّة أوّلا ومدبّروهم والمرجوع إليهم في لسان تلك الأمّة. وهؤلاء أيضاهم الذين يركّبون لتلك الأمّة ألفاظا كانت غير مركَّبة قبل ذلك، و يجعلونها مرادفة للألفاظ المشهورة، ويُمنعون في ذلك ويُكثرون منها، فتحصل ألفاظ غريبة يتعارفها هؤلاء ويتعلّمها بعضهم عن بعض ويأخذها غابرهم عن سالفهم . وأيضا فإنّهم مع ذلك يعمدون إلى الأشياء التي لم تكن اتّفقتلها تسمية من الأمور الداخلة تحت جنس أو نوع. فربّما شعروا بأعراض فيصيّرون لها أسماء. وكذلك الأشياء التي لم يكن يُحتاج إليها ضرورة فلم يكن اتّفق لها أسماء لأجل ذلك، فإنّهم يركّبون لها أسماء ، والباقون من تلك الأمّة سواهم لا يعرفون تلك الأسماء، فيكون جميع ذلك من الغريب.فهؤلاء هم الذين يتأمّلون ألفاظ هذه الأمّة ويُصلحون المختلّ منها. وينظرون إلى ما كانالنطق به عسيرا في أوّل ما وُضع فيسهّلونه؛ وإلى ما كان بشع المسموع فيجعلونه لذيذ المسموع؛ وإلى ما عرض فيه عسر النطق عن التركيبات الذي لم يكن الأوّلون يشعرون به ولا عرض في زمانهم فيعرفونه أو يشعرون فيه بشاعة المسموع، فيحتالون في الأمرين جميعا حتّى يسهّلوا ذلك ويجعلوا هذا لذيذا في السمع. وينظرون إلى أصناف التركيبات الممكنة في ألفاظهم والترتيبات فيها ويتأمّلون أيّها أ كمل دلالة على تركيب المعاني في النفس وترتيبها، فيتحرّون تلك وينبّهون عليها، ويتركون الباقية فلا يستعملونها إلاّ عند ضرورة تدعو إلى ذلك. فتصير عندها ألفاظ تلك الأمّة أفصح ممّا- كانت، فتتكمّل عند ذلك لغتهمولسانهم.ثمّ يأخذ الناشئ هذه الأشياء عن السالف على الأحوال التي سمعها من السالف، وينشؤُ عليها ويتعوّدها مع مَن نشّأه، إلى أن تتمكّن فيه تمكّنا يحفو به أن يكون ناطقا لغير الأفصح من ألفاظهم. ويحفظ الغابر منهم ما

قد عمل به الماضي منالخُطَب والأشعار وما فيها مـن الأخبـار والآداب. (131) ولا يزالون يتـداولون الحفظـإلى أن يكـثر عليهمما يلتمسـون حفظـه ويعسرفيُحْوجهم ذلك إلى الفكر فيما يسهّلونه بـه على أنفسـهم فتُسـتنبَط الكتابـة. وتكـون في أوّل أمرهـا مختلطـة إلى أن تصـلح قليلا قليلا على طـول الزمـان ويحـاكى بهـا الألفـاظ وتُشبَّه بها وتُقرَّب منها أ كثر ما يمكن، على ما فعلوا قديما بالألفاظ بأن قرّبوهــا في الشبه من المعاني ما أمكنهم من التقريب. فيدوّنون بها في الكتب مـا عسر حفظـه عليهم وما لا يؤمَن بأن يُنسى على طـول الزمـان ومـا يلتمسـون إبقاءهـا على مَـن بعدهم وما يلتمسون تعليمها وتفهيمها مَن هو ناء عنهم في بلد أو مسكن آخر. . (132) ثمّ من بعد ذلك يُرى أنيُحدَث صناعة علم اللسان قليلا قليلا بأن يتشـوّق إنسان إلى أن يحفظ ألفـاظهم المفـردة الدالّـة بعـد أن يحفـظ الأشـعار والخُطَـب والأقاويل المركَّبة، فيتحرّى أن يفردها بعد التركيب، أو أراد التقاطهـا بالسـماع مـن جماعتهم ومن المشهورين باسـتعمال الأفصـح مـن ألفـاظهم وفي مخاطبـاته كلّهـا وممّـن قـد عنـى بحفـظ خُطَبهـم وأشـعارهم وأخبـارهم أو ممّـن سـمع منهـم، فيسمعها من واحد واحد منهم في زمان طويل، ويكتب ما يسمعه منهم ويحفظه. (133) وقد يجب لذلك أن يعلم مَـن الـذين ينبغـي أن يؤخـذ عنهـم لسـان تلـك الأمّة. فنقول إنّه ينبغي أن يؤخذ عن الذين تمكّنت عادتهم لهم على طول الزمـان في ألسنتهم وأنفسهم تمكّنا يحصَّنون به عن تخيّل حروف سوى حروفهـم والنطـق بها، وعن تحصيل ألفاظ سوى المركَّبة عن حروفهم وعن الناطق بها ممّن لم يسمع غير لسانهم ولغتهم أو ممّن سمعها وجفا ذهنه عـن تخيّلهـا ولسـانه عـن النطـق بها. وأمّا مَن كان لسانه مطاوعا على النطق بأيّ حـرف شـاء ممّاـ هـو خـارج عـن حروفهم وبأيّ لفظ شاء من الألفاظ المركَّبة عن حـروف غير حروفهـم وبـأيّ قـول شاء من الأقاويل المركَّبة من ألفـاظ سـوى ألفـاظهم فـإنّه لا يـؤمَن أن يجـري على لسانه ما هو خارج عن عاداتهم الممكّنـة الأولى فيعـوَّد مـا قـد جـرى على لسـانه فتصير عبارته خارجة عن عبارة الأمّة ويكون خطأ ولحنا وغير فصيح. فإن كان مـع ذلك قد خالط غيرهم من الأمم وسمع ألسنتهم أو نطق بها كانالخطـأ منـه أقـرب وأحرى، ولم يؤمَن بما يوجد جاريا في عادته أنّـه لغير تلـك الأمّـة الـتي هـو منهـم. وكـذلك الـذين كـانوا يحصَّـنون عـن النطـق وعـن تحصـيل حـروف سـائر الأمـم وألفاظهم - إذ كانوا يحصَّنون عمّا لم يكن عُوّدوه أوّلا من مخالفة أشكال ألفـاظهم وإعرابها - إذا كثرت مخـالطتهم لسـائر الأمـم وسـماعهم بحروفهـم وألفـاظهم، لم يؤمَن عليه أن تتغيّر عادته الأولى ويتمكّن فيه ما يسمعه منهـم فيصـير بحيـث لا يوثق بما يُسمع منـه. (134)ولمّـا كـان سـكان البرّيّـة في بيـوت الشَعر أو الصـوف

والخيام والأحسية من كلّ أمّة أجفى وأبعد من أن يتركوا ما قد تمكّن بالعادة فيهم وأحرى أن يحصّنوا أنفسهم عن تخيّل حروف سائر الأمم وألفاظهم وألسنتهم عن النطق بها وأحرى أن لا يخالطهم غيرهم من الأمم للتوحّش والجفاء الذي فيهم، وكان سكان المدن والقرى وبيوت المدر منهم أطبع وكانت نفوسهم أشدّ انقيادا لتفهّم ما لم يتعوّدوه ولتصوّره وتخيّله وألسنتهم للنطق بما لم يتعوّدوه، كان الأفضل أن تؤخذ لغات الأمّة عن سكان البراري منهم متى كانت الأمم فيهم هاتان الطائفتان. ويُتحرّى منهم مَن كان في أواسط بلادهم. فإنّ مَن كان في الأطراف منهم أن يخالطوا مجاوريهم من الأمم فتختلط لغاتهم بلغات أولئك، وأن يتخيّلوا عجمة مَن يجاورهم. فإنّهم إذا عاملوهم احتاج أولئك أن يتكلّموا بلغة غريبة عن ألسنتهم، فلا تطاوعهم على كثير من حروف هؤلاء، فيلتجئوا إلى أن يعبّروا بما يتأتّى لهم ويتركوا ما يعسر عليهم. فتكون ألفاظهم عسيرةقبيحة وتوجد فيها لكنة وعجمة مأخوذة من لغات أولئك. فإذا كثر سماع هؤلاء ممّن جاورهم من هذه الأمم للخطأ وتعوّدوا أن يفهموه على أنّه من الصواب لم يؤمَن تغيّر عادتهم، فلذلك ليس ينبغي أن تؤخذ عنهم اللغة. ومَن لم يكن فيهم سكّان البراري أُخذت عن أوسطهم مسكنا. (135) وأنت تتبيّن ذلك متى تأمّلت أمر العرب في هذه الأشياء. فإنّ فيهم سكّان البراري وفيهم سكّان الأمصار. وأ كثر ما تشاغلوا بذلك من سنة تسعين إلى سنة مائتين. وكان الذي تولّى ذلك من بين أمصارهم أهل الكوفة والبصرة في أرض العراق. فتعلّموا لغتهم والفصيح منها من سكّان البراري منهم دون أهل الحضر، ثمّ من سكّان البراري مَن كان في أوسط بلادهم ومن أشدّهم توحشّا وجفاء وأبعدهم إذعانا وانقيادا، وهم قَيس وتَميم وأَسَد وطَيّ ثمّ هُذَيل، فإن هؤلاء هم مُعظَم مَن نُقل عنه لسان العرب. والباقون فلم يؤخذ عنهم شيء لأنّهم كانوا في أطراف بلادهم مخالطين لغيرهم من الأمم مطبوعين على سرعة انقياد ألسنتهم لألفاظ سائر الأمم المطيفة بهم من الحبشة والهند والفرس والسريانيّين وأهل الشام وأهل مصر. (136) فتؤخذ ألفاظهم المفردة أوّلا إلى أن يؤتى عليها، الغريب والمشهور منها، فيُحفَظ أو يُكتَب، ثمّ ألفاظهم المركّبةكلّها من الأشعار والخُطَب. ثمّ من بعد ذلك يحدث للناظر فيها تأمّل ما كان منها متشابها في المفردة منها وعند التركيب، وتؤخذ أصناف المتشابهات منها وبماذا تتشابه في صنف صنف منها وما الذي يلحق كلّ صنف منها. فيحدث لها عند ذلك في النفس كلّيّات وقوانين كلّيّة. فيحتاج فيما حدث في النفس من كلّيّات الألفاظ وقوانين الألفاظ إلى ألفاظ يعبّر بها عن تلك الكلّيّات والقوانين حتّى يُمكن تعليمها وتعلّمها. فيعمل عند ذلك أحد شيئين: إمّا

أن يخترع ويركّب من حروفهم ألفاظا لم يُنطَق بها أصلا قبل ذلك، وإمّا أن ينقل إليها ألفاظامن ألفاظهم التي كانوا يستعملونها قبل ذلك في الدلالة على معان أخر غيرها إمّا كيف اتّفق لا لأجل شيء وإمّا لأجل شيء مّا. وكلّ ذلك ممكن شائع، لكن الأجود أن تسمّى القوانين بأسماء أقرب المعاني شبها بالقوانين، بأن ينظر أيّ معنى من المعاني الأول يوجد أقرب شبها بقانون من قوانين الألفاظ فيسمّى ذلك الكلّيّ وذلك القانون باسم ذلك المعنى، حتّى يؤتى من هذا المثال على تسمية جميع تلك الكلّيّات والقوانين بأسماء أشباهها من المعاني الأول التي كانت عندهم أسماء. (137) فيصيّرون عند ذلك لسانهم ولغتهم بصورة صناعة يمكن أن تُتعلَّم وتُعلَم بقول، وحتّى يمكن أن تُعطى عِلَل كلّ ما يقولون. كذلك خطوطهم التي بها يكتبون ألفاظهم، إذا كانت فيها كلّيّات وقوانين أُخذت كلّها فالتُمس حتّى تصير يُنطَق عنها ويمكن أن تُعلَّم وتُتعلَّم بقول. فتصير الألفاظ التي يعبَّر بها حينئذ عن تلك القوانين الألفاظ التي في الوضع الثاني، والألفاظ الأول هي الألفاظ التي في الوضع الأوّل، فالألفاظ التي في الوضع الثاني منقولة عن المعاني التي كانت تدلّ عليها. (138) فتحصل عندهم خمس صنائع: صناعة الخطابة، وصناعة الشعر، والقوّة على حفظ أخبارهم وأشعارهم وروايتها، وصناعة علم لسانهم، وصناعة الكتابة. فالخطابة جودة إقناع الجمهور في الأشياء التي يزاولها الجمهور وبمقدار المعارف التي لهم وبمقدّمات هي في بادئ الرأي مؤثّرة عند الجمهور وبالألفاظ التي هي في الوضع الأوّل على الحال التي اعتاد الجمهور استعمالها. والصناعة الشعريّة تُخيّل بالقوّة في هذه الأشياء بأعيانها. وصناعة علم اللسان إنّما تشتمل على الألفاظ التي هي في الوضع الأوّل دالّة على تلك المعاني بأعيانها. (139) فالمعتنون بها فالمعتنون بها يُعدّون إذن مع الجمهور، إذ كان ليس معاني ولا واحد منهم بصناعته هي من الأمور النظريّة ولا شيئا من الصناعة التي هي رئيسة الصنائع على الإطلاق. وقد لا يمتنع أن يكون رؤساء وصنائع رئيسة - وهي الصنائع التي بها يتأتّى تدبير أمورهم - وهي إمّا صناعة تحفظ عليهم صنائعهم التي يزاولونها ليبلغ كلّ واحد ممّا يزاوله منها غرضه به ولا يعتاق عنه، وإمّا صناعة يستعملهم بها رئيسهم في صنائعهم ليبلغ بهم غرضه وما يهواه لنفسه من مال أو كرامة. ويكون منزلته منهم منزلة رئيس الفلاّحين. وذلك أنّ رئيس الفلاّحين تكون له قدرة على جودة التأتّي لأن يستعمل الفلاّحين وجودة المشورة عليهم في الفلاحة ليبلغوا غرضهم بأصناف فلاحتهم أو ليبلغ هو بأصناف فلاحتهم غرضه وما يلتمسه، فهكذا هو يُعَدّ أيضا منهم. وعلى هذا المثال يكون رئيس الجمهور ومدبّر أمورهم فيما يستعملهم فيه من الصنائع العمليّة وفيما يحفظ عليهم صنائعهم

وبالجملة استعمالهم فيها لأنفسهم أو لنفسه أو لهم وله. فهو أيضا منهم، إذ كـان غرضه الأقصى هـو غرضـهم أيضـا بصـناعته، إذ هـي بعينهـا صـناعتهم في الجنـس والنوع، إلاّ أنّها أسمى ما في ذلك الجنس أو النوع. فـإذن رؤسـاء الجمهـور الـذين يحفظون عليهم الأشياء الـتي هـم بهـا جمهـور ويسـتعملونهم في الـتي هـم بهـا جمهور هم من الجمهور، إذ كان الرئيـس غرضـه في حفظهـا عليهـم واسـتعمالهم فيها هو غرضهم، بأن يحصل له وحده وبأنيحصل لهم، فهـو منهـم. فـإذن رؤسـاء الجمهور الذين هكذا هم مـن الجمهـور أيضـا. فهـذه صـناعة أخـرى مـن صـنائع الجمهور. وهي أيضا صناعة عامّيّة، إلاّ أنّ أصحابها والمعتنين بها يجعلون أنفسـهم من الخواصّ. فإذن ملوك الجمهور هم أيضا من الجمهور.

الفصـل الثـالث والعشرون: حـدوث الصـنائع القياسـيّة في الأمـم (140) فـإذا استُوفيت الصنائع العمليّة وسائر الصنائعالعاميّة التي ذكرناهـا اشـتاقت النفـوس بعد ذلك إلى معرفة أسباب الأمور المحسوسـة في الأرض وفيما عليهـا وفيما حولهـا وإلى سائر ما يُحَسّ من السماء ويظهر،وإلى معرفة كثير من الأمور التي اسـتنبطتها الصنائع العمليّة من الأشكال والأعداد والمناظر في المرايا والألوانوغير ذلـك. فينشـأ مَن يبحث عن عِلَل هذه الأشياء. ويستعمل أوّلا في الفحص عنهـا وفي تصـحيح مـا يصحّح لنفسه فيها من الآراء وفي تعليـم غيره ومـا يصـحّحه عنـد مراجعتهـالطرق الخطبيّة لأنّها هي الطرق القياسـيّة الـتي يشـعرونبها أوّلا. فيحـدث الفحـص عـن الأمور التعاليميّة وعن الطبيعة. (141) ولا يزال الناظرون فيهايستعملون الطـرق الخطبيّة، فتختلف بينهم الآراء والمذاهب وتكثر مخاطبـة بعضـهم بعضـا في الآراء التي يصحّحها كلّ واحد لنفسه ومراجعة كلّ واحـد للآخـر. فيحتـاج كـلّ واحـدإذا روجع فيما يراه مراجعة معانـدةأن يوثّـق مـا يسـتعمله مـن الطـرق ويتحـرّى أن يجعلها بحيث لا تعانَد أو يعسر عنادها. ولا يزالون يجتهدون ويختبرون الأوثقـإلى أن يقفوا على الطرق الجدلية بعد زمان. وتتميز لهم الطـرق الجدليـة مـن الطـرق السوفسـطائية، إذ كـانوا قبـل ذلـك يسـتعملونها غير متميزتين، إذ كـانت الطـرق الخطبية مشتركة لهما ومختلطة بهما،فُترفَض عند ذلك الطرق الخطبية وتُسـتعمل الجدلية. ولأنّ السوفسـطائية في الفحـص عـن الآراء وفي تصـحيحها.ثمّ يسـتقرّ في النظر في الأمور النظرية والفحص عنهـا وتصـحيحها على الطـرق الجدليـة وتُطـرَح السوفسطائية ولا تُستعمل إلاّ عند المحنة. (142) فلا تزال تُستعمَل إلى أن تكمل المخاطبات الجدليّة، فتـبين بـالطرق الجدليّـة أنّهـا ليسـت هـي كافيـة بعـد في أن يحصل اليقين. فيحدث حينئذ الفحص عن طرق التعليم والعلـم اليقين، وفي خلال

ذلك يكون الناس قد وقعوا على الطرق التعاليمية وتكاد تكتملأو تكون قد قاربت الكمال، فيلوح لهم مع ذلك الفرق بين الطرق الجدليّة وبين الطرق اليقينيّةوتتميّز بعض التمييز ويميل الناس مع ذلك إلى علم الأمور المدنية، وهي الأشياء التي هي مبدؤها الإرادة والاختيار. ويفحصون عنها بالطرق الجدليّة مخلوطة بالطرق اليقينيّة وقد بُلغ بالجدليّة أكثر ما أمكن فيها من التوثيق حتى كادت تصير علميّة. ولاتزال هكذا إلى أن تصير الحال في الفلسفة إلى ما كانت عليه في زمن أفلاطون. (143) ثمّ يُتداوَل ذلك إلى أن يستقرّ الأمر على ما استقرّ عليه أيام أرسطوطاليس. فيتناهى النظر العلميّ وتُميَّز الطرق كلها وتكمل الفلسفة النظريّة والعامّيّة الكليّة، ولايبقى فيها موضع فحص، فتصير صناعة تُتعلم فقط،ويكون تعليمها تعليما خاصا وتعليما مشتركا للجميع. فالتعليم الخاصّ هو بالطرق البرهانيّة فقط، و المشترك الذي هو العامّ فهو بالطرق الجدليّة أو بالخطبية او بالشعريّة. غير أن الخطبيّة والشعريّة هما أحرى ان تُستعمَلا في تعليم الجمهور ماقد استقرّ الرأي فيه ويصح بالبرهان من الأشياء النظريّة والعمليّة. (144) ومن بعد هذه كلّها يُحتاج إلى وضع النواميس، وتعليم الجمهور ما قد استُنبط وفُرغ منه وصُحّح بالبراهين من الأمور النظريّة، وما استُنبط بقوّة التعقّل من الأمور العلميّة. وصناعة وضعالنواميس فهي بالاقتدار على جودة تخييل ماعسر على الجمهور تصوّره من المعقولات النظريّة، وعلى جودة استنباط شيء شيءمن الأفعال المدنيّة النافعة في بلوغ السعادة، و على جودةالإقناع في الأمور النظريّة والعلميّة التي سبيلها أن يعلّمها الجمهور بجميعطرق الإقناع. فإذا وُضعت النواميس في هذين الصنفين وانضاف إليها الطرق التي بها يُقنَع ويُعلَّم ويؤدَّب الجمهور فقد حصلت الملّة التي بها عُلّم الجمهور وأُدّبوا وأُخذوا بكلّ ما ينالون به السعادة. (145)فإذا حدث بعد ذلك قوم يتأمّلون ما تشتمل عليه الملّة،وكان فيهممَن يأخذ ما صرّح به في الملّة واضعُها من الأشياء العمليّة الجزئيّة مسلّمة ويلتمس أن يستنبط عنها ما لم يتّفق أن يصرّح به، محتذيا بما يستنبط من ذلك حذو غرضه بما صرّح به،حدثت من ذلك صناعة الفقه. فإن رام مع ذلك قوم أن يستنبطوا من الأمور النظريّة والعمليّة الكلّيّة ما لم يصرّح به واضع الملّة أوغير ما صرّح به منها، محتذين فيها حذوه فيما صرّح به،حدثتمن ذلك صناعة مّا أخرى، وتلك صناعةالكلام. وإن اتّفق أن يكون هناك قوم يرومون إبطال ما في هذه الملّة، احتاج أهل الكلام إلى قوّة ينصرون بها تلك الملّة ويناقضون اللذين يخالفونها ويناقضون الأغاليط التي التُمس بها إبطال ما صُرّح به في الملّة، فتكمل بذلك صناعة الكلام. فتحصل صناعة هاتين القوّتين. وبيّن أنّه ليس يمكن ذلك إلاّ بالطرق

المشتركة وهي الطرق الخطبيّة. (146) فعلى هذا الترتيب تحدث الصنائع القياسيّة في الأمم متى حدثت عن قرائحهم أنفسهم وفِطَرهم.

الفصل الرابع والعشرون: الصلة بين الملّة والفلسفة (147) فإذا كانت الملّة تابعة للفلسفة التي كملت بعد أن تميّزت الصنائع القياسيّة بعضها عن بعض على الجهة والترتيب الذي اقتضينا كانت ملّة صحيحة في غاية الجودة. فأمّا إذا كانت الفلسفة لم تصر بعد برهانيّة يقينيّة في غاية الجودة، بل كانت بعد تُصحَّح آراؤها بالخطبيّة أو الجدليّة أو السوفسطائيّة، لم يمتنع أن تقع فيها كلّها أو في جلّها أو في أ كثرها آراء كلّها كاذبة لم يُشعَر بها، وكانت فلسفة مظنونة أو مموّهة. فإذا أُنشئت ملّة مّا بعد ذلك تابعة لتلك الفلسفة، وقعت فيها آراء كاذبة كثيرة. فإذا أُخذ أيضا كثير من تلك الآراء الكاذبة وأُخذت مثالاتها مكانها، على ما هو شأن الملّة فيما عسر وعسر تصوّره على الجمهور، كانت تلك أبعد الحقّ أ كثر وكانت ملّة فاسدة ولا يُشعَر فسادها. وأشدّ من تلك فسادا أن يأتي بعد ذلك واضع نواميس فلا يأخذ الآراء في ملّته من الفلسفة التي يتّفق أن تكون في زمانه بل يأخذ الآراء الموضوعة في الملّة الأولى على أنّها هي الحقّ، فيحصلها ويأخذ مثالاتها ويعلّمها الجمهور، وإن جاء بعده واضع نواميس آخر فيتبع هذا الثاني، كان أشدّ فسادا. فالملّة الصحيحة إنّما تحصل في الأمّة متى كان حصولها فيهم على الجهة الأولى، والملّة الفاسدة تحصل فيهم متى كان حصولها على الجهة الثانية. إلاّ أنّ الملّة على الجهتين إنّما تحدث بعد الفلسفة، إمّا بعد الفلسفة اليقينيّة التي هي الفلسفة في الحقيقة وأمّا بعد الفلسفة المظنونة التي يُظَنّ بها أنّها فلسفة من غير أن تكون فلسفة في الحقيقة، وذلك متى كان حدوثها فيهم عن قرائحهم وفِطَرهم ومن أنفسهم. (148) وأمّا إن نُقلت الملّة من أمّة كانت لها تلك الملّة إلى أمّة لم تكن لها ملّة، أو أُخذت كانت لأمّة فأُصلحت فزيد فيها أو أُنقص منها أو غُيّرت آخر فجُعلت لأمّة أخرى فأُدّبوا بها وعُلّموها ودُبّروا بها، أمكن أن تحدث الملّة فيهم قبل أن تحصل الفلسفة وقبل أن يحصل الجدل والسوفسطائيّة، والفلسفة التي لم تحدث فيهم عن قرائحهم ولكن نُقلت إليهم عن قوم آخرين كانت هذه فيهم قبل ذلك، أمكن أن تحدث فيهم بعد الملّة المنقولة إليهم. (149) فإذاكانت الملّة تابعة لفلسفة كاملة وكانت الأمور النظريّة التي فيها غير موضوعة فيها كما هي في الفلسفة بتلك الألفاظ التي يعبَّر بها عنها بل إنّما كانت قد أُخذت مثالاتها مكانها إمّا في كلّها أو في أ كثرها، ونُقلت تلك الملّة إلى أمّة أخرى منغير أن يعرفوا أنّها تابعة لفلسفة ولا أنّ ما فيها مثالات لأمور نظريّة صحّت في الفلسفة ببراهين

يقينيّة بل سُكت عن ذلك حتّى ظنّت تلك الأمّة أنّ المثالات التي تشتمل عليها تلك الملّة هي الحقّ وأنّها هي الأمور النظريّة أنفسها، ثمّ نُقلت إليهم بعد ذلك الفلسفة التي هذه الملّة تابعة لها في الجودة، لم يؤمَن أن تضادّ تلك الملّة الفلسفة ويعاندها أهلها ويطّرحونها، ويعاند أهلُ الفلسفة تلك الملّة ما لم يعلموا أنّ تلك الملّة مثالات لما في الفلسفة. ومتى علموا أنّها مثالات لما فيها لم يعاندوها هم ولكنّ أهل الملّة يعاندون أهل تلك الفلسفة. ولا تكون للفلسفة ولا لأهلها رئاسة على تلك الملّة ولا على أهلها بل تكون مطّرَحة وأهلها مطّرَحة، ولا يلحق الملّة كثير نصرة من الفلسفة، ولا يؤمَن أن تلحق الفلسفة وأهلها مَضرَّة عظيمة من تلك الملّة وأهلها. فلذلك ربّما اضطر أهل الفلسفة عند ذلك إلى معاندة أهل الملّة طلبا لسلامة أهل الفلسفة. ويتحرّون أن لا يعاندواالملّة نفسها بل إنّما يعاندونهم في ظنّهم أنّ الملّة مضادّةللفلسفة ويجتهدون في أن يُزيلوا عنهم هذا الظنّ بأن يلتمسوا تفهيمهم أنّ التي في ملّتهم هي مثالات. (150) وإذا كانت الملّة تابعة لفلسفة هي فلسفة فاسدة ثمّ نُقلت إليهم بعد ذلك الفلسفة الصحيحة البرهانيّة، كانت الفلسفة معاندة لتلك الملّة من كلّ الجهات وكانت الملّة معاندة بالكلّيّة للفلسفة. فكلّ واحدة منهما تروم إبطال الأخرى، فأيّتهما غلبت وتمكّنت في النفوس أبطلت الأخرى أو أيّتهما قهرت تلك الأمّة أبطلت عنها الأخرى. (151) وإذا نُقل الجدل أو السوفسطائيّة إلى أمّة لها ملّة مستقرّة ممكّنة فيهم فإنّ كلّ واحد منهما ضارّ لتلك الملّة ويهوّنها في نفوس المعتقدين لها، إذ كانت قوّة كلّ واحدة منهما فعلها إثبات الشيء أو إبطال الشيء أو إبطال ذلك الشيء بعينه. فلذلك صار استعمال الطرق الجدليّة والسوفسطائيّة في الآراء التي تمكّنت في النفوس عن الملّة يُزيل تمكّنها ويوقع فيها شكوكاويجعلها بمنزلة مالم يصحّ بعد ويُنتظَر صحّتها، أو يُتحيَّر فيها حتّى يُظَنّ أنّها لا تصحّ هي ولا ضدّها. ولذلك صار حال واضعي النواميس ينهون عن الجدل والسوفسطائيّة ويمنعون منهما أشدّ المنع. وكذلك الملوك الذين رُتّبوا لحفظ الملّة - أيّ ملّة كانت - فإنّهم يشدّدون في منع أهلها ذينك ويحذّرونهم إيّاهما أشدّ تحذير. (152) فأمّا الفلسفة فإنّ قوما منهم حنوا عليها. وقوم أطلقوا فيها. وقوم منهم سكتوا عنها. وقوم منهم نهوا عنها، إمّا لأنّ تلك الأمّة ليس سبيلها أن تُعلَّم صريح الحقّ ولا الأمور النظريّة كما هي بل يكون سبيلها بحسب فِطَر أهلها أو بحسب الغرض فيها أو منها أن لا تطّلع على الحقّ نفسه بل إنّما تؤدَّب بمثالات الحقّ فقط أو كانت الأمّة أمّة سبيلها أن تؤدَّب بالأفعال والأعمال والأشياء العمليّة فقط لا بالأمور النظريّة أوبالشيء اليسير منها فقط، وإمّا لأنّ الملّة التي أتى بها كانت فاسدة جاهليّة لم

يلتمس بها السعادة لهم بل يلتمس واضعها سعادة ذاته وأراد أن يستعملها فيما يسعد هو به فقط دونهم فخشى أن تقف الأمّة على فسادها وفساد ما التمس تمكينه في نفوسهم متى أطلق لهم النظر في الفلسفة. (153) وظاهر في كلّ ملّة كانت معاندة للفلسفة فإنّ صناعة الكلام فيها تكون معاندة للفلسفة، وأهلها يكونون معاندين لأهلها، على مقدار معاندة تلك الملّة للفلسفة.

الفصل الخامس والعشرون: اختراع الأسماء ونقلها (154) فإذا حدث ملّة في أمّة لم تكن لها ملّة قبلها ولم تكن تلك ملّة لأمّة أخرى قبلها، فإنّ الشرائع التي فيها بيّن أنّها لم تكن معلومة قبل ذلك عند تلك الأمّة، ولذلك لم تكن لها عندهم أسماء. فإذا احتاج واضع الملّة إلى أن يجعل لها أسماء فإمّا أن يخترع لها أسماء لم تكن تُعرَف عندهم قبله وإمّا أن ينقل إليها أسماء أقرب الأشياء التي لها أسماء عندهم شبها بالشرائع التي وضعها. فإن كانت لهم قبلها ملّة أخرى فربّما استعمل أسماء شرائع تلك الملّة الأولى منقولة إلى أشباهها من شرائع ملّته. فإن كانت ملّته أو بعضها منقولة عن أمّة أخرى فربّما استعمل أسماء ما نُقل من شرائعهم في الدلالة عليها بعد أن يغيّر تلك الألفاظ تغييرا تصير بها حروفُها وبِنْيَتُها حروفَ أمّته وبنيتَها ليسهل النطق بها عندهم. ولإن حدث فيهم الجدل والسوفسطائيّة واحتاج أهلها إلى أنينطقوا عن معان استنبطوها لم تكن لهاعندهم أسماء، إذ لم تكن معلومة عندهم قبل ذلك، فإمّااخترعوا لها ألفاظا من حروفهم وإمّا نقلوا إليها أسماء أقرب الأشياء شبها بها. وكذلك إن حدثت الفلسفة احتاج أهلها ضرورة إلى أن ينطقوا عن معان لم تكن عندهم معلولة قبل ذلك، فيفعلون فيها أحد ذينك. (155) فإن كانت الفلسفة قد انتقلت إليهم من أمّة أخرى، فإنّ على أهلها أن ينظروا إلى الألفاظ التي كانت الأمّة الأولى تعبّر بها عن معاني الفلسفة ويعرفوا عن أيّ معنى من المعاني المشتركة معرفتها عند الأمّتين هي منقولة عند الأمّة الأولى. فإذا عرفوها أخذوا من الفاظ أمّتهم الألفاظ التي كانوا يعبّرون بها عن تلك المعاني العاميّة بأعيانها، فيجعلوها أسماء تلك المعاني من معاني الفلسفة. فإن وُجدت فيها معان نقلت إليها الأمّة الأولى أسماء معان عاميّة عندهم غير معلومة عند الأمّة الثانية وليس لها عندهم لذلك أسماء، وكانت تلك المعاني بأعيانها تشبه معان أخر عامّيّة معلومة عند الثانية ولها عندهم ألفاظ، فالأفضل أن يطّرحوا أسماءها وينظروا إلى أقرب الأشياء شبها بها من المعاني العامّيّة عندهم فيأخذوا ألفاظها ويسمّوا بها تلك المعاني الفلسفيّة. وإن وُجدت فيها معان سُمّيت عند الأولى بأسماء أقرب الأشياء العامّيّة شبها بها عندهم وعلى حسب تخيّلهم

الأشياء، وكانت تلك المعاني الفلسفيّة أقرب شبها عند الأمّة الثانية على حسب تخيّلهم للأشياء بمعان عاميّة أخرى غير تلك، فينبغي أن لا تسمّى عند الأمّة الثانية بأسمائها عند الأمّة الأولى ولا يُتكلَّم بها عند الأمّة الثانية. فإن كانت فيها معان لا توجد عند الأمّة الثانية معان عاميّة تشبهها أصلا - على أنّ هذا لا يكاد يوجد - فإمّا أن تُختَرَع لها ألفاظ من حروفهم، وإمّا أن يُشرَك بينها وبين معان أخر - كيف اتّفقت - في العبارة، وإمّا أن يعبَّر بها بألفاظ الأمّة الأولى بعد أن تُغيَّر تغييرا يسهل به على الأمّة الثانية النطق بها.ويكون هذا المعنى غريبا جدّا عند الأمّة الثانية، إذ لم يكن عندهم لا هو ولا شبهه. وإن اتّفق أن كان معنى فلسفيّ يشبه معنيين من المعاني العاميّة، ولكلّ واحد منهما اسم عند الأمّتين، وكان أقرب شبها بأحدهما، وكانت تسميتها له باسم الذي هو أقرب شبها به، فينبغي أن يسمّى ذلك باسم ما هو أقرب شبها به. (156) والفلسفة الموجودة اليوم عند العرب منقولة إليهم من اليونانيّين. وقد تحرّى الذي نقلها في تسميّة المعاني التي فيها أن يسلك الطرق التي ذكرناها. ونحن نجد المسرفين والمبالغين في أن تكون العبارة عنها كلّها بالعربيّة. وقد يُشركوا بينها . منها أن يجعلوا لهذين المعنيين اسما بالعربيّة: فإنّ الأسطقس سمّوه " العنصر " وسمّوا الهيولى " العنصر " أيضا - وأمّا الأسطقس فلا يسمّى " المادّة " و" هيولى " - وربّما استعملوا " الهيولى " وربّما استعملوا " العنصر " مكان "الهيولى". غير أنّ التي تركوها على أسمائها اليونانيّة هي أشياء قليلة. فما كان من المعاني الفلسفيّة جرى أمر التسمية فيها على المذهب الأوّل فتلك المعاني يقال إنّها مأخوذة من حيث هي معان مدلول عليها بألفاظ الأمّتين. وإن كانت المعاني العاميّة التي منها نُقلت إلى المعاني الفلسفيّة أسماؤها مشتركة لجميع الأمم كانت تلك المعاني الفلسفيّة مأخوذة من حيث تدلّ عليها ألفاظ الأمم كلّها. وما جرى أمر التسمية فيها على المذاهب الباقية فإنّها مأخوذة من حيث تدلّ عليها ألفاظ الأمّة الثانية فقط. (157) وينبغي أن تؤخذ المعاني الفلسفيّة إمّا غير مدلول عليها بلفظ أصلا بل من حيث هي معقولة فقط، وإمّا إن أُخذت مدلولا عليها بالألفاظ فإنّما ينبغي أن تؤخذ مدلولا عليها بألفاظ أيّ أمّة اتّفقت والاحتفاظ فيها عندما يُنطَق بها وقت التعليم لشبهها بالمعاني العاميّة التي منها نُقلت ألفاظها. وربّما خُلطت بها وأُوهم فيها أنّها هي المعاني العاميّة بأعيانها في العدد وأنّها مواطئة لها في ألفاظها. فلذلك رأى قوم أن لا يعبّروا عنها بألفاظ أشباهها بل رأوا أنّ الأفضل هو أن تُجعَل لها أسماء مختَرَعة لك تكن قبل ذلك مستعمَلة عندهم في الدلالة على شيء أصلا، مركَّبة من حروفهم على عاداتهم في أشكال ألفاظهم. ولكنّ هذه الوجوه من الشبه لها غَناء مّا عند

تعليم الوارد على الصناعة في سرعة تفهيمه لتلك المعاني متى كانت العبارة عنها بألفاظ أشباهها من المعاني التي عرفها قبل وروده على الصناعة. غير أنّه ينبغي أن يُتحرَّز من أن تصير مغلطة على مثال ما يُتحرَّز به من تغليط الأسماء التي تقال باشتراك. (158) والألفاظ المنقولة عن المعاني العامّيّة إلى المعاني الفلسفيّة فإنّ كثيرا منها يستعملها الجمهور مشتركة لمعان عامّيّة كثيرة وتُستعمَل في الفلسفة أيضا مشتركة لمعان كثيرة. والمعاني التي تشترك في اسم واحد منها ما هي صفة في ذلك الاسم المشترك؛ ومنها ما لها نِسَب متشابهة إلى أشياء كثيرة؛ ومنها ما يُنسَب إلى أمر واحد على الترتيب، وذلك إمّا أن تكون رتبتها من ذلك الواحد رتبة واحدة وإمّا أن تكون رتبتها منه متفاضلة بأن يكون بعضها أقرب رتبة إليه وبعضها أبعد منه. وكلّ واحد من هذين إمّا أن تسمّى هي باسمٍ واحد غير اسم الأمر الواحد الذي إليه نُسبتوإمّا أن تسمّى هي وذلك الأمر معاً باسمٍ واحد بعينه. ويكون ذلك الأمر الواحد أشدّها تقدّما. وتقدّمه قد يكون في الوجود وقد يكون في المعرفة. فالذي يرتّب كلّ واحد منها إذا كان في المعرفة، وتقاس إلى الواحد الذي هو أعرف، فإذن أعرف كلّ اثنين منهما وأقربهما في المعرفة إلى ذلك الواحد الذي هو أعرفها كلّها هو أشدّهما تقدّما، ولا سيّما إذا كان مع أنّه أعرف سببا أيضا لأنيُعرَف أو عُرف به الآخر. وأحراها بذلك الاسم أو أحراها بأن يُجعَل له ذلك الاسم بإطلاق ذلك الواحد إذا كان أيضا سُمّي باسم تلك، ثمّ أولى الباقية ما كان أعرف أو كان أعرف وسببا لأن تُعرَف به الأخر، إلى أن يؤتى على جميع ما يسمّى بذلك الاسم. وعلى هذا المثال إذا كان فيها واحد هو أقدمفي الوجود أو كان مع ذلك سببا لوجود الباقية فإنّه أحقّ وأولى بذلك الاسم على الإطلاق، ثمّ كلّ ما كان أقرب في الوجود إلى ذلك الواحد، ثمّ الأقرب فالأقرب، أحقّ بذلك الاسم، ولا سيّما إذا كان أكمل اثنين منهما سببا لوجود الآخر، فإنّه أحقّ بذلك الاسم من الآخر.

وقد يتّفق في كثير من الأمور أن يكون الأقدم في المعرفة هو أشد تأخّرا في الوجود والآخر منهما أشدّ تقدّما في الوجود، فيكون اسما لها واحدا لأجل تشابه نِسَبها إلى أشياء كثيرة، أو لأجل على أنّها تُنسَب إلى شيء واحد - إمّا بتساو أو بتفاضل، كان ذلك الواحد يسمّى باسمها هي أو كان يسمّى باسمٍ غير اسمها. وهذه غير المتّفقة أسماؤها وغير المتواطئة أسماؤها، وهي متوسّطة بينهما، وقد تسمّى المشكّكة أسماؤها.

البابُ الثالِث
حرُوفُ السّؤَال

الفصل السادس والعشرون أنواع المخاطبات (159) وكلّ مخاطبة وكلّ قول يخاطب به الإنسان غيره فهو إما يقتضي به شيئا مّا وإمّا يعطيه به شيئا مّا. والذي يعطي به الإنسان غيره شيئا مّا فهو قول جازم إمّا إيجاب وإمّا سلب، حمليّ ـ أو شرطيّ، ومنه التعجّب، ومنه التمنّي، ومنه سائر الأقاويل التي تأليفها أو شكلها يدلّ على انفعال آخر مقرون به، إن كان في لسان من الألسنة تأليف أو بِنْيَة لقول يُدَلّ به على انفعال مقرون به. وقوم من الناس يمارون في التعجّب والتمنّي. فبعضهم يجعلها نوعا آخر من الأقاويل سوى الجازم، وبعضهم يجعلها من الجازم ويجعل ما قُرن به وما يُخبَر به في تأليفه أو في شكله جهة من الجهات . والقول الذي يُقتضى به شيء مّا فهو يُقتضى به إما قول مّا وإمّا فعل شيء مّا. والذي يُقتضى به فعل شيء مّا فمنه نداء، ومنه تضرّع، وطِلْبَة، وإذْن، ومَنْع، ومنه حَثّ، وكَفّ، وأمْر، ونَهْي. (160) فإنّ النداء يُقتضى به أوّلا من الذي نُودي الإقبال بسمعه وذهنه على الذي ناداه منتظرا لما يخاطبه به بعد النداء. وهو نفسه لفظة مفردة قُرن بها حرف النداء. وإنّما يكون حرفا من الحروف المصوّتة التي يمكن أن يُمَدّ الصوت بها إذا احتيج به إلى ذلك لبعد المنادى أو لثقل في سمعه أو لشغل نفسه بما يُذهله عن المنادي. فقوّته قوّة قول تامّ يُقتضى به من الذي نودي الإصغاء بسمعه وذهنه، ثمّ الإقبال وِجْهَة الذي ناداه الذي هو في المشهور دليل على الإصغاء التامّ. والنداء يتقدّم بالزمان كلّ ما سواه من أنواع المخاطبة. (161) ثمّ يردّ بعده النوع الذي هو مقصود الإنسان من المخاطبات من اقتضاء أو إعطاء. والقول الذي يُعطى به شيء مّا قد يبتدئبه الإنسان ابتداء من غير أن يكون قد اقتضاه ذلك آخرُ، وقد يكون يُقتضى عن اقتضاء لهسبق. فالذي يكون عن اقتضاء له سابق هو جواب. والمقول المقتضى بيّن أنّه إنّما يكون من الإنسان الذي اقتضاه بنطق مّا، والنطق بالقول هو فعل مّا، واقتضاء النطق إنّما يكون بأحد تلك الأقاويل الأخر التي تقتضي فعلا. والقول غير النطق به. فإنّ القول مركّب من ألفاظ، والنطق والتكلّم هو استعماله تلك الألفاظ والأقاويل وإظهارها باللسان والتصويت بها ملتمسا الدلالة بها على ما في ضميره. فالنطق فعل مّا، واقتضاء النطق هو اقتضاء فعل مّا، وهو داخل تحت أحد تلك الأخر. فاقتضاء النطق

بالقول غير اقتضاء القول، وإن كان يلزم كلّ واحد منهما عن الآخر، فاقتضاء القول هو السؤال، واقتضاء النطق هو شيء آخر، غير أنّه قوّته في كثير من الأوقات قوّة سؤال عن الشيء. ولذلك صار قولنا " تكلَّم يا وزّان بكذا وكذا " و " أعْلِمْني وأخْبِرْني عن كذا وكذا " قوّته قوّة السؤال عن الشيء. وكلّ مخاطبة يُقتضى بها شيء مّا فلها جواب. فجواب النداء إقبال أو إعراض، وجواب التضرّع والطِلْبة بذل أو منع، وجواب الأمر والنهي وما شاكله طاعة أو معصية، وجواب السؤال عن الشيء إيجاب أو سلب - وهما جميعا قول جازم. والمخاطبة التي يُعطى بها الإنسان شيئا المبتدأ بها لا عن اقتضاء لها هو أيضا قول جازم. ((162) والمخاطبة العلميّة يُقتضى بها علم شيء أو يفاد بها علم شيء مّا. وهي بضربين من الأقاويل، إمّا السؤال عن الشيء، وإمّا القول الجازم وإمّا جواب عن السؤال وإمّا ابتداء. والعلم الذي يُقتضى أن يقال إمّا أن يُعتقَد شيء مّا ويُتصوَّر ويقام معناه في النفس، وإمّا أن يُعتقَد وجوده، أو وجوده وسبب وجوده. وليس ههنا علم آخر غير هذه الثلاثة. (163) وحروف السؤال كثيرة: " ما " و " أيّ " و " هل " و " لِمَ " و " كيف " و " كم " و " أين " و " متى ". وهذه وجلّ الألفاظ قد تُستعمَل دالّة على معانيها التي للدلالة عليها وُضعت منذ أوّل ما وُضعت، وتُستعمَل على معان أخر على اتّساع ومجازا واستعارة، واستعمالها مجازا واستعارة هو بعد أن تُستعمَل دالّة على معانيها التي لها وُضعت من أوّل ما وُضعت. (164) والخطابة والشعر فإنّ الألفاظ تُستعمَل فيهما بالنوعين جميعا. وأمّا الفلسفة والجدل والسوفسطائيّة فلا تُستعمَل فيها إلاّ على المعاني الأولى التي لأجلها وُضعت أوّلا. وما استُعمل في السوفسطائيّة من الاستعارة والمجاز فإنّما يُستعمَل ليُوهم فيها أنّها استُعملت على ما استُعملت عليه على انّها إنّما وُضعت عليها من أوّل الأمر. ولا يُستعمَل المستعار في السوفسطائيّة على أنّه مستعار بلعلى أنّه في الوضع الأوّل، وإنّما يُستعمَل المستعار فيها إذن بالعرض، ولذلك يُستعمَل عند الخطابة بها. وما استُعمل منها في الجدل فإنّما يُستعمَل منها الشيء اليسير لزينة الكلام عند السؤال والجواب، لا على أنّه جدليّ بذاته وأولى، لكن على أنّه خطبيّ استُعمل منه شيء مّا للحاجة إليه في وقت مّا، على مثال ما يجوز لإنسان مّا أن يتمثّل ببيت من الشعر عندما يخطب أو عندما يعلّم أو عندما يجادل، لا على أنّه بذاته وأوْلى من تلك الصناعة، بل بالعرض وثانيا. والفلسفة فلا يُستعمَل في شيء منها لفظ إلاّ على المعنى الذي لأجله وُضع أوّلا، لا على معناه الذي له استُعير أو تُجُوِّز به وسومح في العبارة به عنه. (165) ونحن إذا تأمّلنا ما تدلّ عليه الألفاظ المشهورة فإنّما نتأمّل الأمكنة التي فيها يُستعمَل شيء شيء منها عند مخاطبة بعضنا بعضا في الدلالة

على المعاني المشهورة التي للدلالة عليها أوّلا وُضعت تلك الألفاظ. فإذا أخذنا منها الأسماء المنقولة إلى المعاني الفلسفيّة فإنّا إنّما نأخذ معانيها التي للدلالة عليها أوّلا نُقلت لا التي استُعملت بعد نقلهم إيّاها استعارة ومجازا واتّساعا لتعلّق كثير من المعاني وشبهها بالمعاني الفلسفيّة التي إليها أوّلا كانت نُقلت. فإنّه قد عرض ذلك لكثير من الألفاظ المشهورة التي كانت أوّلا دالّة على معان عامّيّة، ثمّ نُقلت فجُعلت مع ذلك لمعان فلسفيّة، ثمّ أخذها قوم من الخطباء والشعراء وسائر الناس فاستعملوها على معان أخر تشبه تلك الفلسفيّة أو تتعلّق بها ضربا من التعلّق على جهة الاستعارة والتجوّز والمسامحة.

الفصل السابع والعشرون: حرف ما (166) فمن ذلك حرف " ما " الذي يُستعمَل في السؤال، فإنّه وما قام مقامه في سائر الألسنة إنّما وُضع أوّلا للدلالة على السؤال عن شيء مّا مفرد. وينبغي أن يتأمّل الشيء الذي عنه يسأل بهذا الحرف - وهو الذي كان يجهله فطلب بهذا الحرف علمه - وأيّ طرف من العلوم طلبه - وهو بعينه نوع العلم الذي يستفيده من الطلب - فيُحصي الأمكنة التي يُستعمَل فيها. و هذا الحرف قد يُقرَن باللفظ المفرد والذي للدلالة عليه أوّلا وضعنا اللفظ دالاّ عليه، وهو الشيء الذي جُعل ذلك اللفظ دالاّ عليه، فإنّ " الشيء " هو أعمّ ما يمكن أن نعلمه. فإذا عُلم أنّه دالّ على شيء مّا، فإنّما جُهل الشيء الذي جُعل نِدّا له، كقول القائل " ما معنى "، إذا اتّفق أن علم أنّه اسم دالّ على شيء. وقد يُقرَن بمحسوس أُدرك ما أُحسّ فيه من الأحوال أو الأعراض في الجملة، وجُهل منه شيء آخر، كقولنا " ما الذي نراه " و " ما الذي بين يديك ". وقد يُقرَن باسمٍ معقول المعنى عُرف ضربا من المعرفة، كقولنا " الإنسان ما هو "، فيُطلَب معرفته وإقامة معناه في النفس وأن تحصل ذاته معقولة بضرب أزيد ممّا عُرف به أوّلا. وينبغي أن نُحصي الأمكنة التي فيها يُستعمَل هذا الحرف سؤالا ونعرّف في كلّ واحد منها عمّاذا يُسأل وأيّ علم يُطلَب فيه. (167) فمنها أنّا نقول " ما هذا المرئيّ " و " ما هذا الذي بين يديك " و " ما ذاك السواد الذي نراه من بعيد " و " ما ذاك الذي كأنّه يتحرّك " وبالجملة " ما هذا المحسوس " فيُقرَن حرف " ما " بمحسوس - أيّ محسوس كان وبأيّ حاسّة أحسسناه - وبأمر مشار إليه. فالذي سبيله أن يجاب به عن مثل هذا السؤال هو بعض الكلّيّات التي هي صفات لذلك الشيء المسؤول عنه. فإنّا نقول فيه " إنّه نخلة " ونقول فيه " إنّه شجرة " و " إنّه نبات " و " إنّه جسم مّا "، فتكون هذه كلّيّات متفاضلة في العموم يليق أن يجاب بكلّ واحد منها في جواب " ما هو هذا المرئيّ ". وأيّ اثنين

منها أخذته فـإنّ الأخـصّ منهما يسـمّى نوعـا والأعـمّ يسـمّى جنسـا، لالأنّ الـذي يسمّى جنسا لم يكن يجوز أن يسـمّى بـالنوع أو بغيره مـن الألفـاظ، لكـن وُضـع وضعا أن يكون الأخصّ يسمّى نوعا والأعمّ منها يسمّى جنسـا. وإذا قـويس بينهـا فوُجد فيها شيء هو أخصّ لا أخصّ منه، وشيء هو أعمّ لا أعمّ منه، وشيء أو أشياء متوسّطة هي أخصّ من بعض وأعمّ من بعض، سُمّي الأخصّ الذي لا أخـصّ منـه " نوعا " بالإطلاق و " نوعا أخيرا " و " نوع الأنواع "، وسُمّي الأعمّ الذي لا أعمّ منــه " جنسا " بالإطلاق و " جنسا عاليا " و " جنس الأجناس "، والذي هو أعمّ من شيء منهما وأخصّ من الآخر منهما يسمّى نوعا وجنسا - نوعا لما هو أخصّ منه وجنسا لما هو أعمّ منه - و " نوعا متوسّطا " و " جنسا متوسّطا ". وقـد يجـاب عـن هـذا السؤال بقول مؤلّف من جنس لذلك المسؤول عنه يقيّد بصفات ومحمولات أخـر. مثل أن يقال لنا " هو شجرة تحمل الرطب " أو " هي الشجرة التي تُثمر التمـر ". أو إن اتّفق أن كان المسؤول عنه حائطا فإنّه قـد يجـاب " إنّـه حـائط " أو يجـاب بأنّه " جسم متصلّب ذو سُـمْك مؤتلـف مـن حجـارة أو لبن أو طين أُعـدّ ليحمـل السقف ويصون من الرياح "، فيقوم ذلك مقام قولنا " إنّه حـائط ". فـإنّ الحـائط هو نوع الشخص المسؤول عنه، والقول الذي أُقيم مقـامه هـو حـدّ الحـائط وهـو حدّ النوع المسؤول عنه، وإنّما يكون ذلك القول أبدا مؤتلفا مـن حـدّ النـوع ومـن الأشياء التي بها أو لها قوام ذلك النوع. ومـا يـدلّ عليـه حـدّ النـوع هـو مـاهيّته، والذي يدلّ عليه جزء جزء من أجزاء القول هـو جـزء مـاهيّته. (168) وقـد يُقـرَن حرف " ما " بنوع من الأنواع عد أن فهمنا ما يدلّ عليه اسمه الذي وُضع أوّلا دالاّ عليه. فنقول " الإنسان ما هو " و " النخلة مـا هـي "، فيجـاب عنـه بجنـس ذلـك النوع أو حدّه. فإنّه قد يقال لنا في الإنسان " إنّه حيوان " أو " إنّه حيوان ناطق "، وفي النخلة " إنّها شجرة تحمل الرطب ". ويقال " ما العباءة "، فيقال " هـي ثـوب من الصوف "، فالثوب جنسه، وقولنا " ثوب مـن صـوف " حـدّه. ومـا يُفهَـم مـن القول ماهيّته والأشياء التي بها قوامه وجزء ماهيّة جنسه، ثمّ ما يقيَّـد بـه جنسـه ممّا به قوامه. والذي يُردَف به جنسه، فليس يجاب به وحده في جـواب " مـا هـو الشيء "، بل إنّما يكون جوابا عن " ما هو الشيء " متى أُردف بـه أو قُيّـد الجنـس، فإنّه في " ما هو الشيء " ينفرد جنسا ومقيَّدا بشيء آخـر حينـا. ولـو أُردف جنسـه بشيء ممّا يوجد له غير أنّه ليس به قوام ذاته ولا يعرّف ما هو ذلـك الشيء أصـلا، لم يكن القول حدّا، كما لو قيل في العبـاءة " إنّهـا الثـوب الـذي يلبسـه المترهّبون وأهل الصنائع القَشِفة مثل الملاّحين والفلاّحين " لكان تعريفا للعباءة لكن لا يحـدّ العباءة، ولا كان ما يدلّ عليه القول هو ماهيّة العباءة وإن كـان ممّا يوصـف بـه

العباءة، بل كان صفة له لا محمولا عليه لا يعـرّف مـا هـو بـل يعـرّف منـه شـيئا خارجا عن ذاته. وكذلك لو قيل في الإنسان " إنّـه الحيـوان الـذي يصـلح أن يتّجـر ويبيع ويشتري " لكان تعريفا للإنسان لا يحدّه. والقدماء يسمّون هذا الصنف من الأقاويل المعرّفة للشيء " الرسم " ويسـمّون بالجملـة صـفاته ومحمـولاته الـتي لا تعرّف ما هو بل تعرّف منه شيئا خارجا عن ذاته وشيئا ليس به قـوامه" أعـراض " ذلك الشيء. وكلّ واحد من هذه التي يليق أن يجاب بها في جواب " ما هو الشيء " يُفهم الشيء المسؤول عنه ويُفهم معناه في النفس، ويتصوّره الإنسان به ويحصل له في النفس معقـول مّـا. غير أنّ جنـس الشيء يصـوّره في النفـس ويُفهمـه بـوجه يعمّه وغيرَه، ونوعه يُفهمه بوجه أخصّ من جنسه. وجنسه كلّما كـان أبعـد وأعـمّ كان تفهيمه للشيء وتصويره له في النفس بـوجه أعـمّ وأبعـد عنـه. وحـدّه يصـيّره معقولا ويُفهمه بأجزائه التي بها قوامه. فإنّ النوع المسؤول إذا عُقل بما يدلّ عليه اسمه فإنّما يُعقَل الشيء مجمَلا غير ملخّص بأجزائه التي بها قوامه. وإذا عُقـل بمـا يدلّ عليه حدّه فقد عقل ملخَّصا بالأشياء التي قـوامه بهـا، وذلـك هـو أ كمـل مـا يُعقَل به الشيء الذي يمكن أن يُعقَل على هذه الأنحاء. ورسمه أيضـا يُفهـم الشيء ملخَّصا بصفاته التي ليس بها قـوام الشيء وبـالتي هـي خارجـة عـن ذات الشيء، وهي أعراضه. وأنقص ما يُفهَم به الشيء هو أن يُفهَم بأبعـد أجناسـه أو أن يُفهَـم بأبعد محمولاته عن ماهيّته أو جزء ماهيّته. وأ كمل ما يُفهَم به الشيء هو حـدّه. والأشياء الخارجة عن ذاته وصفاتُه التي لا تُفهَم ماهو والتي ليس بها قوام ذاتـه - وهي أعراضه - بعضها أقرب إلى ذاته وبعضـها أبعـد عـن ذاتـه. مثـل أن يقـال في النخلة " إنّها الشجرة التي تكتسي الليف والتي تورق الخوص " أو " التي أغصـانها سعف " أو " التي تكون في البلـدان الحـارّة "، فـإنّ بعـض هـذه أبعـد عـن ذاتهـا وبعضها أقرب إلى ذاتها، وكلّ ذلك يُفهم الشيء ويصوّره في النفس - بعضها أ كمـل وبعضها أنقص - لكن بما هي غريبة عن ذاته. (169) وقد يُقرَن حرف " ما " بلفظ مفرد عُلم أنّه دالّ على شيء مّا، غير أنّـه لم يُعلَـم النـوع والجنـس الـذي هـو دالّ عليه أوّلا، وإنّما يُلتمَس به تفهم معنى النوع الذي يدلّ عليه ذلك اللفظ وتصـوّره وإقامته في النفس. فإن كان السائل عرف ذلك النوع وتصوّره باسم له آخـر وعلـم المجيب له ذلك، عرّفه. وإن لم يكن تصوّر معنى ذلك النوع أصلا ولاكان رأى شـيئا من أشخاصه - كما يلحق كثيرا من الأمم أن لا يرى أحد منهـم فيلا أصـلا ولا جملا - اضطرّ المسؤول عند ذلك إلى أن يعرّفه بقول مشتمل على صفات يؤلَّـف بعضـها إلى بعض إلى أن تجتمع من جملة ما يـؤلّفه صـورة ذلـك المسـؤول عنـه في نفـس السائل، فيحصل في نفسه معنى مّا مركَّب عن صفات يُقرَن بعضها ببعـض ويُفهـم

معنى الاسم ملخَّصا بأجزائه. غير أنّه قد يتّفق أن يكون ما تصوّره في نفسه من ذلك وفهمه عن الاسم معنى غير معلوم هل هو موجود أم لا، مثل ما لو لُخّص معنى الفيل عند مَن لم يشاهدهلأمكن أن لا يقع له التصديق بوجوده ولا يدري هل ما هو كذا وبهذه الصفات موجود أم لا. وقد يتّفق أن يكون ذلك قولا يُفهم ويُلخّص شيئا يمكن أن يُتصوَّر ولكن يكون غير موجود، مثل تماثيل الحمّامات التي يصوّرها المصوّرون، فإنّها معان تقوم صورها في النفس لكنّها غير موجودة. فتكون الأقاويل التي تُركَّب للدلالة عليها تدلّ على أشياء غير موجودة، ويكون كثير من هذا الصنف أقاويل تدلّ ما لا يُدرى هل هي موجودة أم لا. وأمثال هذه فليست حدودا إلاّ على جهة المسامحة والتجوّز، بل تُسمّى " الأقاويل التي تشرح الأسماء ". ولذلك تُستعمَل هذه الأقاويل في مبادئ الفحص عن الأمور المفردة في المطلوبات وعن الأمور التي يكفي في وجود قياساتها ما يُفهَم عن أسمائها منذ أوّل الأمر، وفي إبطال الأشياء التي ظنّ قوم من الناس أنّها موجودة - مثل الخلاء، فإنّه يجب أن يُفهَم ما معنى هذه اللفظةعند مَن يعتقد وجود الخلاء. وكذلك إذا فحص الإنسان هل القوّة المدبّرة في الدماغ أو لا، فإنّه ينبغي أن يلخّص بالقول ما معنى القوّة المدبّرة. وإذا فحصنا هل العالم كريّ الكلّ، فينبغي أن نلخّص القول ما معنى العالم. فإنّ هذه كلّها أقاويل تشرح الأسماء قد تُسمّى على التجوّز والاتّساع في العبارة حدودا. وإنّما يُلتمَس بهذه الأقاويل تحصيل معاني تلك الألفاظ متصوَّرة بأجزائها التي إذا أُلّفت حصل منها معنى معقول ملخَّص مشروح بأجزائه التي يصير بها معقولا متصوَّرا في النفس فقط. فتكون تلك الأجزاء بها قوامه من حيث هو معقول أو متصوَّر في النفس، إذ بها قوامه في النفس. فإذا تبيّن بعد ذلك أنّ المعنى المدلول عليه بذلك الاسم موجود، وأنّ تلك الأشياء التي بها قوامه معقولا في النفس أيضا بأعيانها خارج النفس، عاد ذلك الذي كان قولا يشرح المعنى فصار حدّا، إذ كانت تلك ماهيّته. وإن تبيّن أنّ ذلك غير موجود بقيت تلك الأجزاء التي بها قوامه في النفس فقط ولم يكن ما دلّ عليه ذلك القول ماهيّة شيء أصلا. وتلك الأشياء التي بها قوام الشيء من خارج النفس متى أُخذت من حيث هي معقولة ومن حيث هي معقول ذلك الشيء قيل فيه إنّه ماذا هو الشيء، ومتى أُخذت من حيث هي قوام ذلك الشيء من خارج قيل فيه إنّه بماذا هو الشيء. (170) وقد يُستعمَل حرف " ما " في مثل قولنا " ما ذلك الحيوان الذي يكون في الهند " و " ما النبات الذي يكون بلاد اليمن " و " ما الحجر الذي قيل إنّه ببلاد تهامة ". ومن هذا الصنف قولنا " ما لَكَ " و " ما حال زيد " و " ما خبر فلان " و " ما المال الذي عندك " و " ما الحيوان الذي ملكته ". فإنّ هذه كلّها أيضا يقترن فيها حرف " ما "

بجنس الشيء، وذلك متى عُرف الشيء بجنسه ولم يُعرَف النوع الخصّ الذي هو منسوب إلى الذي أُخذ منسوبا إليه، فإنّه إنّما يكون إذا جُهل النوع ولم يُتصوَّر، وعُرف بجنسه الذي يعمّه وغيرَه، والتُمس أن يُتصوَّر ذات ذلك النوع خاصّة. فإنّ قولك " ما مالُك " يُعنى به ما النوع الذي تملك من المال. وكذلك " ما حالك "، فإنّه عُرف أنّ له نوعا من أنواع الحال ولم يُفهَم ذاته ولم يُتصوَّر فقيل " ما النوع الذي هو لك من أنواع الحال "، وكذلك " ما ذلك النبات الذي يكون باليمن " يُعنى به ما النوع الذي يكون خاصّة من أنواع النبات. (171) فهذه أربعة أمكنة يُستعمَل فيها حرف " ما " على جهة السؤال. ويعمّها كلّها أنّه يُطلَب بها معرفة ذات الشيء المسؤول عنه وأن يُتصوَّر ذاته وأن يُعقَل ذاته معقولة. ويعمّها أنّها كلّها ليس يمكن أن يُسأل عنها إلاّ وقد عُرف المسؤول عنه وتُصُوِّر مقدارا مّا من التصوّر أو عُقل إلى مقدار مّا، ويُلتمَس فيه أن يُعقَل أ كمل من ذلك المقدار وأن يُتصوَّر بمقدار أزيد من ذلك التصوّر من ذلك المحسوس المسؤول عنه بحرف " ما ". فإنّه إذا عُقل وتُصُوِّر أنّه " شيء " وأنّه " أسود " وأنّه " متحرّك " فقد تُصُوِّر بأبعد ما يمكن ان يُتصوَّر به الشيء وأنقصه. فإنّ " الشيء " هو أبعد ما يمكن أن يُتصوَّر به " الأسود "، وأنّه " أسود " فإنّه أبعد عرض يمكن أن يُتصوَّر به " المتحرّك ". وأنّه " متحرّك " فإنّه أيضا عرض بعيد من ذات المسؤول عنه. فإنّ القائل " ما ذلك المتحرّك " يسأل عن ذلك الشيء الذي يراه متحرّكا أو أسود. على أن معنى المتحرّك غير معنى ذلك الذي علامته في أبصارنا أنّه متحرّك. وقد يُسأل في مثل هذا المكان " ما الحيوان الذي نراه " و " ما الجسم الذي نلمسه "، فيكون مثل قولنا " ما ذلك الشيء الذي نراه " - غير أنّ " الشيء " هو أعمّ من " الحيوان " و " الحيوان " أخصّ من " الشيء " - فإنّ هذه كلّها إنّما تُصوّر الشيء بجنسه فقط. و مَن جهل ذلك المرئيّ فإمّا أن يجاب بنوعه من حيث يدلّ عليه اسمه أو من حيث يدلّ عليه حدّه. فالمسؤول عنه بحرف " ما " في هذين هو معروف لا محالة حين ما يُسأل عنه معرفةً أنقص، إمّا بجنسه الأبعد جدّا أو بجنسه الأقرب، أو ما يقوم في العموم مقام جنسه الأبعد أو بحال له خارج عن ذاته، مثل أنّه " متحرّك " أو أنّه " أسود " أو غير ذلك من أعراضه. وكذلك النوع المسؤول عنه، فإنّه عرف وتصوّر وعقل ما يدلّ عليه اسمه، وهو التصوّر المجمَل. و يكون عرف ذلك النوع بعلامة له ليست هي ذاته ولا جزء ذاته بل بعرض له لازم، فظنّ أنّ تلك الصفة أو الصفات التي عرفه بها هي التي إذا عُقلت تكون ذاته معقولة. مثل أن يكون " الإنسان " عنده معقول بشكل جسمه؛ ثمّ يرى أنّ الإنسان يتكلّم ويروّي ويعقل ويحوزالصنائع لا لشكل جسمه - إذ كان بعد أن يموت يكون شكل جسمه على

حاله - ويرى أنّ تصوّره له بصفته هذه ليست كافية في أن يعقل ذاته، فيسأل حينئذ عنه " ما هو " فيلتمس بسؤاله أن يعقل ذاته، إذ كان ليس يرى أنّه عقل ذاته أو ذاته على التمام إذا عقل منه شكل جسمه. وكذلك في شيء شيء من سائر الأنواع إذا كان يعقل ما يدلّ عليه اسمه بعلامة أو صفة إذا تُعُقِّبت يتبيّن أنّها ليست هي كافية في أن تحصل ذاته بها معقولة، سأل حينئذ " ما هو ذلك النوع " فيجاب إمّا بجنسه وإمّا بحدّه فإذا أُجيب بما هو له حدّ لم يبقى بعدها لسؤال " ما هو " موضع أصلا. وكذلك متى جهل معنى لفظةما فسأل عنه ب"ماهو". فقد عرف أنّه " شيء " وتصوّره بأعمّ ما يمكن أن يُتصوَّر به الشيء ولم يكن تصوّره بصورته التي تخصّه، وهو نوع ذلك الشيء. فإذا أُجيب عنه باسم له آخر وبقول يُشرَح به معنى ذلك الاسم فقد بلغ ما التمسه. وكذلك " ما حالك يا فلان " و " ما حالك يا زيد " فإنّه مثل قولك " ما ذلك الحيوان الذي نراه ". فإنّه يكون قد عرف في كلّ هذا جنس ذلك الشيء وجهل نوعه. فإنّه إنّما يسأل عن نوع الحال التي هي حاله وعن نوع الحيوان الذي نراه. (172) واستعمال السؤال ليس إنّما يكون عند مخاطبة الإنسان الآخر، لكن عندما يروّي الإنسان فيما بينه وبين نفسه أيضا. فإنّه قد يسأل نفسه وهو نفسُه يُجيب عن شيء شيء من هذه فيما بينه وبين نفسه. وليس يلتمس أن يستفيد من تلقاء نفسه إلاّ ذلك العلم الذي كان يؤمل أن يستفيده من غيره إذا سأله عنه. (173) وكلّ إنسان إنّما يُجيب في الموضع الذي يمون سبيل الجواب فيه بالنوع أو بالجنس أو بالحدّ بالذي هو عنده نوع أو بالذي هو عنده جنس أو بالذي هو عنده حدّ. فإنّ النوع قد يكون نوعا على أنه يحاكي النوع من غير أن يكون نوعا فيأخذ الآخذ المحاكي للنوع أو للجنس أو للحدّ على أنّه في الحقيقة كذلك على مثال ما يأخذه الشعر، أو نوعاهو ببادئ الرأي نوع، أو نوعايتموّه أنّه نوع، أو نوعاهو في المشهور أنّه نوع، أو نوعاتبرهن أنّه نوع. وكذلك كلّ واحد من الباقين. وكلّ إنسان إنّما يُجيب في الموضع الذي سبيله أن يُجيب فيه بالجنس بالجنس الذي هو عنده جنس من الجهة التي بها صحّ عنده أنّه جنس، وفي الموضع الذي سبيله أن يُجيب فيه بالنوع إنّما يُجيب بالنوع الذي هو عنده نوع من الجهة التي بها صحّ عنده أنّه نوع، وفي الموضع الذي سبيله أن يُجيب فيه بالحدّ إنّما يُجيب بالقول الذي هو عنده حدّ من الجهة التي صحّ عنده بها أنّه حدّ. والجهات التي بها يصحَّح الشيء أنه كذا وليس كذا تلك الجهات الخمس. (174) والذي هو بالمحاكاة جنس يأخذه كثير من الناس جنسا لأشياء كثيرة، مثل الظلمة والنور، فإنّ قوما يزعمون أنّ المادّة ظلمة مّا وأنّ العقل نور مّا وأنّ الملائكة أنوار. فإنّه لا يمتنع أن يكون شيء مّا عرضا في أمر، فيُظَنّ إمّا

ببادئ الرأي وإمّا بتموّه الشيء به أنّه نوع له، حتّى إذا تُعُقِّب بالطرق البرهانيّة يتبيّن أنّه عرض له لا نوع له. وكذلك قد يكون القول رسما للشيء فيُظَنّ بهاتين الجهتين أنّه حدّ له، حتّى إذا تُعُقِّب بالطرق البرهانيّة يتبيّن أنّه ليس بحدّ له. (175) فلذلك متى صادفتَ ما قد يتبيّن عندك أنّه عرض لشيء مّا قد استعمله الجمهور أو بعض أهل الصنائع في الجواب عن " ما هو الشيء " فليس ينبغي أن تظنّ أنّ العرض عند الجمهور أو عندنا حدّ يُستعمَل في الجواب عن " ما هو الشيء "، لكن ينبغي أن تعلم أنّ ذلك إذا استعملتَه في الجواب عن " ما هو الشيء " استعملتَه على أنّه علامة للذات التي سبيلها أن تكون هي التي سُئل عنها بحرف " ما هو ". لا على أنّ ذلك العرض أو العلامة إذا عُقلت تكون ذاته قد عُقلت. لكن كثيراً مّا قد يعجز الإنسان عن أن يجد محمولا للمسؤول عنه إذا عُقل تكون قد عُقلت ذاته، فيُجيب بما قد علم أنّه ليس ذاته ليجعله علامة للشيء الذي إذا عُقل تكون قد عُقلت ذاته، فتكون قوّة جوابه " إنّ الذي ينبغي أن يكون هو الجواب عمّا سألتَ عنه هو أمر لا أعرفُه نفسَه ولا بأسمه ولكن أمر يوجد له نوع كذا من العرض أو يوصف بكذا من الأعراض " أو " إنّه أمر يخصهُ أنّه يوصف بعرض كذا " أو " إنّه أمر علامته كذا "،وهو نوع العرض الذي أخذه في الجواب عن " ما هو ذلك الشيء ". فعلى هذه الجهة يصلح أن يجاب بالذي هو عرض - وهو يعرف أنّه عرض - في جواب " ما هو الشيء "،و كان الذي يجاب به رسما أو عرضا مفردا. غير أنّ الرسم الذي إذا كان إنّما أُردفت الأعراض فيه بجنسه كان أقرب إلى الحدّ من أن يكون مأخوذا دون الجنس. (176) ولا يمتنع أن يكون أمرا مّا محمولا على شيء مّا ويليق أن يجاب به في جواب " ما هو " في ذلك الشيء، وهولا صفة لشي ءمّا آخر ولا يليق أن يجاب به في جواب " ما هو " في ذلك الشيء الآخر. فيكون جنسا أو نوعا أو حدّااو حد لشيء مّا هو عرض لشيء آخر. فيكون معرّفا لذات شيء مّا أو ماهيّته أو جزء ماهيّته، ومعرّفا من شيء آخر ما هو خارج عن ذاته وماهيّته. ولا يمتنع أيضا أن يكون أمر مّا يليق أن يجاب به في جواب " ما هو " في شيء مّا، ولا يكون محمولا على شيء آخر بجهة أخرى بل كلّ ما حُمل على شيء مّا فإنّه يُحمَل عليه على أنّه يليق أن يجاب به في جواب " ما هو " ذلك، ولا يكون صفة لشيء آخر أصلا. فما كان هكذا فإنّه إنّما يكون محمولا من طريق ماهو فقط من غير أن يكون محمولا على جهة أخرى، وهو المحمول بماهو على الإطلاق ومن كلّ الجهات، إذ كان ليس يُحمَل بجهة أخرى على شيء من طريق ماهو وعلى شيء آخر من طريق آخر، لا بما هو محمول بما هو على الإطلاق ولا من كلّ الجهات. والقدماء يسمّون المحمول على الشيء الذي

إذا عُقل عُقل ذلك الشيء وذات ذلك الشيء " جوهر ذلك الشيء "، ويسمّون ماهيّة الشيء " جوهره "، وجزء ماهيّته " جزء جوهره "، والمعرّف لما هو الشيء " المعرّف بجوهره ". فما كان محمولا على شيء مّا بطريق ماهو وعلى شيء آخر ر بطريق ما هو يقال إنّه " جوهر لذلك الشيء " الذي إذا عُقل المحمول يكون قد عُقل و " معرّف بجوهره "، و " ليس بجوهر لذلك الشيء " الذي ليس يُحمل عليه من طريق ماهو ولا معرّفا بجوهره بل عرضا له. وما كان إنّما يُحمل أبدا على أيّ شيء ما يُحمَل بما هو ذلك الشيء، ولم يكن يُحمَل على شيء أصلا إلاّ بماهو، فإنّ ذلك المحمول بماهو بإطلاق ومن كلّ جهة، فهو جوهر كلّ شيء حُمل عليه ومعرّف بجوهر كلّ ما يُحمَل عليه، إذ ليست له جهة أخرى من الحمل إلاّ أنّه جوهر لكلّ مايُحمَل عليه. فسمّاه القدماء " الجوهر " على الإطلاق و " معرّفا للجوهر " على الإطلاق. وسمّوا تلك الأخر " جوهر البياض " و " معرّف بجوهر الحركة " وغير ذلك من التي ليست جواهر التي محمولاتها عليها لا بماهو ولا معرّفا لجواهرها. وليس يُعنى بالجوهر ههنا شيء غير المحمول على الشيء الذي إذا عُقل المحمول يكون قد عُقل الشيء نفسه. فما ليس له حَمْل على شيء إلاّ على هذه الجهة فهو الجوهر الذي على الإطلاق. وإن كان قد يوجد شيء محمول على أمر مّا لا بطريق ماهو، ولم يكن يُحما على أمر آخر بجهة ماهو أصلا بل كان حَمْله أبدا على أيّ شيء ما حُمل هو حَمْل لا بطريق ماهو، كان هو العرض على الإطلاق، وهو مقابل بالكلّيّة لما هو جوهر الإطلاق. وما كان يُحمَل بجهتين على موضوعين مختلفين فهو جوهر لأحد هذينالموضوعين وعرض للموضوع الآخر. (177) وليس ينبغي أن تخيّل إلى نفسك معنى الجوهر أنّه شبه شيء ثخين مكتَّل مصمَت أو صلب لأجل ما تسمعه من قوم قد اعتادوا أن يقولوا " إنه هو القائم بنفسه " و " قوامه بنفسه " وأشباه هذه العبارة التي تخيّل في الجوهر ما ليس هو الجوهرالمحمول الذي لا يُحمَل على موضوع أصلا إلاّ على طريق ماهو. فإنّ موضوعه أيضا إن كان يُحمَل على موضوع آخر دونه فليس يمكن أن يُحمَل عليه إلاّ بطريق ماهو. فإنّه إن أمكن أن يُحمَل على شيء مّا لا بطريق ماهو كان المحمول الأعمّ إذا عُقل كان معقول عرضٍ، فيكون محمولا بوجه مّا لا بماهو، وذلك غير ممكن. وموضوع موضوعه إن كان إنّما يُحمَل أيضا على موضوع فهو إنّما يُحمَل هذا الحَمْل، إلاّ أنّه لا يمضي في العمق هكذا إلى غير النهاية بل ينتهي، فإذا انتهى يكون الموضوع الأخير الذي لا يُحمَل على آخر دونه هذا الحمل أيضا على شيء آخر حملا لا على طريق طريق ماهو ذلك لا محالة. فإذن موضوعهما الأخير لا يُحمَل على شيء أصلا لا حَمْل ماهو ولا حَمْلا بغير طريق ماهو ولا يكون

معرّفا لجوهر شيء غيره ولا جوهرا لغيره، لأنّه ليس إذا عُقل يكون عُقـل موضـوع له ولا يكون ذاتا مّا لغيره بل يكون ذاتا على الإطلاق ومحمولاته التي تُحمَل عليـه من طريق ماهو ذوات له جواهر له. وإن كنّا نعني بـالجوهر ذات الشيء ونفـس الشيء، وكان هذا هو ذاتا لكـن ليـس بـذات لغيره بـل ذاتـا لنفسـه، كـان جـوهر بنفسه وكان هو الجوهر على الإطلاق. فإنّ معنـى الجـوهر ومعنـى الـذات ههنـا واحـد بعينـه في العـدد، ومحمـولاته هـي جـواهر وذوات ومعرّفـات لـذات هـذا وجوده. فيكون هذا جوهرا على الّإطلاق. وتلك كانت معقولات هذا كانت جواهر أيضـا على الإطلاق. وتلـك الـتي تنظـر فيهـا العلـوم، لا هـذه. وهـذه إذا أُخـذت معقولات كانت تلك. وهذه هـي الـتي يمكـن أن يخيَّـل فيهـا أنهـا مكتَّلـة ثخينـة مصمَتة. و ليس ينبغي أن تُخيّل هذه في هذا الجوهر. فإنّ ما يُتخيَّـل بـذا وشـبهه ليس هو الجوهر، بل ينبغي أن يُجعَل معنى الجوهر هو الـذي حـدّدناه وتُجعَـل علامته التي عرّفناه بها. (178) والسبب في هذا التخيُّل أذهاننا وأذكارنـا الصـامتة، كأنّا إذا لم يدافع لَمْسَنا جسم مّا بل كان سهل الاندفاع والانحراف وهوانا لنـا حين ما نرجمه، هان علينا أمر وجـوده، وخاصّـة إن اجتمـع مـع ذلـك أن لايـردّ شـعاع أبصارنا، فإنّه يهون علينا حتّى نظنّ به أنّه غير موجود. فلـذلك صرنا نقـول فيما لا وجود له " إنّه هباء " و " إنّه ريح ". وكلّ ما يدافع ويقاوم مَن يرجمـه وكـان مـع ذلك لا تنفذ فيه شعاعات أبصارنا كان هو الموجـود والوثيـق الوجـود. فلـذلك لمّـا كان الحقّ هو أوثق الموجودات وجـودا صـاروا يتخيّلـونه بمـا هـو وثيـق الوجـود عندهم من الأجسام، وهو المصمَت الكثير الصـلب. ولـذلك اعتـادوا أن يسـمّوه " الحامل لكلّ شيء " كأنّه يحمـل مـا يحمـل أثقـالا تعتليـه فينهـض بهـا وهـو غير محمول على شيء؛ و " الصلب " فإنّ اسـم الجـوهر عنـد الجمهـور إنّمـا يقـع على حجارة مّا من المادّة النفيسة، والحجـارة بهـذه الصـفات الـتي يصير بهـا الجسـم عندهم وثيق الوجود، فيتخيّلون فيه ماهو موجود في المشارك لـه في الاسـم. وكـلّ هذه خيالات فاسدة مغلطة عليك أن تحذرها وتصـوَّر الجـوهر في نفسـك. (179) والمحمول على موضوع مّا بطريق ماهو وعلى موضوع آخـر لا بطريـق مـاهو، إن كان موضوعه الذي يُحمَل عليه من طريق ماهو كـان يُحمَـل أيضـا على موضـوع دونه بطريق ماهو، فإنّ ذلك الموضوع يُحمَل على شيء آخر لا بطريق ماهو، لأنّـه إن لم يكن كذلك كان محمولا معقول مّا ليس بعرض، فيكون جوهرا على الإطلاق، وذلك محال. وإن كان موضوع هذا الموضوع يُحمَل أيضا على شيء دونـه بطريـق ماهو، فإنّه يكون محمولا أيضا على شيء مّا آخـر لا بطريـق مـاهو، إلى أن ينتهـي على هذا الترتيب إلى الموضوع الذي لا يُحمَل على شيء دونه أصلا بطريـق مـاهو.

فيبين في العميق أيضاالى أنّ ذلك الذي ينتهي في العمق لا يمكن أن يكون محمـولا على شيء بطريق ماهو. فيكون ذلك عرضا بالإطلاق، إذ كان محمـولا ولم يكـن لـه حَمْل مّا على موضوع أصلا بطريق ماهو. وإن كان موضوعه الذي يُحمَل عليـه لا بطريق ماهو أمرا لا يُحمَل على موضوع أصلا ولا بوجه من الوجهين، فقد تنـاهى في العرض وانتهى إلى الجـوهر على الإطلاق. وإن كـان أمـرا يُحمَـل على موضـوع، وكان أيّ موضوع حُمل عليـه حُمـل عليـه بطريـق مـاهو، فقـد تنـاهى أيضـا إلى الجوهر المحمول على جوهر آخر، الذي ينتهي في آخـر الأمـر إلى الموضـوع الأخير. وإن كان أمرا يُحمَل على موضوع مّا بطريق ماهو، وعلى أمر آخر لا بطريق ماهو كانت الحال فيه تلك الحال بعينهـا إلى أن ينتهـي في العمـق إلى العـرض الـذي لا يُحمَل على شيء دونه حَمْل ماهو، بل يُحمَل لا بطريق ماهو. وليس يمكن ذلك أو تكون تلك الموضوعات موضوعات مّا إذا عُقلت يكون معقولها ذلك الأوّل، فيعـود الأمر ويصير ذلك محمولا على هذه بطريـق مـاهو، ولا سـبيل إلى ذلـك. فـإذن لا يمكن أن يكون ذلك موجودا لموضوع يُحمَل أصلا على شيء حَمْل ماهو. فإن كـان ذلك الشيء يُحمَل لا من طريق ماهو على شيء مّا، فـإنّ ذلـك الشيء أيضـا تكـون حاله هذه في أنّه لا يمكن أن يُحمَل على شيء أصلا بحَمْل ماهو، بل إن كان ولا بدّ يُحمَل لا من طريق ماهو، إلى أن ينتهي عى هذا الترتيب إلى موضوع لا يمكـن أن يُحمَـل حَمْلا أصـلا لا بطريـق مـاهو ولا حَمْلا لا بطريـق مـاهو. فينتهـي إذن إلى الجوهر على الإطلاق. فيكون ذلك موضوعا أخيرالكلّ ما يُحمَل عليه لا من طريـق ماهو ولكلّ ما يُحمَللا من طريق ماهو. (180) وإذا تأمّلنا المسؤول عنـه بحـرف " ما " على القصد الأوّل وجدناه الموضوع الأخير الذي وجدناه بالسياق القول بعضه إلى بعض. وذلك أنّا إذا قلنا " ما هذا المرئيّ " و" مـا ذاك الـذي نـراه يتحـرّك " و " الذي نراه أسود "، فإنّا نعتقد في كلّ شيء نحسّه فيه أنّه ليس يعرّف ذات المسؤول عنه. ولاأيضا نسأل عنه كما قلنا من جهة ما هو مرئيّ أومن جهة ما هو يتحرّك أو من جهة ما هو أسود، لكن إنّما نسأل على القصد الأوّل عن الشيء الذي ندرك فيه بالبصر هذه الأشياء أو أحدها. وذلـك الشيء لا نعتقـد فيـه أنّـه صـفة لغيره، و إلاّ لكانت مسألتنا تكون على ذلك الذي هذا صـفة لـه وجعلنـاه أيضـا علامـة لـذلك الشيء، كما جعلنا الحركة او السواد علامة له. ولا أيضا نعتقد فيه أنّـه يُحمَـل مـن طريق ما هو على شيء أصلا. فإن كـان هكـذا فليـس بمحسـوس ولا الـذي يحسّـه بخطر بباله في الذي حسّ به أنّه كذلك. فإذن المسؤول عنه على القصـد الأوّل هـو الموضـوع الأخير الـذي أبـانه لنـا القـول المنسـاق بعضـه على إثـر بعـض. (181) والقدماء يسمّون الموضـوع الأخير وكلّيّـاته المحمولـة عليـه مـن طريـق مـا هـو "

الجوهر " على الإطلاق، وسائر المحمولات على الموضوع الأخير التي تُحمَل عليه لا بطريق ماهو - كانت كلّيّات أو لم تكن كلّيّات - والمحمولات على كلّيّات الموضوع الأخير لا بطريق ماهو " الأعراض "، وذلك إذا حُملتعلى الجواهر، لأنّها تُحمَل عليهالا من طريق ماهو. (182) فهذه هي الأشياء التي أعطانا وأفادنا تأمّلنا حرف " ما هو " المستعمَل في السؤال في جلّ الأمكنة التي لأجلها زُضع هذا الحرف. وهذا الحرف قد يُستعمَل في الإخبار ويُستعمَل استعارة ويُستعمَل مجازا. وسيُنظَر فيه أيضا في الأمكنة الأخر التي فيها يُستعمَل، وسيُنظَر فيه أيضا عند المقايسة بينه وبين سائر حروف السؤال في الأمكنة التي لأجلها وُضع هذا الحرف.

الفصل الثامن والعشرون: حرف أيّ (183) وحرف " أيّ " يُستعمَل أيضا سؤالا يُطلَب به علم ما يتميّز به المسؤول عنه وما ينفرد وينحاز به عمّا يشاركه في أمر مّا. فإنّه إذا فُهم أمر مّا وتُصُوِّر وعُقل بأمر يعمّه هو وغيره، لم يكتف الملتمس تفهُّمَه دون أن يفهمه ويتصوّره ويعقله بما ينحاز به هو وحده دون المشارك له في ذلك الأمر العامّ له ولغيره. (184) من ذلك أنّنا نستعمل هذا الحرف في السؤال عن ما تصوّرناه بما يدلّ عليه اسمه وبجنسه،والتمسنا بعد ذلك أن نتصوّره ونعقله ونفهمه في أنفسنا بما ينحاز وينفرد ويتميّز به عن كلّ ما يشاركه في ذلك الجنس، وبما إذا عرفناه كنّا عرفنا به ذلك النوع. فنقول في الإنسان مثلا " أيّ حيوان هو " والنخلة " أيّ نبات هي ". وربّما قلنا " أيّ شيء هو " فإنّ " الشيء " يجري في بادئ الرأي مجرى أعمّ الأشياء للمسؤول عنه. والنوع الذي تُصُوِّر بجنسه إمّا أن يُتصوَّر بأقرب أجناسه وإمّا بجنس أبعد من أقرب أجناسه. فإن كان إنّما يُتصوَّر بأقرب أجناسه وقُرن حرف " أيّ " بذلك - مثل أن نقول في الإنسان " أيّ حيوان هو " والنخلة " أيّ شجر هي " - فإنّناإنّما نطلب به ما ينحاز به عن سائر الأنواع القسيمة له. والجواب عنه بأحد شيئين، إمّا بما يميّزه في ذاته وتنحاز به ذاته وبشيء يكون جزء ماهيّته وإمّا بعرض خارج عن ذاته خاصّ به يؤخذ علامة له وينحاز به في المعرفة عمّا يشاركه في جنسه القريب من الأنواع القسيمة. فإنّ الشيء قد يتميّز عن الشيء في ذاته بما هو ذاته أو جزء ذاته أو بشيء به قوام ذاته - مثل تميّز الحرير عن الصوف -، وقد يتميّز ببعض أحواله كتميّز الصوف بعضه عن بعض - مثل أن يكون بعضه أحمر وبعضه أسود وبعضه أصفر. فمتى كان الجواب ما يميّز النوع المسؤول عنه عمّا سواه بشيء هو جزء ماهيّته - مثل أن يكون الجواب عن الإنسان أيّ حيوان هو " إنّه حيوان ناطق " أو " ناطق " والجواب عن النخلة أيّ شجرة هي " إنّها الشجرة التي تُثمر الرطب " - كان الذي

أُجيب به حدّه، والذي قُيّد به الجنس وأُردف به هو الفصل، وهو الذي يميّـزه بمـا هو جزء ماهيّته عمّا سواه من الأنواع القسيمة، وكان القول بأسره حـدّا. وإن كـان الجواب عنه بشيء ليس بجزء ماهيّته وكان خاصّا بالنوع المسؤول عنـه - مثـل أن يكون الجواب عن الإنسان أيّ حيوان هو " إنّه حيـوان يـبيع ويشـتري " والجـواب عن النخلة أيّ شجرة هي " إنّها الشجرة التي تورق الخوص " - كـان الـذي يُـردَف به الجنس هو خاصّة ذلك النوع، وكـان القـول بأسره رسـما لا حـدّا، وربّمـا سُـمّي القول بأسره خاصّة. (185) فقد صار الجواب الذي يجاب به ههنا بعينه الجـواب الذي يجاب به في السؤال عن الإنسان بماهو، فيكون الجواب عن الإنسان إذا قيـل فيه " أيّ حيوان هو " هو بعينه الجواب عن الإنسان إذا قيل فيه " مـا هـو ". غير أنّ حرف " ما " إنّما يُطلَب به أن يُعقَل النوع المسؤول عنه في ذاته لا بالإضـافة إلى شيء آخر. وأمّا حرف " أيّ " فإنّما يُطلَب به تمييزه عن غيره. فإنّ السـائل بحـرف " أيّ " متى لم تضع نفسه شيئا آخر غير المسؤول عنه لم يمكنه أن يسأل هذا السؤال . والسائل بحرف " ما " ليس يحتاج إلى أن تضع نفسه شيئا آخر غير المسؤول عنه، ويعقله بالإضافة إلى نفسه وإن لم يكن هناك شيء آخر غيره. ومتى اتّفق أن يكون هناك شيء آخر غيره، فليست مسألته عنه وهـو ينظـر إلى ذلـك الآخـر ولا يقيـس المسؤول عنه به. ومتى وافق أن يكون الجواب عنه بشيء يميّز المسؤول عنـه عمّا سواه، فلم تكن مسألته عنه ولا طِلْبته لذلك الجواب من جهة تمييـزه ذلـك النـوع عن غيره، بل لتعريفه معرفة كاملة فقط. فلذلك صار الجـواب عـن حـرف " مـا " هو الجواب عن حرف " أيّ " بالعرض لا بالذات ولا على القصد الأوّل. ومـع ذلـك فإنّ كلّ موجود فإنّ ماهيّته ليس هـو إنّمـا تحصـل لـه مـتى كـان هنـاك غيره بـل تحصل له وإن لم يكن موجود آخـر غيره. وإنّمـا يُحتـاج إلى تمييـزه عـن غيره مـتى وافـق أن كـان هنـاك غيره. فـإذن تميّـزه عـن غيره هـو عـارض يعـرض لـه. (186) فالسؤال بحرف " أيّ " هو سؤال عن ذات نوعٍ عـرضَ لـه أن يتميّـز بمـاهيّته عـن سواه. والسؤال بحرف " ما " يُطلَب به ماهيّته بغير هذا العارض، بـل لتحصـل لنـا معرفته وفهمه وتصوّره ملخَّصا بأجزائه اليت بها قوام ذاته بأسرها. فالـذي سُـمّي من أجزاء الماهيّة " فصلا " ليُدَلّ به على هذا العارض الذي يكون عرض له - وهـو أن يكون مميّزا بينه وبين قسيمه المشارك له ولذلك - تابع أيضا، كما عرض لجنسه أن كان عامّا له ولغيره. فإذن إذا أُخذت الطبيعة التي عرض لها أن كـانت مشـتركة له ولغيره لم يكن بُدٌّ من أن يكون هناك فصل يميّزه في مـاهيّته عـن غيره المشـارك له. فأن تكون هذه الطبيعة فصلا تابعا هي كما كانت الأخـرى جنسـا، وأن تكـون تلك جنسا هي أن يشترك هذا وآخـر في مـاهيّته، وأن تكـون هـذه فصـلا هـي أن

يتميّز هذا عن ذلك الآخر في ماهيّته. والمعرفة الكاملة وبالنوع هي بهاتين - أعني بجنسه مقرونا بفصله. فإذن حرف " ما " أحرى أن تُلتمَس به ماهيّته من حيث أجزاء ماهيّته أمور قائمة وطبائع. وحرف " أيّ " أحرى أن تُلتمَس به ماهيّته من حيث عرض لتلك لطبيعة أن كانت مشتركة. وهذه إن كانت مميّزة فإنّ تلك لو لم تكن مشتركة لم تكن هذه مميّزة. وحرف " ما " وإن كان قد يجاب عنه بما كان مشتركا للمسؤول عنه ولغيره فليس يُطلَب به على القصد الأوّل ما هو مشترك للمسؤول عنه ولغيره، بل إنّما أُلتُمس أن يُعرَف ما به قوام ذات ذلك الشيء وما به تُعقَل ذات ذلك النوع، فوافق أن كان ذلك الأمر الذي سبيله أن يجاب عنه أمرامشتركا للمسؤول عنه ولغيره، ولم يكن الطلب له من حيث هو مشترك. فلأ نه كان مشتركا احتيج إلى السؤال عن ذلك الشيء بعينه بحرف " أيّ " ليُزال الاشتراك و المشترك وليكمل العلم إذا علمنا الفصل الذي يميّزه عن المشارك له وقُيّد به الجنس. فحرف " ما " لم يُلتمَس به أخذ الأمر الذي وافق أن كان جنسا من حيث عرض له أن كان جنسا، بل كان ذلك على القصد الثاني. وحرف " أيّ " التُمس به على القضد الأوّل أن يؤخذ الأمر الذي عرض له أن كان مميّزا من حيث له هذا العارض. ولذلك صار الجواب عن حرف " ما " ليس يكون بما هو خارج عن ذات الشيء. (187) وقد يُظَنّ ببادئ الرأي وبما هو مشهور أنّ الجنس هو الذي يعرّف ما هو النوع المسؤول عنه؛ وأمّا الفصل فإنّما يُحتاج إليه ليتميّز وليكون علامة لجوهر ذلك النوع تُميّزُه عن قسيمه، وأنّه ليس هو جزء ماهيّة النوع. على مثال ما يمكن أن يُظَنّ أنّ المادّة وهيولى الجسم كافية في أن يحصل الجسم به جوهرا، فإنّه إنّما هو جوهر بمادّته لا بصورته، وأنّ ماهيّته وذاته بما هو جسم أو بما هو نوع من أنواع الجسم إنّما هو بمادّته فقط، وصورته فإنّما يستفيد بها أن يميَّز بها عن غيره من التي تشاركه في مادّته. وكذلك يُظَنّ بالجنس أنّه هو الدالّ على ماهو النوع المسؤول عنه دون الفصل. فلذلك لا يُكاد يميَّز بين الرسم والحدّ. ولذلك صار لا يجاب بالفصل وحده في سؤال " ما هو " النوع المسؤول عنه بل يجاب به مقرونا بالجنس، ويجاب بالجنس وحده دون الفصل في سؤالنا عن النوع " ما هو ". وأمّا إذا تُعُقِّب يتبيّن أنّ الفصل أ كمل تعريفا بماهو النوع المسؤول عنه من الجنس، وأنّه لا بدّ من كليهما. وكلّ واحد منهما يجاب به في جواب " ما هو " النوع المسؤول عنه، إلاّ أنّ الفصل يقيَّد به الجنس. وإذا أُخذامن حيث هما طبيعتان وأُقرنا صار مجموعهما ماهو النوع المسؤول عنه، من حيث أنّ النوع أيضا طبيعة وأمر مّا معقول. وحينئذ يخيَّل أنّ الحدَّ المأخوذ منهما من حيث هما طبيعتان قائمتان معقولتان من غير أن يعرض لكلّ واحد منهما عارض يصير به

ذاك جنسا وهذا فصل.فإذا تُعُقِّب تبيّن أنّ هذا حدّ الشيء بحسب المنطق وذلك حدّه بحسب الموجود، وكلاهما يؤولان في آخر الأمر إلى أن يكون الإنسان قد حصل له الموجود معقولا. (188) وإذا كان حرف " أيّ " عند السؤال عن النوع مقرونا بجنسه الأبعد - مثل أن يقال في الإنسان " أيّ جسم هو " أو يقال في النخلة " أيّ نبات هي " - كان الجواب عنه بفصل إذا أُردف بالجنس المقرون به حرف " أيّ " حدّا لذلك الجنس أقرب من ذلك الجنس إلى المسؤول عنه بحرف " أيّ " . فيقال مثلا في الإنسان " إنّه جسم متغذّ " ويقال في النخلة " إنّها نبات ذو ساق ". فيكون كلّ واحد من هذين وأشباههما حدّا بجنس مّا أقرب إلى المسؤول عنه من الجنس الأوّل. فيكون جوابه " نبات ذو ساق " حدّا للشجرة. و " الجسم المتغذّي " حدّ أيضا بجنس، إلاّ أنّه اتّفق أن لم يكن لهذا الجنس اسم مفرد فيؤخذ حدّه يحدّه مكان اسمه. وقد يكون الجواب عنه بجنس له أقرب من جنسه المقرون به حرف " أيّ " مدلول عليه باسم مفرد - إن كان له اسم - أو بحدّه - إن لم يكن له اسم. فيقال مثلا عند سؤالنا عن النخلة أي نبات هي " إنّها شجرة ". فيبقى في مثل هذا الجواب أيضا موضع سؤال عنه ب"أيّ "، بأن يقال مثلا " أيّ شجرة هي "، إلى أن يؤتى بفصل إذا قُرن بأقرب جنس له حصل منه حدّ النخلة وغيرها من الأنواع المسؤول عنها. فإن كان الجنس الذي أُجيب به ليس له اسم واستُعمل حدّه مكان اسمه، عُمل فيه ذلك العمل الذي كان يُعمَل به إذاكان له اسم ويعبَّر عنه باسمه. فإنّه إذا أُجيب في سؤالنا عن الإنسان أيّ جسم هو بأنّه " جسم متغذّ " قيل فيه " أيّ متغذّ هو " أو " أيّ جسم متغذّ هو " فيجاب " إنّه جسم متغذّ حسّاس " فيكون قد حصل حدّ الحيوان، وهذا الجنس له اسم. فإن أراد السائل بعد ذلك أن يسأل أيضا فله أن يقرن حرف " أيّ " باسم الحيوان فيقول " أيّ حيوان هو من الحيوان بأسره " - إذ كان الفصل الأخير إذا وُضع لزم عنه وجود الجنس الذي يقيَّد به الفصل الأخير - فيجاب " أنّه ناطق" أو " حيوان ناطق " أو " حسّاس ناطق " أو " إنّه جسم متغذّ حسّاس ناطق ". ألا ترى أنّه قد أُخذ في جواب " أيّ " ههنا شيئان، أحدهما يمكن أن يقيَّد به الجنس المقرون بحرف " أيّ " وهو الفصل - مثل المتغذّي والحسّاس - والثاني ليس يمكن أن يُقرَن به الجنس المقرون به حرف " أيّ ". فقد تبيّن أنّ جنس النوع المسؤول عنه قد يؤخذ في التمييز بينه وبين المشترك لذلك النوع من الجنس المقرون به حرف " أيّ "، وهو بعينه قد كان يؤخذ في الجواب عن " ما هو " الإنسان. غير أنّه إنّما كان يؤخذ في جواب " ما هو " ذلك النوع لا من حيث هو مميّز له بل من حيث هو معرّف له في ذاته من غير أن يحصل ببال السائل هل هناك شيء آخر مشارك له

في جنس له آخر أعلى منه، بل عسى أن لا يكون ولا يُعرَف له جنس أعلى منه، ولكن وافق بالعرض أن صار ما يُسأل عنه بحرف " ما " ويجاب به في سؤال " ما " أن يُسأل عنه بحرف " أي " ويجاب به في سؤال " أيّ " على مثال ما قلناه فيما تقدّم. وقد يجاب عنه أيضا برسم النوع المسؤول، فيقوم مقام حدّه في التمييز. (189) وقد يُقرَن باسم معلوم أنّه دالّ على نوع تحت جنس مّا، ولا يُعرَف ذلك النوع نفسه بما هو نوع، ويُعرَف بجنسه أو أنّه شيء مّا - مثل الفيل مثلا، فيقال " الفيل أيّ حيوان هو " -، فيكون الجواب عنه إمّا باسملا يدلّ عليه عند السائل غيرَ هذا الاسم أو بحدّه أو برسمه، فيكون أيضا ملتمَس به أن يميَّز عنه عمّا يشاركه في الجنس الذي له. (190) وقد يُقرَن بمحسوس فيقال " هذا الذي نراه أيّ شيء هو ". فنُجيب عنه بجنسه البعيد أو القريب أو بنوعه أو بحدّ جنسه أو بحدّ نوعه أو برسم جنسه أو برسم نوعه. فإنّا نقول " إنّه حيوان " أو أنّه جسم متغذّ حسّاس ". وقد نقول فيه " إنّه الإنسان "و " إنّه الحيوان الناطق "، و " إنّه الحيوان الذي يبيع ويشتري " و " إنّه الجسم الذي يأ كل ويشرب "، فيكون هذا رسم جنسه ويكون ذلك رسم نوعه. أو نقول فيه " إنّه شيء جسمانيّ "، ثمّ نأتي بالفصول التي تنفصل بها أنواع الأشياء الجسمانيّة إلى أن تجتمع لنا من ذلك ما هو حدّ للنوع المحسوس أو ما هو رسم له. فإنّ لفظة الشيء تقوم في بادئ الرأي مقام جنس يعمّ الموجودات كلّها ممّا اتّفق في هذه الأشياء التي أُخذت أجوبة عن المحسوس المسؤول عنه " أيّ شيء هو " وممّا يليق أن يجاب به في جواب " ما هو هذا الشخص المرئيّ ". فالمعنى به يدخل في جواب السؤالين من جهتين مختلفتين على ما قلنا أوّلا. (191) وقد نقول في هذا المرئيّ " أيّ حيوان هو " و " أيّ جسم هو "، فيكون الجواب عنه مثل الجواب عنه لو قيل " أيّ شيء هو ". إلاّ أنّه أن أُخذ في الجواب عنه جنس له فينبغي أن يكون ذلك جنسا أقرب إليه من الجنس الذي قُرن به حرف " أيّ ". أو يجاب عنه بحدّ ذلك الجنس أو برسمه. أو يُجاب عنه بنوعه أو بحدّ نوعه أو برسم نوعه. أو تؤخذ فصول أو أعراض يقيَّد بها جنسه الذي قُرن به حرف " أيّ ". ولا نزال نؤلّف بعضه إلى بعض ونقيّد الأعمّ بالأخصّ إلى أن يجتمع من جملة ذلك ما يكون حدّ النوع. (192) وقد نقول أيضا " الحيوان الذي يكون باليمن أيّ حيوان هو " و " النبات الذي يكون بمصر أيّ نبات هو "، فيكون الجواب عنه بنوع ذلك النبات أو الحيوان، وبالنوع من الحيوان الذي يكون باليمن وبالنوع من النبات الذي يكون بمصر، أو بحدّ ذلك النوع، أو بحدّ رسمه، وهذا هو شبيه بما تقدّم، فإنّ معنى ما تقدّم " هذا الحيوان الذي نراه أيّ حيوان هو ". (193) وقد نقول " أيّ شيء حالك "، " أيّ شيء خبرك

"، " أيّ شيء مالك "، و " في أيّ حال أنت " و " في أيّ بلد زيد " و " الشمس في أيّ برج هو "، و " ما ذاك البلد الذي فيه زيد " و " ما ذاك البرج الذي فيه الشمس "، فيكون الجواب عنه ههنا هو الجواب عنه هناك. ألا ترى أنّ قولنا " أيّ شيء خبرك " معناه " خبرك، أيّ شيء هو " أو " خبرك، أيّ خبر هو "، و " حالك، أيّ حال هو " و " مالُك، أيّ مال هو " و " البرج الذي فيه الشمس، أيّ برج هو "، على مثال ما نقول " الحيوان الذي في بلد كذا، أيّ حيوان هو "، و " المال الذي لك، أيّ مال هو " وكذلك " الخبر الذي لك، أيّ خبر هو ". فإنّما تُسأل عمّا يتميّز به النوع الذي لك من الأخبار عن الذي ليس لك منها، والنوع الذي لك من الحال عمّا ليس لك منه، والنوع الذي لك من المال عمّا ليس لك منه، والنوع الذي لك من أنواع الخبر عمّا ليس لك منه؛ ونوع أو شخص البلد الذي فيه زيد، ونوع البرج الذي فيه الشمس، " أيّ نوع هو ". فالجواب عنه إمّا بنوع ما قُرن به حرف " أيّ " وإمّا بحدّ ذلك النوع وإمّا برسمه. وما كان من هذه الأجوبة يليق أن يجاب به في جواب حرف " ما " من هذه بأعيانها فهو بالجهتين اللتين قلنا. (194) وقد نقول " زيد أيّما هو من بين هؤلاء " وتكون أنت تُشير إلى جماعة يجمعهم شيء مّا من مكان أو زمان أو حال أخرى. وإنّما يكون الجواب بشيء يتميّز به زيد المسؤول عنه عن أولئك الجماعة المشار إليهمفي ذلك الوقت خاصّة. وليس يمكن أن يُجعَل الجواب عنه شيء يمكن أن يجاب به في جواب " ما هو " المسؤول، لا بنوعه ولا بجنسه ولا بحدّ نوعه، بل بعرض معلوم في زيد عند مَن يسأل عنه، خاصٍّ به في ذلك الوقت دون باقي الجماعة. مثل أن نقول " هو ذاك الذي يناظر " أو غير ذلك من الأحوال والأعراض التي نصادفها في زيد خاصّة دون الجماعة في ذلك الوقت. وأمثال هذه الأعراض إذا استُعملت علامات يتميّز بها المسؤول عنه عن شيء مّا آخر فقط وفي وقت مّا فقط تسمّى " خواصّ " بالإضافة إلى ذلك الشيء وإلى ذلك الوقت. (195) ويلحق كلّ ما نسأل عنه بحرف " أيّ " أن نكون قد عرفناه بشيء يعمّه وغيره، ونلتمس أن نعرفه مع ذلك بما يخصّه ويميّزه عن غيره المشارك له في الشيء العامّ الذي عرفناه به. ونرى عند سؤالنا عن الشيء بحرف " أيّ " أنّ المعرفة الناقصة هي معرفتنا له بما يعمّه وغيره وبما يتميّز به عن غيره، والتي هي أ كمل أن نعرفه بما يخصّه دون غيره وبما يتميّز به عن غيره. فإنّ تقييدنا الجنس بالفصل ليس يُبقي الجنس مشتركا له ولغيره بل يجعلهخاصّا به، وإنّما يصيّره خاصّا به من حيث هو مقيَّد به. وأمّا عند سؤالنا بحرف " ما هو الشيء " فإنّا نرى أنّ المعرفة الناقصة هي أن نكون عرفنا المسؤول عنه بما هو خارج عن ذاته من الأعراض، ونلتمس معرفته بما هو ذاتُه أو بجزء ذاته، أو نكون عرفناهبأعمّ ما تُعرّفنا ذاتُه

معرفة مجمَلة وبأبعد ما به قوام ذاته وبأبعد ما به قوامه، ونطلب معرفة ذاته بأخصّ ما تُعرّفنا ذاتُه وبأقرب ما هو ذاتُه، أو نكون عرفنا ذاته معرفة مجمَلة ونطلب منه ذاته ملخَّصة بأجزائه التي بها قوام ذاته. (196) وقد يُستعمَل حرف " أيّ " سؤالا في أمكنة خارجة عن هذه التي أحصيناه. وهو أن يُستعمَل سؤالا يُلتمَس به أن يُعلَم على التحصيل واحد من عِدّة محدود معلومةعلى غير التحصيل، كانت العِدّة اثنين أو أ كثر - مثل قولنا " أيّ الأمرين نختار، هذا أو هذا "، " أيّ هذه الثلاثة نختار "، " أيّ الرجلين خير، زيد أو عمر "، " أيّ الأمور آثر، اليسار أو العلم أو الرئاسة "، " العالَم أيّ هذين هو، كريّ أم غير كريّ "، " زيد أيّ الرجلين يوجد، صالحا أو طالحا "، " الشمس في أيّ البروج الاثنين "، " عمرو - أو زيد - في أيّ البلدين هو. الشام أو العراق ". فإنّ هذه كلّها يكون السائل قد علم الواحد على غير التحصيل من كلّ عِدّة، وهو بهذه الحال على التحصيل. فإنّ ما تشتمل عليه العِدّة إذا أُقرن بكلّ واحد منها حرف إمّا دلّ على أنّ واحدا منها معلوم على غير التحصيل. فما يدلّ عليه حرف إمّا عند الخبر عنه هو الذي إذا قُرن به حرف " أيّ " كان سؤالا يُطلَب به أن يُعلَم على التحصيل ذاك الذي يدلّ عليه قبل ذلك الحرف إمّا أنّه معيَّن على غير التحصيل. فإنّه قد عُلم أنّ الشمس من البروج هي في واحد منها على غير التحصيل، والتُمس أن يُعلَم ذلك الواحد منها على التحصيل. ويكون الإنسان قد علم أنّ زيدا في واحد من هذين الموضوعين المعروفين عنده على غير التحصيل، فطلب بحرف " أيّ " أن يعلم ذلك الواحد منهماعلى التحصيل. وكذلك قد علم أنّ العالَم يوجد له أحد هذين الحالتين - إمّا كريّ وإمّا غير كريّ - على غير التحصيل، والتمس بحرف " أيّ " أن يعلم على التحصيل الواحد الذي يوجد له. (197) وليس يصحّ السؤال ههنا إلاّ على عِدّة محدودة، فإذا سقطت العِدّة يرجع السؤال إلى بعض ما تقدّم ممّا ـ عُلم بجنسه وجُهل بنوع الذي هذا جنسه. مثل أنّا لو قلنا - مكان قولنا " العالَم أيّ هذين هو، كريّ أم غير كريّ " - " شكل العالَم أيّ شكل هو " ومثل أنّ لو قلنا - مكان قولنا " زيد أيّ هذين هو، صالح أو طالح " - " سيرة زيد أيّ سيرة هي " أو قلنا - مكان " أيّ الأمور الثلاثة آثر، اليسار أو العلم أو الكرامة " - " والأمر الآثر أيّ أمر هو "، لكان الجواب بما تميّز به المسؤول عنه عن غيره على مثال الجواب عن السؤال عن " هذا المحسوس أيّ حيوان هو " أو عن قولنا " الحيوان الذي باليمن أيّ حيوان هو " و " مال فلان أيّ مال هو " و " حال فلان أيّ حال هي "، وكان الجواب عن هذه كلّها إمّا بنوع ما نسأل عنه أو بحدّ ذلك النوع أو برسمه. وبكلّ هذا فإنّه يتميّز ما عنه نسأل عمّا سواه من المشارك له في الجنس الذي عنه

نسأل. وجملة ما يُطلَب بحرف " أيّ " ذلك الأخير إذااستُعمل سؤالا عن شيء عُلم بما يشارك فيه غيره شيئان. أحدهما أنّ حرف " أيّ " يُطلَب به فيما عُلم بما يعمّه ويعمّ غيره أن يُعلَم بما ينحاز به وحده عن غيره. والثاني أنّ حرف " أيّ " يُطلَب به علامة خاصّة في المسؤول عنه يتميّز بها عن شيء مّا آخر فقط وفي وقت مّا فقط . (198) أمّا ههنا فيُستعمَل حرف " أي " سؤالا فيُطلَب في واحد من عِدّة محدودة عُلم انحيازه على غير تحصيل له أن يُعلَم انحيازه بذلك على تحصيل له. وإنّما يكون ذلك في واحد من عِدّة محدودة يُقرَن بكلّ واحد منها حرف إمّا. فإنّ حرف إمّا يميّز في عِدّة محدودة واحدا عن واحد على غير تحصيل له وتعيين، وحرف " أيّ " يُطلَب به أن يميّز في عِدّة محدودة واحدا عن واحد بتحصيل وتعيين. وإنّما يكون الواحد من عِدّة محدودة منحازا بشيء مّا على غير تعيين وتحصيل ومدلولا عليه بحرف إمّا ثمّ يُطلَب انحيازه بذلك الشيء على تعيين وتحصيل، في الأمور الممكنة. وذلك إمّا في التي هي ممكنة في وجودها وإمّا في التي هي ممكنة عندنا وفي علمنا بها. والتي هي ممكنة في وجودها هي أيضا ممكنة عندنا وفي علمنا بها. والتي هي ممكنة عندنا وفي علمنا بها قد تكون ضروريّة في وجودها، وما هو من هذه غير محصَّل عندنا فهو في وجوده محصَّل، غير أنّا نجهل نحن التحصيل منها. والممكنة في وجودها هي كثيرة من الطبيعيّات وجميع الأمور الإراديّة. فقولنا " أيّ هذين شِئْتَ " و " أيّ هذين اخْترت فافْعَلْ " إنّما هو طلب تحصيل ما هو غير محصَّل وجوده لأجل أنّه ممكن في وجوده. وقولنا " العالَم أيّ هذين هو، كريّ أم غير كريّ " هو طلب تحصيل ما هو غير محصَّل عندنا وهو في وجوده خارجعن أذهاننا يحصل على أنّه كريّ لا غير أو على أنّه غير كريّ، فإنّه في وجوده ضروريّ، وإنّما نجهل ما هو عليه ذاته. وجملة السؤال ب " أيّ " في هذه الأشياء ثلاثة. أحدها " أيّ هذين المحمولين يوجد لهذا موضوع " أو " هذا الموضوع يوجد له أيّ هذين المحمولين ". والثاني " أيّ هذين الموضوعين يوجد له هذا المحمول " أو " هذا المحمول يوجد لأيّ هذين الموضوعين ". والثالث " أيّ هذين الموضوعين يوجد له أيّ هذين المحمولين " أو " أيّ هذين المحمولين يوجد لأيّ هذين الموضوعين ". وهذه هي المطلوبات المركّبة التي يقول أرسطوطاليس فيها إنّها تُجعَل في عِدّة، وهي بأعيانها أيضا يُسأل عنها بحرف " هل ". فالصنف الأوّل هو الذي يقال فيه " هل هذا المحمول يوجد في هذا الموضوع أم هذا المحمولُ الآخرُ " أو " هل هذا الموضوع يوجد فيه هذا المحمول أو المحمول الآخر "، والثاني هو الذي يقال فيه " هل هذا الموضوع يوجد فيه هذا المحمول أو هذا الموضوع الآخر "، والثالث " هل هذا المحمول يوجد في

هذا الموضـوع وذاك المحمـول في ذاك الموضـوع أو هـذا المحمـول يوجـد في ذاك الموضوع وذاك المحمول يوجد في هذا الموضوع ". (199) وكذلك يُستعمَل حرف " أيّ " في المطلوبات التي تكون بالمقايسة، وهي التي يُطلَب فيها فَضْل أحد الأمرين على الآخـر، ويُسـتعمَل فيهـا حـرف " هـل ". وهـي ثلاثـة. أحـدها " أيّ هـذين المحمولين يوجد أ كثر في هذا الموضوع " و " هل هذا المحمول يوجد أ كثر في هذا الموضـوع أم المحمـولُ الآخـرُ ". والثـاني " أيّ هـذين الموضـوعين يوجـد لـه هـذا المحمول أ كـثر " و " هـل هـذا الموضـوع يوجـد لـه هـذا المحمـول أ كـثر أم هـذا الموضوع " و " هل هذا المحمول يوجد في هذا الموضوع أ كثر أم في هذا الموضـوع ". والثالث " أيّ هذين المحمولين يوجد أ كثر لأيّ هذين الموضوعين " و " هل هذا المحمول يوجد لهذا الموضوع أ كثر أم هذا المحمول لهذا الموضوع ".

الفصل التاسع والعشرون: حرف كيف (200) وعلى هذا المثال ننظـر في حـرف " كيف "، فنأخذ الأمكنة التي يُستعمَل فيها هذا الحرف سؤالا ونتأمّل أيّ أمـر هـي وماذا يُطلَب به في موضع موضع من المواضـع الـتي يُسـتعمَل فيهـا هـذا الحـرف سؤالا. (201) منها أنّا قد نقرنه بشيء مفرد وما يجري مجرى المفرد مـن المركَّبـات التي تركيبها تركيب اشتراط وتقييد. فنقول " كيـف فلان في جسـمه " فيقـال لنـا " صحيح " أو " مريض " و " قويّ " أو " ضـعيف "، ونقـول " كيـف هـو في سـيرته " فيقال " جيّد " أو " رديء "، و " كيف هو في خُلقه " فيقـال " ذَعِـر " أو " وادع "، و " كيف هو في صناعته " فيقال " حاذق " أو " غير حـاذق "، و " كيـف هـو فيما يعانيه في حياته " فيقال لنـا " " هـو عَطِـل " أو " ذو صـناعة ". فيكـون المطلـوب بحرف " كيف " في هذه الأمكنة كلّها أموراخارجة عن ماهيّة المسؤول عنه بحـرف " كيف " والتي يجاب بها فيها كذلك أيضا. (202) ونقول " كيف بنى الحـائط " و " كيف أشاده " و " كيف صاغ الخاتم " و " كيف نسج الـديباج "، ونقـول أيضـا " كيف نسْج فلان الديباج " و " كيف صياغة زيد الخاتم "، فنقرنـه بجزئيّـات تلـك، فيكون الجواب عن هذه الجزئيّات المقرون بها حرف " كيف " على حسـب مـا في بادئ الرأي المشهور. وأوّل هذه عند السامع وما كان على حسب أشـهر مـا عنـده أن يقول " جيّد " أو " رديء " أو يقول " سريع " أو " بطيء ".(203) وأمّا إذا قُرن بنوع صياغة الخاتم وبنوع نساجة الديباج وبنوع بناء الحائط فـإنّ الجـواب عنـه بحسب الأسبق إلى ذهن السامع وبحسب بادئ الرأي عند الجميع هو أن توصف للسائل الأجزاء التي بها تلتئم صيغة ذلك الشيء وتركيب تلـك الأجـزاء شـيئا شـيئا وترتيبها واحدابعد الآخر، إلى أن يؤتى على جميع ما يحصل به ذلك الشيء بالفعـل

مفروغا منه. فهذا الجواب أسبق إلى لسان المجيب من أن يقول - عندما يُسأل " كيف يُبنى الحائط " أو " كيف يُنسج الديباج " - " سريعا " أو " بطيئا "، " جيّدا " أو " رديّا ". وأمّا في الجزئيّات إذا سُئل " كيف ينسج فلان الديباج " أو " كيف يبني هذا البنّاء الحائط " فالأسبق إلى لسانه أن يقول " جيّد " أو " رديء "، " سريع " أو " بطيء "، دون أن يقتصّ أجزاءه و دون أن يصف ترتيب أجزاء عمله وصيغته. وأمّا إذا كان المسؤول عنه نوع البناء والنساجة فإنّ الذي يليق في بادئ الرأي المشهور عند الجميع أن يجاب به، أن توصف وتُقتَصّ الأجزاء التي منها يلتئم الديباج، ويوصف تركيبها وترتيب شيء شيء منها على إثر شيء شيء، وما تُستعمَل من الآلات في تقريب شيء شيء منها إلى شيء شيء أو تبعيد شيء شيء عن شيء شيء، إلى أن يحصل الجسم المصوغ مفروغا منه. وهذا ليس شيئا إلاّ اقتصاص ما به قوام ذلك المصوغ شيئا شيئا والإخبار عن انضمام شيء منه إلى شيء، إلى أن يحصل المصوغ. فما هذا الذي أقتُصّ وأُخبر به إلاّ ماهيّة تكوّنه ثمّ ماهيّته هو. (204) ولمّا كانت ماهيّة كثير من الأجسام المصوغة هو تركيب أجزائها وترتيبها فقط، وماهيّة كثير منها تربيعها وتدويرها، وبالجملة أن تحصل بشكل مّا في مادّة يليق بها أن يصدر عن ذلك الشكل الفعل أو المنفعة المطلوبة بذلك الجسم الذي ماهيّته بذلك الشكل - مثل ماهيّة السيف، فإنهاشكله وأنّه من حديد، فإنّه لو كان من شمع لما حصل عنه الفعل المطلوب به، فماهيّته إذن شكله في مادّة مّا محصَّلة معاونة للشكل في الفعل الكائن عن ذلك الجسم، وكذلك السرير والباب والثوب وغير ذلك من الأجسام المصوغة - صار هذا الحرف كلّما قُرن بنوع صيغة ذلك الجسم - وقد تكون مادّته وقد تكون صيغة مّا في مادّته - الملائمة له مثل تركيب أو ترتيب أو شكل مّا من الأشكال، فإنّ الأسبق إلى لسان المجيب عند هذا السؤال أن يقتصّ ترتيب تلك الأجزاء أو الموادّ إلى أن يحصل شكله الذي هو خاصّ به، لا أن يقتصر على أجزائه ومادّته، بل يكون غرضه اقتصاص ما به يلتئم شكلهأو ترتيبه الذي هو صيغته وبه يحصل بالفعل. فإذن إنّما يُجيب عند القصد الأوّل بما يلتئم به ذلك الجسم وتلك صيغته، إلاّ أنّ صيغته تلك - ترتيبا كانت أو شكلا من الأشكال - ليس يمكن أن تكون ماهيّة ذلك الجسم دون أن تكون في مادّته ملائمة محدودة. فلذك احتاج أن يقتصّ أمر مادّته ليحصل من ذلك علم ماهيّته التي هي صيغته، وصيغته هي ترتيب أو تركيب أو شكل مّا من الأشكال. فإذا كان كذلك فإنّما يكون السؤال بحرف " كيف " على القصد الأوّل عن ماهيّة الشيء التي هي فيه كالصيغة والهيئة، لا التي هي كالمادّة. والمادّة يجاب بها على القصد الثاني وعلى أنّه كالآلة والمعرّف للهيئة

والمعين على وجودها وعلى الفعل الكائن عنها. (205) ثمّ ليس هذا إنّما يُستعمَل فقط في السؤال عن الأجسام الصناعيّة لكن في كثير من الطبيعيّات، كقولنا " كيف انكساف القمر " و " كيف ينكسف القمر "، فليس يكون الجواب عن ذلك أنّه " سريع " أو " بطيء "، أو " قليل " أو " كثير "، أو أنّه " أسود " أو أنّه " أغبر "، بل الجواب الأسبق إلى لسان المجيب وذهنه أن يقول ما عنده ممّا به يلتئم الكسوف - مثل أنه " ينقلب وجهه الآخر الذي لا ضوء فيه " ومثل أنّه " يدخل في طريقه إلى وادٍ في السماء غابر " أو أنّه " يُربَق إلى مكان في السماء مظلم " أو " يقوم الشيطان في وجهه " أو أنه يُحجَب بالأرض عن الشمس فلا يقع عليه ضوؤها ". فأيّ شيء ما أُخذ في الجواب فهو ماهيّة انكسافه عند الذي يُجيب. (206) وكذلك إذا كان السؤال بحرف " كيف " عن نوع نوع - مثل ما لو سألنا فقلنا " الجمل كيف هو " و " الزرافة كيف هي " - لكان الذي يليق أن يجاب به أن توصف لنا أجزاؤه التي بها التئامه وترتيب تلك الأجزاء أو أشكالها إلى أن تجتمع لنا من تلك الجملة ذلك الجسم بالفعل. وليس ذلك شيئا غير خِلْقته. وما ذلك في المشهور عند الجمهور سوى ماهيّته. فإنّهم إنّما يرون أنّ ماهيّات الأجسام والحيوانات كلّها خِلَق في كلّ واحد منها. فإنّ الصِيَغ والخِلَق اليت هي ماهيّة نوع نوع هي التي عنها نسأل بحرف " كيف " في نوع نوع. وأمّا في أشخاص نوع نوع من هذه فإنّ التي إيّاها نطلب بحرف " كيف " فيها أشياء أخر خارجة عن ماهيّاتها. فلذلك قال أرسطوطاليس في كتاب " المقولات ": " وأُسمّي باكيفيّة تلك التي بها يقال في الأشخاص كيف هي ". إذ كان ليس قصده هناك أن يُحصي الكيفيّات التي هي ماهيّات الأنواع، وهي التي بها يقال في نوع نوع " كيف هو ". (207) والماهيّة التي هي صِيَغ وخِلَق فهي التي بها شعائر الأنواع، وهي الأسبق إلى المعارف أوّلا، وبها تتميّز الأنواع عندنا بعضها عن بعض. والماهيّة التي هي صيغة فينبغي أن تؤخذ على ما عند إنسان إنسان من الجهة التي صحّ بها عنده أنّها ماهيّته. فإنّ الذي هو عند إنسان مّا ماهيّة شيء قد يمكن أن يكون عند كلّ إنسان جنسا. فإنّ كلّ إنسان إذا أجاب عن أمثال هذا السؤال بشيء فإنّما يُجيب بالذي هو عنده ماهيّة ذلك الشيء الذي عنه يُسأل. وليس كلّ ما يعتقد فيه أنّه ماهيّته هو ماهيّته، بل ماهيّته التي هو بها بالفعل. والتي ماهيّات نوع نوع ليست هي التي عنها يُسأل بحرف " كيف " في شخص شخص. وهذه كلّها تسمّى كيفيّات. وتلك الكيفيّات ذاتيّة، وهذه كيفيّات غير ذاتيّة. (208) والمطلوب بحرف " كيف " في الذاتيّة والمطلوب فيه بحرف " ما " والمطلوب فيه بحرف " أيّ " يكون شيئا واحدا بعينه. فإنّ قولنا " كيف انكساف القمر " و " ما هو انكساف القمر " و " أيّ شيء

هو انكساف القمر " يُطلَب بها كلّها شيء واحد. فإنّ الجواب عن " كيف انكساف القمر " هو أنّه " يحتجب بـالأرض عـن الشـمس "، والجـواب عـن " أيّ شيء هـو انكساف القمر " هو هذا بعينه، و كذلك الجواب عن " ما هو انكسـاف القمـر ". غير أنّه من حيث يجاب به في جواب " أيّ شيء هو " إنّما يؤخـذ مميَّـزا بينـه وبين غيره في ما به وجوده وقوامه. ومن حيث هو في جواب " كيـف هـو " إنّمـا تؤخـذ ماهيّته التي هي صيغته بالإضافة إلى ذاته لا من حيـث هـو مميّـز لـه عـن غيره، على مثال ما عليه الأمر في الطلوب بحرف " ما ". وأمّا حرف " ما " فـإنّ المطلـوب به ماهيّته التي هي جنسه، كانت تلك مـن جهـة مـادّته أو مـن جهـة صـورته أو منهما. فلذلك صار يليق عند السؤال بحرف " ما " أن يجـاب بجنـس ذلـك النـوع المطلوب بما هو، ولا يليق أن يجاب بجنسه إذا قيل فيه " كيـف هـو ". ويفارقـان حرف " ما " فيما عدا هذه فإنّ الذي يُسأل عنه بحرف كيف في شخص شخص قد يليق أن يُطلب بحرف " أيّ " ويليق أن يجاب به في جواب " أيّ " - مثل أن نقول " زيد أيّما هو " فيقال " هو ذاك المصفَرّ "، ويقال " كيف زيـد في لـونه " فيقـال " هو مصفَرّ " - غير أنّ الجواب بهذا الشيء الواحد في السؤالين ليـس بجهـة واحـدة بل إنّما يؤخذ في جواب " أيّ شيء " من حيث أُخذ مميَّزا بينـه وبين غيره، ويجـاب به في جواب " كيف " ليُعرَف به حال في نفسـه لا بالإضـافة إلى آخـر غيره. ثـمّ إنّ الجواب عن السؤال في شخص شخص بحرف " أيّ " قد يكـون بـأيّ شيء مـا اتّفـق ممّا يمكن أن يميّز بين المسؤل عنه وبين غيره. فإنّـا إذا قلنـا " أيّمـا هـو زيـد " فقـد يُقال لنا " هو ذاك الذي يتكلّم " أو " ذاك الذي عـن يمينـك " أو " ذاك الطويـل " أو " ذاك الذي كان يناظر منذ ساعة ". وليس شيء من هذه يجاب به عـن سـؤالنا " كيف زيد ". والتي يجاب بها في السؤال عن شـخص شـخص " كيـف هـو " هـي الكيفيّـات الـتي أحصـاها أرسـطوطاليس في كتـاب " المقـولات " وجعلهـا أربعـة أجناس. (209) وقد نقول " كيف وجود هذا المحمول في هذا الموضوع " نعني به أسالب هو أم موجب، وهو يشارك في هذا الحرف " هل ". ونعنـي بـه أيضا هـل وجوده له وثيق غير مفارق في بعض الأوقات، فإنّ جهات القضـايا قـد يقـال إنّهـا كيفيّات وجود محمولها لموضوعاتها. وقد نقول " كيف صارت السـماء كريّـة " و " كيف رأيتَ واعتقدتَ وقلتَ إنّ السماء كريّة "، نطلب به الأشـياء الـتي إذا أُلّفـت حصل بها أنّالسماء كريّة أو صحّ بها اعتقادنا أنّها كريّة. وهو شبيه بقولنـا " كيـف ينمو النامي " و " كيف يُبنى الحائط "، فإنّه كما يجاب في تلك باقتصـاص الأشـياء التي إذا رُتّبت وأُلّفت التأم منها الحائط والنبات، أو البناء والنامي، كـذلك يجـاب ههنا بأن تُذكَر وتُقتَصّ الأشياء التي إذا رُتّبت وأُلّفت التأم عنها بأن يصحّ ويُعتقَـد

أنّها كريّة أو يقال إنّها كريّة، وذلك أن يُـذكَر القيـاس أو البرهـان الـذي عنـه يلـزم ويصحّ أنّ السماء كريّة، وهو أيضا ماهيّة القياس التي بها يُلتمَس صواب الاعتقـاد أنّ السماء كريّة، وهو طلب السبب في أن صارت السـماء كريّـة وطلـب الـذي بـه صحّ عنده أو الذي به علم أنّها كريّة. والسبب الـذي بـه يصـحّ ويُعلَـم ذلـك هـو القياس والبرهان. ويفارق سـؤال " هـل " أنّ هـذا السـؤال - وهـو سـؤال " كيـف صارت السماء كريّة " - إنّمـا هـو السـؤال عمّا علـم السـائل أنّـه قـد اسـتقر عنـد المسؤول أو تحصّل من أنّ السماء كريّة. وسـؤال " هـل " إنّمـا يكـون فيما لم يعلـم السائل أنّه استقرّ عند المسؤول أحد النقيضين على التحصيل.

الفصل الثلاثون: حرف هل (210) حرف " هل " هو حرف سؤال إنّما يُقـرَن أبـدا في المشهور وبادئ الرأي بقضيّتين متقابلتين بينهما أحد حروف الانفصال وهـي أو وأم وإمّا وما قام مقامها - على أيّ ضرب كان تقابلهما - كقولنا " هل زيد قـائم أو ليس بقائم "، " هل السماء كريّة أو ليست بكريّة "، " هل زيد قـائم أو قاعـد "، " هل هو أعمى أو بصير "، " هـل زيـد ابـن لعمـرو أو ابـن عمـر ". وربّمـا أُضـمرت إحدى المتقابلتين وصُرّح بالواحدة منهما فقط، كقولنا " هل تظنّان زيدا نجيبا "، " هل ههنا فرس "، " هل في هذا الدار إنسان ". وربّما لم يُصرّح بأحد جزأي القضـيّة، إمّا الموضوع منهما - كقولنا " هل زيد " - وإمّا المحمول - كقولنا " هل يأتينـا " و " هل يتكلّم ". وإنّما أُضمر مـا أُضـمر في الأمكنـة الـتي يعلـم السـامع مـا أضـمره القائل، فيكون ما علمه منه مضافافي ضميريهما إلى ما صُرّح بلفظـه، فالتـأم منهما ما سبيله أن يُقرَن به هذا الحـرف. فـإن كـان المضـمَر أحـد جـزأي القضـيّة، تمّـت القضيّة من الجزء المصرَّح به ومن الجزء الذي في ضميريهما غير مصرَّحبلفظه. وإن كان المضمَر إحدى المتقابلتين، فالمتقايلتـان إنّمـا تلتئمان بـالتي صُرّح بهـا وبـالتي فُهمت مـن ضـمير القـائل. (211) وحـرف " هـل " إنّمـا يُقـرَن بمتقـابلتين عُلـم أنّ إحداهما لا على التحصيل صادقة أو معروف بها عند المجيب، ويُطلَب به أن تُعلَم تلك الواحدة منهما على التحصيل. فإنّه يُطلَب أيّهما على التحصيل هـي المصادقة أو المعروف بها عند المجيب. فالجواب عن هذا السؤال هو بإحدى المتقابلتين على التحصـيل إذا كـان السـائل قـد صرّح بهما جميعـا. وأمّـا إذا أضـمر إحـداهما، فللمجيب إمّا أن يُجيب بالمصرَّح وإمّا بالمضمَر. وكذلك إذا كان إنّمـا يصرَّح بأحـد جزأي قضيّة واحدة فقـط، فـإنّ لـه أن يُجيـب بإحـدى المتقـابلتين على التحصـيل اللذين أضمرهما السائل. (212) وهذا الحرف هو يُستعمَل في السـؤال عمّا لـيس يدري السائل بأيّهما يُجيب وعن مـا لا يبـالي السـائل بأيّهما أجـاب المجيـب. وقـد يُستعمَل فيما يدري السائل بأيّهما يُجيب المجيب ولكن يلتمس بـه إظهـاراعتراف

المجيب عند نفسه أو عند باقي الناس الحضور. وأمّا إذا كان السؤال سؤال مَن إنّما يريد أن يتسلّم إحدى المتقابلتين دون الأخرى، فإنّه يستعمل فيه حرف " أليس " ويقرنه بالذي يلتمس تسلّمه فقط، وليس يجوز أن يذكر معه مقابله - وذلك في مثل قولنا " أليس الإنسان حيوانا "، " أليس الإنسان بطائر " - وللمجيب عن هذا السؤال أن يُجيب أيضا بالذي سأل عنه السائل إذا أراد المجيب أن يُجيب بحسب ما وضع السائل في نفسه، وأن يُجيب بمقابله الذي لم يسأل عنه إذا أراد أن يكذّب السائل فيما وضعه عند نفسه، كما أنّه لو لم يُجب ولا بواحد من المتقابلتين بل أجاب بشيء آخر كان ذلك تكذيبا لظنّ السائل أنّ المجيب لا بدّ من أن يُجيب بأحدهما ضرورة. (213) وحرف الألف - أعني الألف التي تُستعمَل في الاستفهام - تقوم مقام " هل "، كقولنا " أزيدُ قائم أم ليس بقائم "، " أوَ يقوم زيد أم ليس يقوم زيد ". وربّما كان السؤال عن هذا لا بحرف يُقرَن بالمسؤول عنه أصلا، كقولنا " زيد يمشي أو لا يمشي ". (214) وأمّا " نعم " و " لا " فإنّهما لا يُستعمَلان وحدهما جوابا عن السؤال الذي صُرّح فيه بالنقيضين معا - فإنّا إذا قلنا " هل زيد قائم أو ليس بقائم " لم يجز أن يكون الجواب لا " نعم " وحدها ولا " لا " وحدها - بل السؤال الذي إنّما صُرّح فيه بأحدهما، مثل قولنا " هل زيد بقائم "، " أزيد قائم "، فإنّ المجيب إذا قال " نعم " يكون قد أجاب بالمقابل الذي صُرّح به، وإذا قال " لا " يكون قد أجاب بالسلب الذي هو مقابل الإيجاب الذي صُرّح به. وإذا كان الذي صُرّح به في السؤال عنه هو السلب - كقولنا " هل زيد ليس بقائم " - فإنّ المجيب إن قال " نعم " يكون قد أعطى السلب الذي صرّح به السائل في سؤاله، وإن قال " لا " يكون قد أعطى سلب هذا السلب ويكون قوّة ذلك قوّة الإيجاب. وقد يكون قوّته إعطاء للسلب - كقولنا " هل صحيح أنّ الإنسان ليس بطائر " - فإنّ المجيب متى قال " نعم " يكون قد أعطى السلب نفسه، وإن قال " لا " لم يكن ذلك إلاّ الجواب بمقابل السلب. وأمّا السؤال الذي يُقصَد به تسليم أحد المتقابلين فقط - كقولنا " أليس الإنسان بحيوان " - فإنّ المجيب متى قال " نعم " احتمل ذلك تسليم السلب وتسليم الإيجاب، وإن قال " بلى " لم يكن إلاّ تسليم الإيجاب، فإن قال " لا " كان تسليم السلب. وقولنا " أليس الإنسان ليس بطائر " فأيّ شيء من هذه الثلاثة أجاب به احتمل المتقابلين. فلذلك كلّ موضع كان استعمال كلّ واحد من هذه الثلاثة مفردا وحده على حياله يحتمل إعطاء المتقابلين فيه فينبغي أن نُزيد على الحرف الذي نستعمله منها المقابل الذي هو مزمَع به تسليمه. ولذلك لمّا كان السائل إذا صرّح بالمتقابلين جميعا فأجاب المجيب بحرف نعم وحده أو بحرف لا وحده احتمل الجواب كلا المتقابلين حتّى

لا يُدرى أيّ المتقابلين أعطى المجيب في الجواب عند استعمال أحد هذين الحرفين وحده، استُعملا حيث لا يوقع اللبس وهو يصرّح فيه بالإيجاب وحده دون السلب، فإنّه إن قال " نعم " يكون لا محالة قد أجاب بالإيجاب وإن قال " لا " يكون قد أجاب بالسلب. وكذلك إذا استُعملا جوابا للأمر فإنّ حرف نعم طاعة وحرف لا معصية، وإن استُعملا جوابا للنهي لم يتبيّن هل هو طاعة أو معصية، فإن قال " بلى " كان لا محالة. وكذلك إذا استُعملا تلقيّا لقضيّة حمليّة نطق بها قائل مخبرا فإنّها إذا كانت موجبة فتلقّاها السامع بحرف نعم كان تلقّيا بالقبول والتصديق وإن تلقّاها بحرف لا كان تلقّيا بالردّ والتكذيب، وإذا كانت سالبة لم يتبيّن بواحد منهما هل هو تكذيب أو تصديق، ولكن ينبغي أن يُتلقّى بأن يقال " بلى " حينئذ على مقابل السلب الذي نطق به القائل، مثل أن يقول قائل " لم يذهب زيد " فنقول " بلى "، نعني به بلى ذهب زيد.

الفصل الحادي والثلاثون: السؤالات الفلسفيّة وحروفها(215) حرف " لِمَ " هو حرف سؤال يُطلَب به سبب وجود الشيء أو سبب وجود الشيء لشيء. وهو مركّب من اللام ومن " ما " الذي تقدّم ذكره، وكأنّه قيل " لماذا ". وهذا السؤال إنّما يكون في ما قد عُلم وجوده وصدقه أوّلا إمّا بنفسه وإمّا بالقياس. فإن كان بقياس فقد سبق وطُلبْ قياس وجوده بحرف " هل "، فسؤال " هل " يتقدّم سؤال " لِمَ " فيما كان سبيله أن ينفرد فيه سبب وجوده. وربّما كان القياس الذي يُبرهَن به وجوده يعطي مع علم وجوده سبب وجوده، وربّما أعطى وجوده فقط فيُحتاج حينئذ إلى قياس آخر يعطي بعد ذلك سبب وجوده. فالبرهان الذي يعطي اليقين بوجوده فقط يُعرَف ب"برهان الوجود "، والذي يعطي بعد ذلك سبب وجوده يسمّى " برهان لِمَ هو الشيء "، والذي يعطي علم الوجود وسبب الوجود معا يسمّى " برهان الوجود ولِمَ هو "، وهو البرهان على الإطلاق لأنّه يجتمع فيه أن يكون مطلوبا به وجوده وسبب وجوده معا، والمطلوب به فيما عدا ذلك هو مطلوب وجوده فقط. (216) فأصناف الحروف التي تُطلَب بها أسباب وجود الشيء وعلله على ما يظهر ثلاثة: " لماذا " وجوده، و " بماذا " وجوده، و " عن ماذا " وجوده. فأمّا حرف " ماذا " وجوده فالذي يدلّ عليه حدّ الشيء - وهو ماهيّتة ملخّصة - وإنّما يكون بأجزاء ذاته وبالأشياء التي إذا ائتلفت تقوّمت عنها ذاته، وإنما يكون فيما ذاته منقسمة. فإذن ما هيتّه هي أحد أسباب وجوده، وهو أخصّ أسبابه. وهو أيضا داخل "بماذا " وجوده وهو فيه، فإنّه الذي به وجوده وهو فيه.فإنّ الذي به وجوده قد يكون فيه وقد يكون خارجا عنه. فإنّ

الحافظ لوجوده مثل الشمس في أنّها تُبقي النهار موجودا، هـي الـتي بهـا وجـود النهار وهي من خارجه. ف"ماذا" وجوده و " بماذا " وجوده يجتمعـان في الدلالـة على سبب واحد، أشتُرط في " ماذا " وجوده أن يكون في الشيء، و " بماذا " وجوده يُطلب به الفاعل و الحافظ والماهيّة. فإنّ الأشياء التي إذا ائتلفت تقـوّم بهـا ذات الشيء يجتمع فيها أن تكون هي معقول الشيء على التمام وأتمّ ما يُعقَل بـه فيما هو منقسم الماهيّة.وقد تكون تلك أحد أسباب وجوده، عقلناه نحـن أو لم نعقلـه. فإذا أخذناه هكذا كان ذلك بالإضافة إلى الشيء نفسه فقـط لا إلينـا. وإذا أخـذناه من حيث هو معقول ذلـك الشيء فهـو بإضـافة ذلـك الشيء إلينـا، لأنّـه إنّمـا هـو معقول لنا. فحرف " ماذا " و " بماذا " هما يتّفقان في أن يكونـا عبـارة عـن أشـياء واحدة بأعيانها. إلاّ أنّ " ماذا " يدلّ عليها من حيث هي بالإضافة إلينا ومن حيث هي معقول ذلك الشيء عندنا، و " بماذا " يدلّ عليها من حيـث هـي بالإضـافة إلى الشيء نفسه. ف"ماذا هو " إنّما يحصل على الإطلاق متى كان معقول الشيء عندنا بالأشياء التي إذا أُخذت بالإضافة إليه كانت تلك بأعيانها هي " بماذا هـو " الشيء. و "عن ماذا " وجود يُطلَب به الفاعل والمادّة. و " لماذا " وجوده يُطلَب به الغرض والغاية التي لأجلها وجوده - وهي أيضا " لأجل ماذا " وجوده على حسب الأنحاء التي يقال عليها " لأجل ماذا " وجوده. وهذه الثلاثة قد يُطلَب بهـا في المطلوبـات المركَّبة التي هي قضايا. وأمّـا " مـاذا هـو " فلا يجـوز أن يُقـرَن بقضـيّة أصلا بـل مطلوب مفرد أبدا. (217) فـإذن " لِـمَ هـو " و " مـا هـو " قـد يجتمعـان أحيانـا فيكون المطلوب بهما شيئا واحدا بعينه. وإذا كـان المطلـوب بحـرف " هـل " قـد ينطوي فيه أحيانا المطلوب بحرف " لِمَ "، فقد يكون أحيانا المطلوب ب " هل هو " منطويافيه " لِمَ هو " و " ما هو " جميعا. وهذا فحص طويـل وعريـض صـعب جدّا، إلاّ أنّه يتبيّن في آخر الآخر أنّ هذا إنّما يكون في كلّ ما كان مثـل قولنـا " هـل كسوف القمر هو انطماس ضوء القمر أم لا ". فإنّ قوما قـالوا غير ذلـك. فـإنّه إذا أُخذ في بيان ذلك أنّه يحتجب بالأرض عن ضوء الشمس وقت المقابلة، يكـون قـد بُرهن على هذا الوجه - وفي مثل هذا يسوغ أن يُسأل " هل الإنسان إنسان " أو " لِمَ الإنسان إنسان " - فإنّ انطماس ضوئه هو كسوفه بعينه، وهو بعينه احتجـابه عن الشمس. (218) والسؤال بحرف " هل " هـو سـؤال عـامّ يُسـتعمَل في جميـع الصنائع القياسيّة. غير أنّ السؤال به يختلف في أشكاله وفي المتقابلات الـتي يُقـرَن بها هذا الحرف وفي أغراض السائل بما يلتمسـه بحـرف " هـل ". فـإنّ في الصـنائع العلميّة إنّما يُقرَن حرف " هل " بالقولين المتضادّين، وفي الجدل يُقـرَن بالمتناقضـين فقط، وفي السوفسطائيّة بمـا يُظَـنّ إنّهما في الظـاهر متناقضـان، وأمّـا في الخطابـة

والشعر فإنّه يُقرَن بجميع المتقابلات وبما يُظَنّ أنّهما متقابلان من غير أن يكونا كذلك. ويصرَّح في العلوم وفي الجدل بالمتقابلين معا أو يُجعَل السؤال - وإن لم يصرَّح بالمتقابلين معا اختصارا- قوّته قوّة ما يصرَّح فيه بالمتقابلين، وأمّا في السوفسطائيّة فبما يُظَنّ في الظاهر أنّه سؤال علميّ أو جدليّ، وأمّا في الخطابة والشعر فربّما صلح أن يصرَّح فيه بالمتقابلين وربّما لم يصلح أن يصرَّح. وليس يجوز أن تكون مخاطبة جدليّة أصلا إلاّ سؤال بحرف " هل " وإلاّ جوابا عمّا يُسأل عنه بحرف " هل "، وكذلك المخاطبة السوفسطائيّة. وأمّا المخاطبة الخطبيّة والشعريّة فإنّها قد تكون ابتداء لا عن سؤال سابق، وقد تكون سؤالا بحرف " هل " وجوابا عن السؤال بحرف " هل ". وكذلك في العلوم. غير أنّ السؤال العلميّ إنّما هو يلتمس السائل أن يُخبره المسؤول من المتقابلين بالذي هو الصادق منهما فقط مقرونا بالذي يتبيّن صدقه ويفيد اليقين فيه، فإنّه سؤال ينتظم هذين. (219) والسؤال الجدليّ يُستعمَل في المكانين، أحدهما سؤالا يُلتمَس به تسلّم وضع يقصد السائل إبطاله والمجيب حِفْظه أو نُصرته، والثاني سؤالا يُلتمَس به تسلّم المقدّمات التي يقصدبها السائل إبطال الوضع. وكلاهما عنغير جهل. فالذي يلتمس به تسلّم الوضع فليس يلتمس أن يُخبر السؤال بالذي هو حقّ يقين من المتقابلين، بل يُخبر السائلُ المسؤولَ بحرف " هل " أن يُجيب بأيّهما شاء أو أن يُجيب من الأوضاع بما حِفْظه أو نُصْرته عليه أسهل. فربّما اختار المجيب في وقتٍ أحد المتقابلين وفي وقتٍ آخر المقابل الآخر، ويكون الاختيار إليه في ذلك، ولا يكون خارجا عن طريق الجدل إذ كان مُباحث الجدل إنّما يقصد تعقّب كلّ واحد ممّا يختاره المجيب من المتقابلات والتنقير عنه والفحص عن قياساته ونقضها في ما بينه وبين المجيب، بعد أن يكون قد ارتاض قبل ذلك في كلّ واحد من المتقابلين وإبطاله وتعقّبه والتنقير عنه والفحص عمّا يورد كلّ واحد من المتحاورين. (220) وليس هي صناعة تُصحّح الآراء ولا تعطي اليقين كما يفعل ذلك التعاليم وسائر علوم الفلسفة. ولو استُعملت في تصحيح الآراء لم تحصل عنها إلاّ الظنون وإنرفعت اختلافا بين أهل النظر في الأشياء الفلسفيّة، على ما كان عليه الأمر في القديم قبل أن تحصل القوانين المنطقيّة في صناعة. فإنّه ليس يُستفاد من صناعة الجدل إلاّ القدرة على الفحص والتنقير وتعقّب ما يخطر بالبال وكلّ ما يقوله قائل أو يضعه واضع من الأشياء النظريّة والعلميّة الكلّيّة، وليس نقتصر على شيء منها دون شيء. إلاّ أنّنا إنّما نحتاج له ونرى الأفضل له أن يُجعَل ارتياضه بالفعل في ذلك في مسائل بأعيانها على صفات محدودة - وقد وُضعت في كتاب " الجدل " كيف ينبغي أن تكون المسائل حتّى إذا استفاد القوّة على التنقير والفحص والتعقّب في تلك

المسائل استعمل تلك القوّة في باقي المسائل. كما أنّ الذي يرتـاض بالفروسـيّة أوّلا إنّما يتخيّر له أوّلا من الأفراس على صفات مّا، ثمّ ينتقل إلى أفـراس أخـر بارتياضـه، حتّـى إذا اسـتفاد القـوّة على تلـك الأفـراس يكـون قـد اسـتفاد الصـناعة. فحينئذ يستعمل بقوّته تلك أيّ فرس شاء فيقوى. وإذا أراد أن يحفظ قـوّة الفروسـيّة على نفسه بعد أن تحصل عنده كان ارتياضه في الميادين لاسـتبقائها عنـده على أفـراس بأعيانها، لا لأ نّ الفروسيّة هي قوّة على استعمال أفراس بصفات مّا محدودة فقط يقتصر عليها فقط وإن كان ارتياضه عند تعلّمهلها وارتياضه ليحفظهـا على نفسـه في أفراس محدودة موصوفة بصفات مّا ويقتصر عليها فقط. كذلك الجدل ارتيـاض في مسائل محدودة موصوفة بصـفات مّـا ويقتصر عليهـا فقـط مـن غير أن يكـون صاحبه قد وقف على الصادق من كلّ متقابلين وتعقّبه واطّرح المقابل الآخر . ومـا يشتمل عليه ذلك العلم فكلّها حاصلة بالفعل في ذهـن الـذي يتعاطـاه محفوظـة لديه وينطق عنها أيّ وقت شاء. (221) فمتى استُعمل ذلـك في علـم مـن العلـوم وأُديمت فيـه المراجعـة والتعقّـب واستُقصي إلى أن لا يبقـى فيـه للفحـص موضـع وامتُحن بقوانين البرهان اليقينيّة وحصل ما حصل منـه بتصحيح قـوانين البرهـان، صار علما برهانيّا واستُغني فيه عـن صـناعة الجـدل. وأنـت يتـبيّن لـك ذلـك مـن التعاليم، فليس يُحتاج فيها إلى الفحص، لأنّها إنّمـا صـارت صـناعة يقينيّـة بعـد أن فُحص عنها وتُعُقِّب إلى أن بُلغ بها اليقين، فلم يبق فيها بعد ذلك للفحص موضـع، ولذلك صارت المخاطبة فيها تعليما وتعلّما. فسؤال المتعلّم للمعلّـم ليـس بفحـص ولا تنقير ولا تعقّب لما يقوله المعلّم بل إنّما يسأله إمّا لتصوُّر وتفهُّم معنى شيء مّا في الصناعة، وإمّا للتيقّن بوجود ذلك الشيء، أو مع ذلك سبب وجوده ليحصل لـه البرهان على الشيء الذي عنه يسأل - فالأوّل بحرف " ما "، والثاني بحـرف " هـل " وما جرى مجراه، والثالث بحرف " لِمَ " وما جرى مجراه أوبحرف قوّته قوّة " هـل " و " لِمَ " معا إن كان يوجد ذلك في لسان مّـا. ولمّـا كـان التعليـم على ترتيـب، لم يكن لسؤال المتعلّم للمعلّم على طريق التشكيك موضع أصلا. فالمتعلّم إذ يسأل " هل كلّ مثلّث فزواياه الثلاث مساوية لقائمتين، أو مثلّث واحد كذلك " يسأل وقـد تقدّمت معرفته بما قبله من الأشكال، فيُخبره المعلّم بأنّ كلّ مثلّث كذلك ويُـردف ذلك بأن يتلو عليه برهانهالمؤلَّف عن مقدّمات قد تبرهنت عند المتعلّم قبل ذلك، فلا يبقى له بعد ذلك موضع لسؤال. (222) وأمّا العلوم التي يُحتـاج في كـثير مـن الأمور التي فيها إلى ارتياض جدليّ، فإنّ المتعلّم إذا سأل عن شيء منهـا " هـل هـو كذا أو ليس هو كذا " فإنّ المعلّم إنّما ينبغي أن يُجيبه أوّلا أنّه كذلك ويُردف ذلـك بحجّة جدليّة يتبيّن عنهاذلك الشيء. ويُنتظَر من المتعلّـم أن يـأتي بمـا يُبطـل ذلـك

الشيء ويناقض ما أورده المعلّم لا ليجادل ولكن ليستزيد من المعلّم البيان وليعلم أنّ الذي أورده ليس بكاف في إعطاء اليقين، ويقف المعلّم به على ذكاء المتعلّم وأنّه ليس يعمل في ما سمعه على بادئ الرأي ولا على حسن الظنّ بالمعلّم. فإنّ لم يفعل المتعلّم ذلك من تلقاء نفسه بصّره المعلّم موضع العناد في ذلك الشيء وموضع المعارضة في تلك الحجة، ثمّ إبطال تلك المعارضة وإبطال ذلك الإبطال. ولا يزال ينقله من إبطال إلى إثبات ومن إثبات إلى إبطال إلى أن لا يبقى هناك موضع نظر ولا فحص، ثمّ يُردف جميع ذلك بامتحانها بالطرق البرهانيّة. فحينئذ ينقطع تداول الحجج في الإثبات والإبطال ويحصل اليقين. و لا موضع ههنا أيضا للفحص. لأنّ الشيء الذي كان المتعلّم يحتاج إلى أن يفكّر في استنباط حججه يجده قد استُنبطتحججه كلّها، فيعلّمها كلّها، ثمّ يمتحن ذلك بقوانين البرهان التي عرفها من المنطق. لأنّ المتعلّم لتلك العلوم ليس يتعلّمها على ترتيب أو يكون قد علم المنطق قبل ذلك. فإذن لا موضع في شيء من العلوم للفحص الجدل يّ إلاّ في التي يُحتاجفيها إلى ارتياض جدليّ، اللّهمّ إلاّ أن تكون الصناعة التي كان القدماء فرغوا من استنباطها بادت فاحتاج الناس إلى استئناف النظر والفحص عن الأمور أو يكون ذلك في أمّة لم تقع إليها الفلسفة مفروغا منها. (223) والسوفسطائيّة فهي تنحو نحو الجدل فيما تفعله. فما يفعله الجدل على الحقيقة تفعله السوفسطائيّة بتمويه ومغالطة. وهي أحرى أن لا تكون صناعة تُصحَّح بها الآراء في الأمور، فإن استعملها مستعمل حصل من الآراء في الأمور على آراء أهل الحيرة أو على مثال آراء فروطاغورس. ومخاطباتها سؤال ب"هل " وجواب عن " هل "، اللهمّ إلاّ حيث تتشبّه بالفلسفة وتقول عن ذاتها وتموّه وتوهم أنّها فلسفة. (224) وأمّا الخطابة فإنّ أ كثر مخاطباتها اقتصاص وابتداء وإخبار لا بسؤال ولا بجواب، و ربّما استعملت السؤال والجواب. وتستعمل جميع حروف السؤال سؤالات وفي الإخبار. أمّا حروف السؤال سوى حرف " هل " فإنّها إنّما تستعملها في السؤال على جهة الاستعارة والتجوّز وعلى جهة إبدال حرف مكان حرف - وهذا أيضا ضرب من الاستعارة والتجوّز - وتستعملها في الإخبار على الأنحاء التي سبيلها عند الجمهور أن تُستعمَل في الإخبار على ما قد بيّنّاها كلّها. وأمّا حرف " هل " فإنّها تستعمل أحيانا في السؤال على التحقيق وعلى ما للدلالة عليه وُضع أوّلا، وتستعمله أيضا في السؤال استعارة، وتستعمله أيضل في الإخبار. إلاّ أنّها إذا استعملته في السؤال على التحقيق فربّما قرنت به أحد المتقابلين. وليس إنّما يقتصر على ذلك الواحد إرادة للاختصار ويضمر الآخر ليفهمه المجيب من تلقاء نفسه، لكن لأن صناعته توجب أن لا يقاس به إلاّ ذلك الواحد فقط من غير أن تكون

قوّة قوله قوّة ما قُرن به المتقابلان، بل لا ينجح قوله إذا كان على طريق السؤال إلاّ إذا كان المأخوذ في السؤال أحد المتقابلين فقط. وإذا قرن به المتقابلين فليس يقرنهما به معا إلاّ حيث لا ينجح قوله إلاّ بإهمال المتقابلين والتصريح بهما معا. ثمّ ليس يقتصر على المتناقضين ولا على القولين المتضادّين بل يستعمل سائر المتقابلات، ثمّ ليست المتقابلات التي هي في الحقيقة بل والتي هي في الظاهر وبادئ الرأي متقابلات، ثمّ التي قوّتها قوّة المتقابلات وإن لم تكن هي أنفسها متقابلات، فإنّه ربّما قرن به أحد المتقابلين ويجعل مكان المقابل الآخر شيئا لازما عنه ويأتي به مكان المقابل الآخر - ولا يكون ذلك خارجا عن صناعته - أو يكون المقابل الآخر أو الآخر استعارة فجعله مكانه. (225) فهذه هي السؤالات الفلسفيّة، وهذه حروفها، وهي التي تُطلَب بهاالمطلوبات الفلسفيّة، وهي " هل هو " و " لماذا هو "و" ماذا هو " و " بماذا هو " و" عن ماذا هو ". و "هل " و " لماذا " و " بماذا " و " عن ماذا " قد تُقرَن بالمفردات وبالمركَّبات. وأمّا "ماذا هو " فلا تُقرَن إلاّ بالمفردات فقط.

الفصل الثاني والثلاثون: حروف السؤال في العلوم (226) وينبغي أن يُعلَم أنّ سبب وجود الشيء غير سبب علمنا نحن بوجوده. وكلّ برهان فهو سبب لعلمنا بوجود شيء مّا. ولا يمتنع أن توجد في البرهان أمور تكون سببا لوجود ذلك الشيء أيضا، فيجتمع فب ذلك البرهان أن يكون سببا لعلمنا بوجود الشيء وسببا مع ذلك لوجود ذلك الشيء. ومتى لم يوجد فيه أمر هو سبب لوجود الشيء كان البرهان هو سبب لعلمنا بالوجود فقط. و لمّا كان البرهان من ثلاثة حدود أحدها الأوسط والآخران هما جزءاالنتيجة، والحدّ الأوسط هو بالبرهان من سائر أجزائه وهو أوّلا السبب ثمّ البرهان بأسره، ففي البرهان الذي يجتمع فيه الأمران يكون الأمر الذي يوجد فيه حدّ أوسط هو سبب وجود الشيء الذي يُبَرهَن، وانضيافه وائتلافه مع سائر أجزاء القياس هو السبب في لزوم حصول الشيء في أذهاننا معلوما أو مظنونا. (227) والجواب عن " لِمَ هو الشيء " هو بأن يُذكَر السبب. والحرف الدالّ على الشيء المقرون به سبب الشيء المسؤول عنه هو حرف لأنّ وما يُقام مقامه في سائر الألسنة. فيكون الجواب عن حرف " لِمَ " هو حرف لأنّ. والبرهان كما قلنا هو سبب لعلمنا بوجود الشيء واعتقادنا وقولنا بوجوده. فلذلك متى سُئلنا " لِمَ كذا هو كذا " أمكن أن يكون سؤالا عن السبب الذي به عَلِمْنا أو اعتقدنا أو قلنا إنّه كذا. فلذلك قد يُقرَن حرف لأنّ بالبرهان بأسره، إذ كان البرهان بأسره سبب ذلك، ونقرنه بالمقدّمة الصغرى التي محمولها الحدّ الأوسط. وهذا

هو السبب الذي نستعمله أ كثر ذلك، كقولنا " لِمَ نقول إنّ هذا المطروح هو بعد في الحياة " فإنّا نقول " لأنّه يتنفّس "، فقولنا " يتنفّس " هو سبب لقولنا وعِلْمنا أنّه يعيش، وليس هو السبب في أن يعيش. والخالفة التي جُعلت مع حرف لأنّ إنّما نعني بها الحدّ الآخر الذي هو الإنسان المطروح. وإذا قلنا " لأنّه يتنفّس وكلّ مَن يتنفّس فهو في الحياة " نكون قد أجبنا بالبرهان بأسره، وكان الحمل، ولم يبق في لزوم ما لزم موضع مسألة. فإنّه إذا اقتصر على قوله " أنّه يتنفّس " أمكن أن يكون فيه موضع مسألة عن صحّة اللزوم بأن يقال " لِمَ إذا كان يتنفّس فهو في الحياة "، فإذا أجبنا بأنّ " كلّ مَن يتنفّس فهو بعد في الحياة " فلا يبقى موضع مسألة عن صحّة لزوم ما لزم. فإن سأل بعد ذلك " لِمَ صار - أو لِمَ قلت - كلّ مَن يتنفّس فهو بعد في الحياة " فليس يسأل عن صحّة لزوم ما يلزم عن المقدّمتين وإنّما يسأل عن صحّة هذا المقدّمة وصدقها، ولزوم ما يلزم صحيح وإن كانت هذه المقدّمة غير معلومة. واستعمال حرف " لِمَ " في السؤال عن سبب عِلْمنا بالشيء واعتقادنا له أو قولنا به هو بنحو متأخّر، فاستعمالنا له في السؤال عن سبب وجود الشيء هو بالنحو متقدّم. (228) وحرف " هل " يُستعمَل في العلوم في عدّة أمكنة. أحدها مقرونا بمفرد يُطلَب وجوده، كقولنا " هل الخلاء موجود " و " هل الطبيعة موجودة ". فإنّ كلّ واحد من هذه وأشباهها هو في الحقيقة مركّب، وهو قضيّة. فإنّ الموجود محمول في الذي يُطلَب وجوده، وهو الموضوع الذي يقال فيه " هل موجود " - ويُعنى بالموجود ههنا مطابقة ما يُتصوَّر بالذهن عن لفظه لشيء خارج النفس. فمعنى السؤال هل ما في النفس من المفهوم عن لفظه هو خارج النفس أم لا، وهذا هو هل ما في النفس منه صادق أم لا - فإنّ معنى الصدق أن يكون ما يُتصوَّر في النفس هو بعينه خارج النفس - فمعنى الوجود والصدق ههنا واحد بعينه. (229) وقد يُقال في ما عُلم فيه أنّ ما يُفهَم عن لفظه هو بعينه خارج النفس " هل هو موجود أم لا ". فإذا طُلب فيما عُلم أنّه موجود بالمعنى الأوّل " هل هو موجود أم لا " فإنّما نعني بهذا الطلب هل لذلك الشيء ما به قوامه وهو فيه. فإنّ وجود الشيء بعد أن يُعلَم أنّ ما يُعقَل منه بالنفس هو بعينه خارج النفس إنّما نعني به الشيء الذي به قوامه وهو فيه. فإذا أُجيب وقيل " نعم "، قيل بعد ذلك " ما وجوده " و " ماهو " - يُعنى به ما الذي به قوام ذلك الشيء - فيكون الجواب حينئذ بما يدلّ عليه حدّه لا غير. فحينئذ ننتهي بهذا الطلب فلا يبقى بعد ذلك شيء يُطلَب فيه. فيتبيّن أنّ الذي به قوامه هو أحد أسباب وجوده. ومعلوم أن قولنا " هل الشيء موجود " على الوجه الثاني إنّما نعني به هل له سبب به قوامه في ذاته. فإذا صحّ ذلك قيل فيه بعد ذلك " ما ذلك

السبب "، فتكون قوّة هذا السؤال قوّة لِمَ هو موجود. (230) وقد نقول " هل كلّ مثلّث موجود زواياه مساوية لقائمتين " و " هل كلّ إنسان موجود حيوانا ". على أنّ ما نعني بالموجود ههنا كلمة وجوديّة يرتبط بهذا المحمول بالموضوع حتّى يصير القول قضيّة حمليّة، ونعني به هل هذه القضيّة صادقة وهل ما تركّب منها في النفس هو على ما هو عليه خارج النفس. وقد يعني قولنا " هل كذا موجود " كذا هل وجوده أنّه كذا، ونحن نعني هل كذا قوامه أو ماهيّته أنّه كذا، كقولنا " هل كلّ إنسان موجود حيوانا " أي هل كلّإنسان قوامه وماهيّته أنّه حيوان، وهذا هو هل كلّ إنسان سبب وجوده أن يوصف أنّه حيوان بحال كذا. فإذاقيل " نعم " وصُحّح ذلك يتبيّن بذلك أنّه قوام الإنسان وسبب وجوده. فيكون قد تبيّن لِمَ هو موجود إمّا بجميع أسباب وجوده أو بواحد منها. (231) وقد نقول " هل كذا موجود كذا " ونحن نعني هل كذا وجوده يوجب أن يوصف هكذا وأنّه كذا ونعني هل كذا ماهيّته توجب أنّه كذا أو أنّه يوصف بكذا، فيكون سبب الذي به قوام كذا هو أيضا السبب في أن يوصف أنّه كذا - كقولنا " هل كلّ مثلّث هو موجود زواياه مساوية لقائمتين " قد نعني به هل كلّ مثلّث ماهيّته توجب أن تكون زواياه مساوية لقائمتين أو هل الذي به قوام كلّ مثلّث هو السبب أيضا في أن تكون زواياه مساوية لقائمتين. فإذا قيل " نعم " وصُحّح أنّه كذلك يكون قد تبيّن السبب في أنّ زواياه مساوية لقائمتين وأنّ ذلك السبب هو السبب أيضا في قوام المثلّث. (232) فهذه كلّها سؤالات ثلاثة. فإنّ المطلوبات البرهانيّة التي هي في الحقيقة برهانيّة هي هذه. فهذان سؤالان عن القضيّة قد يكونان في قضيّة قد عُلم صدقها. فإنّ القضيّة قد تكون صادقة، ويُعلَم أنّ كذا هو كذا، ولكن لا يُعلَم هل الموضوع ماهيّته أنّه كذا، ولا أنّ الموضوع وجوده يوجب أن يوصف بمحمول مّا - كان ذلك المحمول ماهيّة ذلك الموضوع أو جزء ماهيّته أو شيئا به قوام ذلك الموضوع -؛ ولا أيضا تكون ماهيّة ذلك الموضوع أو جزء ماهيّته أو شيء به قوام ذلك الموضوع يوجب أن يوصف بكذا. فإنّ قولنا " الإنسان أبيض " صادق، وليس الأبيض ماهيّة الإنسان ولا جزء ماهيّته، ولا ماهيّة الإنسان توجب أن يكون أبيض، فلذلك يُحتاج إلى هذا الطلب. وقد يكون ذلك فيمالم يُعلَم صدقه، فيكون السؤال ب"هل هو " ينتظم حينئذ هذين جميعا، فيكون سؤالا برهانيّا. وأمّا إذا كان سؤالا عن الصدق أيضا، فذلك هو سؤال يشتمل على البرهان وعلى غير البرهان. (233) وقد يقول القائل: إذا كان معنى " موجود " إنّما يُعنى به أحد هذين فكيف يصحّ أن يقال " الإنسان موجود أبيض " فيكون صادقا. فالجواب أنَّ الشيء قد يكون موجوداكذا بالعرض وقد يكون

موجودا كذا بالذات. فالإنسان موجود حيوانا بالـذات لأنّ وجـوده ومـاهيّته أنّـه حيوان، والمثلّث موجود أنّ زواياه مساوية لقائمتين بالذات لأنّ وجـوده ومـا هيّتـه تـوجب أنّ زوايـاه مسـاوية لقـائمتين. وهـذان هما معنيـا وجـود الشيء بالـذات وشريطتا كلّ مطلوب علميّ. (234) وكلّ طلب علمـيّ يُقـرَن بحـرف " هـل " هـو طلب سبب الشيء الموضوع الذي عليه يُحمَل المحمول وما ذلك السبب، أو طلب سبب وجود المحمول الذي يُحمَل على موضوع مّا وما ذلك السبب، فـإنّ حـرف " هل " في العلوم فيما عُلم صدقه ينتظم هذين. وفيما لم يُعلَم صدقه مـن القضـايا ينتظم الثلاثة كلّها. فالجواب الوارد يجب أن ينتظـم إعطـاءَ الثلاثـة بأسرها فيما لم يكن عُلم صدقه قبل ذلك، وفيما كان عُلـم صـدقه قبـل ذلـك فينبغـي أن ينتظـم الأمرين. غير أنّه ربّما ورد الجواب فيما لم يكن عُلم صدقه بشيء يُعرَف بـه صـدقه فقط من غير أن يعطي الأمرين الباقيين، فيبقى للمسألة " هل " التي تُطلَـب بهـا الباقيان موضع، فإذا أُوردالم يبق بعد ذلك لسؤال" هل " موضع أصلا. وهذا العلم هو أقصى ما يُعلَم به وأ كمل، وليس فوق ذلك علم بالشيء الآخر. والفلسـفة إنّمـا تطلب وتعطي هذا العلم في شيء شيء من الموجـودات إلى أن تـأتي عليهـا كلّهـا. (235) وكلّ صناعة من الصنائع العلميّة استُعمل فيها السؤال بحـرف " هـل هـو " على المعنى الذي يُستعمَل في الصنائع العلميّة فـإنّه ينبغـي أن يُفهَـم منـه طلـب تلك الأسباب التي تعطيها تلك الصـناعة في الأشـياء الـتي فيهـا تنظـر. (236) فـإنّ صناعة التعاليم إنّما تعطي في كلّ شيء تنظر فيه من بين الأسباب الماهيّة التي بهـا الشيء بالفعل وماذا هو الشيء، وهي التي تُطلَب بحـرف " كيـف " في نـوع نـوع. فإذا قلنا فيهذه الصناعة " هل الشيء موجود " فإنّما نطلب به بعد صدقه وجـوده الذي هو به موجود بالفعل، وهو ماهيّته المأخوذة من جهة الصورة من بين ما به قوام ذلك الشيء المسؤول عنه. وكذلك إذا قلنا " هل الشيء موجود حيوانـا " فإنّمـا نعني هل وجوده الذي هو به موجود بالفعل يوجب أن يكـون كـذا، فـإذا قيـل " نعم " قيل بعـد ذلـك " ومـا هـو " و " كيـف هـو موجـود ذلـك الموجـود "، فيرد الجواب حينئذ بتلك الماهيّة المطلوبـة. وهـذه في التعـاليم خاصّـة. (237) وأمّـا في العلم الطبيعيّ فإنّه إذا كان يعطي من جهة الطبيعة والأشياء الطبيعيّة كلّ ما بـه قوام الشيء، الخارج منها - الفاعل والغاية - والذي هو في الشيء نفسه، كـان عـن كلّ ما يسأل عنه بحرف " هل هو موجود " أو " هل هو موجود كذا " إنّما يطلـب فيه كلّ شيء كان به وجود ذلك الشيء من فاعل أو مادّة أو صـورة أو غايـة. فـإنّ كلّ واحد من هذه توجد في ماهو الشيء وتستبين في مـاهو الشيء، ويكـون مـاهو الشيء موجودا من أحـد هـذه أو مـن اثنين منهـا أو ثلاثـة منهـا أو مـن جميعهـا.

وكذلك في العلم المدنيّ. (238) وأمّا في العلم الإلهيّ فإنّه إذا كان يعطي من جهة الإله والأشياء الإلهيّة من الأسباب التي بها قوام الشيء الفاعلَ، والماهيّةَ التي بها الشيء بالفعل والغايةَ صارت المطلوبات بحرف " هل " عن ما يوجد الموضوع فيه الإله أو شيئا مّا إلهيّا هي التي بها قوام المحمول من جهة الشيء الذي أُخذ موضوعا. فيقال " هل هو موجود أو لا ". فإذا قيل " نعم " قيل " وما هو " أو " كيف هو " أو " بماذا هو " وصار المطلوب عمّا يوجد المحمول فيه الإله أو شيئا مّا إلهيّا، وهو الذي صحّ به قوام الموضوع من قِبَل المحمولات. فإذا قيل " نعم " طُلب " ما هو " أو " كيف هو " أو " أيّما هو "، فيرد الجواب فيه بأحد الثلاثة، أو جواب ينتظم جميعَها. (239) وقد يسأل سائل عن معنى قولنا " هل الإله موجود "، ما الذي نعني به. هل نعني به هل ما نعتقد فيه أو نعقل منه في النفس هو بعينه خارج النفس.وهل إذا عُلم أنّ معقوله في النفس هو بعينه خارج النفس يسوغ أن يُسأل عنه " هل هو موجود " على المعنى الثاني. فإنّ ذلك المعنى من معاني هذا السؤال هل الشيء له قوام بشيء وهل الشيء له وجود به قوامه وهو فيه. فإنّ هذا إنّما كان يسوغ فيما تنقسم ماهيّة وجوده وذاته وفي ما له سبب به قوامه بوجه من الوجوه. والإله يجتمع فيه أنّه لا قوام له بشيء آخر أصلا ولا سبب لوجوده، وأنّ ذاته غير منقسمة ولا بوجه من وجوه الانقسام. فإذن ليس يسوغ أن يُسأل عنه بحرف " هل " على المعنى الثاني. (240) ولكن قد نُجيب في ذلك أنّ قولنا فيه " هل هو موجود " على المعنى الثاني إنّما يُعنى به هل هو ذات مّا منحازة، أو هل له ذات. فإنّ الذات قد يقال عليها الموجود، ويقال له إنّه موجود. فإنّه ليس كلّ مل يُفهَم عن لفظة مّا وكان ما يُعقَل منه هو أيضا خارج النفس يمون أيضا له ذات؛ مثل معنى العدم، فإنّه معنى مفهوم، وهو خارج النفس كما هو معقول، لكن ليس هو ذاتا مّا ولا له ذات. فعلى هذا الوجه يسوغ أن يُسأل عنه " هل هو موجود " أي هل هو ذات أو هل له ذات. فإذا قيل " نعم " سُئل بعد ذلك " فما وجوده " و " ما ذاته " و " أيّ ذات هي ". وقد يسوغ فيه أن يُسأل عنه بحرف " هل " على المعنى الثاني من جهة أخرى. وهو أنّ ما هو بالقوّة ذات ليس بموجود، فإنّ الموجود المشهور هو الذي بالفعل، وأ كمل ذلك ما كان على الكمال الأخير. فيقال فيه " هل هو موجود " أي ما نعقله هل هو بالفعل وهل هو على الكمال الأخير من الوجود. فإذا قيل " نعم " قيل بعد ذلك " ما هو " و " كيف هو " و " أيّما هو ". (241) وينبغي أن يُعلَم أنّ الذي لا تنقسم ذاته فإنّه ينبغي أن يقال فيه أحد أمرين، إمّا أنّه موجود لا يوجد، وإمّا يقال فيه إنّ معنى وجوده هو أنّه موجود، ويكون لا فرق فيه بين أن يقال " إنّه هو وجود

" و " إنّه موجود " و " إنّ له وجودا ". فإنّ وجود ما هو موجود هكـذا ليـس هـو غير الذات التي يقال فيها " إنّها موجودة ". وما ينقسم وجوده فإنّ وجوده الـذي هو به موجود غير بوجه مّا، على ما يكون جزء الكلّ غير الكلّ و جـزء الجملـة غير الجملة، وعلى أنّ ذلك الوجود الذي به الشيء موجود وأنّ له أيضا وجودا - أعنـي أنّه ينقسم وأنّ له جزءا به وجوده. فإن كان كذلك، فما الذي يقال في جزئه، أليس يقال فيه أيضا " إنّـه موجـود " و " لـه وجـود "، و هـل يقـال ذلـك فيـه على أنّـه منقسم أيضا. وإن كان ذلك كذلك، ننتهي عند التحليل هكذا إلى جزء وجـود شيء مّا، ويكون ذلك الجزء موجودا وله وجود، ويكون غير منقسم، وإلاّ تمـادى إلى غير النهاية ولم يحصل علم ماهيّة شيء أصلا. فإذا كـان غير منقسـم، فمعنـى وجـوده وأنّه موجود معنى واحد بعينه. أو أن يقال فيه " إنّه موجود ولا يوجد " أو " إنّـه موجود ولا يوجد هو بوجه مّا غير ذاته بل موجود يوجد ذاته بعينها " أو " يوجـد هو الموجود بعينه ". (242) وأيضا فإنّ الموجود على الإطلاق هو الموجـود الـذي لا يضاف إلى شيء أصلا. والموجود على الإطلاق هو الموجود الذي إنّما وجودهبنفســه لا بشيء آخر غيره. فيكون قولنا فيه " هل هو موجود " بهذا المعنـى. فعنـد ذلـك يكون المطلوب فيه ضدّ المطلوب في قولنا " هل الإنسان موجـود ". فـإنّ المطلـوب بقولنا " هل الإنسان موجود " هل الإنسان له قوام بشيء مّا آخر أم لا. والمطلـوب ههنا بقولنا " هل هو موجـود " هـل هـو شيء قـوامه بـذاته لا بشيء غيره، وهـل وجوده وجود ليس يحتاج في أن يكون به موجوداإلى شيء آخر هو بـوجه مّـا مـن الوجـوه غير ذاتـه. أمّـا قولنـا " هـل هـو موجـود عقلا " أو " موجـود عالمـا " أو " موجود واحدا"، فإنّ معناه هل وجوده الذي به صار قوامه لا بغيره هو أنّـه عقـل أو أنّه عالم، وهل ذاته هو أنّه عقل. وقولنا " هل هو موجود فاعلا أو سببا لوجود غيره " يعني هل وجوده الذي هو به موجودا أو ماهيّته التي تخصّه أو له يوجب أن يكون سببا لوجود غيره أو فاعلا لغيره. فإنّ هذه كلّها مطلوبـات فيـه بحـرف " هل ". (243) وأمّا سائر معاني " هـل هـو موجـود " - وهـي الـتي أحصيناهافيما تقدّم - فإنّها قد تسوغ فيه أيضا من أوّل مـا تقـع المسـألة عنـه. إلاّ أنّ الجوابـات الواردة كلّها إنّما تكون فيه بحرف لا. والجواب الوارد في هذا الأخير إنّما يكون فسه بحرف نعم. وإنّما يكون هذا الأخير بعد أن تقدّم السؤال عنه بحـرف " هـل " على المعاني الأول. فإذا أُوردت جواباتها كلّها بحرف لا، كانت المسائل عنه بحرف " هـل هو " على هذه المعاني الأخيرة، فترد الجوابات عنها بحرف نعم. فهذه رسوم معـاني السؤال عن الإله بحرف " هل ". (244) وأمّا قولنـا " هـل الإنسـان إنسـان " فـإنّه يكون فيما بين المحمول وبين الموضوع تباين وغيريّة بوجه مـا - وإلاّ فليـس يصـحّ

السؤال - مثل " هل ما يُعقَل من لفظ الإنسان هو الإنسان الخارج عن النفس " أو " الإنسان الكلّيّ هو الإنسان الجزئيّ " أو " الإنسان الجزئيّ يوصف بالإنسان الكلّيّ " أو " الحيوان الذي هو بحال كذا هو حيوان على الإطلاق " أو " الذي أنت تظنّه حيوانا هو في الحقيقو حيوان ". فإن كان معنى الإنسان الموضوع هو بعينه معنى الإنسان المحمول بعينه من كلّ جهاته فلا تصحّ المسألة عنه بحرف " هل ". وإن قال قائل إنّ الإنسان الموضوع هو الذي يدلّ عليه حدّه، فإنّه لا يصحّ أيضا. لأنّ الذي يدلّ عليه القول إن لم يكن عُلم أنّه محمول على الذي يدلّ عليه الاسم فليس يقال لذلك الذي يدلّ عليه القول إنّه إنسان. فلذلك لا يُحمَل عليه من حيث هو مسمّى إنسانا، إذ كان لم يصحّ بعد أنّه إنسان، بل إن يصحّ " هل الإنسان حيوان مشّاء ذو رجلين أم لا " فليس تصحّ المسألة عنه على أنّ المحمول هو أيضا إنسان، وإنّما يصحّ أنّ المحمول هو أيضا إنسان إذا صحّ أنّه محمول عليه وصحّ أنّه حدّه. أو أن يقال أنّ قولنا " هل الإنسان موجود إنسانا " يعني هل الإنسان وجوده وإنّيّته هي تلك الذات المسؤول عنها وليس له ذات غير تلك الواحدة التي أخذناها موضوعا وهي غير منقسمة الوجود، أم إنّه إنسان بوجوه أخر مثل أنّه حيوان مشّاء ذو رجلين، أي هل له وجود وماهيّة على ما يدلّ لفظه عنه فلا يمكن أن يُتصوَّر تصوّرا آخر أزيد منه ولا أنقص. فيكون ما نتصوّره إنسانا على مثال ما عليه كثير من الأمور المسؤول عنها في الشيء، يُتصوَّر حينا مجمَلا وحينا مفصَّلا، ثمّ لا يكون ممكنا أن يُعقَل إلاّ بجهة واحدة فقط. فإنّه قد يصحّ هذا السؤال على هذه الجهة أيضا. وعلى أيّ معنى ما صحّ قولنا " هل الإنسان إنسانا " صحّ فيه أن يُطلَب السبب في ذلك فيقال " لِمَ الإنسان إنسان " و " بأيّ سبب الإنسان هو إنسان " و " لماذا الإنسان إنسان " و " عمّاذا ". ويصحّ أيضا " لِمَ الإنسان إنسان " إذا عُني به لِمَ الإنسان حيوان مشّاء ذو رجلين و لِمَ الإنسان ماهيّته هذه الماهيّة. وهذا إنّما يصحّ في الشيء الذي له حدّان أحدهما سبب لوجود الآخر فيه، مثل " لِمَ صار كسوف القمر هو انطماس ضوئه " - فإنّ انطماس ضوء القمر هو الكسوف - فيقال " لأنّه يحتجب بالأرض عن الشمس "؛ فكلاهما ماهيّة الكسوف، إلاّ أنّ احتجابه بالأرض عن الشمس هو السبب في ماهيّته الأخرى. وأمّا فيما عدا ذلك فلا يصحّ فيه هذا السؤال. وقد كان هذا لا يصلح أن يُسأل عنه بحرف " هل " وقد صلح أن يُسأل عنه بحرف " لِمَ ".

الفصل الثالث والثلاثون: حروف السؤال في الصنائع القياسيّة الأخرى (245) وأمّا صناعة الجدل فإنّها إنّما تستعمل السؤال بحرف " هل " في مكانين. أحدهما

يلتمس به السائل أن يتسلّم الوضع الذي يختار المجيب وضعه ويتضمّن حفظه أو نصرته من غير أن يتحرّى في ذلك لا أن يكون صادقا و لا أن يكون كاذبا. فإنّه لا يبالي كان ذلك الذي يضعه المجيب ويتضمّن حفظه صادقا أو كاذبا، ولإنّما يتحرّى في ذلك أن يكون موجبا أو سالبا فقط. والمجيب أيضا لا يبالي أيضا كيف كان ما يضعه، فإنّه يتضمّن حفظه وإن علم أنّه كاذب. والموجب الذي يضعه ليس بموجب اضطرّه إلى اعتقاده والقول به قياس أو برهان، بل موجب أوجبه هو؛ وكذلك السالب هو شيء يسلبه هو عن شيء من غير أن يكون قياس اضطرّه إلى وضعه أو اعتقاده، بل اختار أن يتضمّن حفظه اختيارا فقط. فلذلك تُسمّى أوضاعا. ويجمع فيه السائل بين جزأيّ النقيض ويقرن بهما حرف " هل " وحرف الانفصال. والثاني يستعمله بعد ذلك في أن يتسلّم به من المجيب مقدّمات يستعملها في إبطال الوضع الذي حفظه من غير أن يبالي كيف كانت المقدّمات - صادقة أو كاذبة - بعد أن تكون مشهورة أو - إن لم تكن مشهورة - كانت مقدّمات يعترف بها المجيب، ويجمع بين المتناقضين ليفوّض إلى المجيب النظر فيما يختار تسليمه منها ليكون إذا سلّم سلّم بعد تأمّلها هل هي نافعة للسائل أو غير نافعة، ليسلّم ما يظنّ بعد تأمّلها أنّها غير نافعة للسائل في أن يناقض بها المجيب في وضعه. (246) وربّما لم يجمع السائل بين المتناقضين إمّا للاختصار وإمّا للإخفاء. وربّما لم يستعمل حرف " هل " ولكن يستعمل حرف التقرير - وهو " أليس " - فيما يظنّ أنّ المجيب لا يمنع من تسليمه، وذلك في المشهورات. ولكن للمجيب أن لا يسلّم ذلك الذي ظنّ السائل أنّه يسلّمه وله أن يسلّمه نقيضه. لأنّ صناعة الجدل هي الارتياض والتخرّج في وجود قياس كلّ واحد من المتناقضين وارتياض فيما ينبغي أن يُفحَص عنه وتعقّب لكلّ واحد ممّا يقال فيوضع. فلذلك لا يبالي المرتاض بصدق ما يرتاض فيه ولا كذبه. فلذلك إذا سألت " هل كذا موجود كذا " إنّما تستعمل " الموجود " رابطا للمحمول بالموضوع في الإيجاب و " غير الموجود " رابطا في السلب من غير أن تعني به شيئا آخر غير ذلك. وقولنا " هل الإنسان موجود " إنّما نعني به هل ما يُعقَل منه هو وهم صادق أو كاذب. فلذلك أدخله الإسكندر الأفروديسيّ في مطلوبات العرض، إذ كان الصدق والكذب عارضين للأمر. وقوم أدخلوه في مطلوبات الجنس وآخرون أدخلوه في مطلوبات الحدود، إذ كان قد يُفهَم من قولنا هل الإنسان موجود " هل له ماهيّة بها قوامه أم لا. (247) غير أنّ الجدل ليس يرتفع في معاني الموجود عن ما هو المشهور من معانيه. فلذلك ينبغي أن يُفهَم من قولنا " هل الإنسان موجود " معنى هل الإنسان أحد الموجودات التي في العالم، مثال ما يقال في السماء " إنّها موجودة"

وفي الأرض " إنّها موجودة "، وهي كلّها راجعة إلى أنّها صادقة . فإنّهم إنّما يسمّون " غير الموجود " ما كان قد يُتوهَّم في النفس توهّما فقط من غير أن يكون خارج النفس. وإلى هذا المقدار يبلغ الجدل من معاني الموجود. أمّا في قولنا " هل كذا موجود كذا " فإنّمانستعمل الموجود رابطا يربط المحمول بالموضوع. وأمّا في مثل قولنا " هل الخلاء موجود " فعلى معنى هل ما يُفهَم من معاني الخلاء وهم كاذب أو هو مثال لشيء خارج النفس. أمّا عند تأمّلنا هذه الأشياء التي فيها نرتاض في الجدل عند فلسفتنا فيها لنصادف الحقّ اليقين فيها، فإنّا نأخذ المقدار الذي يفهمه الجمهور منه والذي يفهمه أهل الجدل فنتأمّله، فإن لزم عنه محال أزلنا موضع المحال منه ونكون قد وقفنا منه على شيء زائد نتأمّل ما صادقه منه. فإن لزم منه أيضا محال أو كان هناك قياس أبطله، أزلنا الموضع الذي لزم عنه المحال ونكون قد وقفنا منه على شيء آخر أيضا. ولا نزال هكذا حتّى لا يبقى فيه موضع معارضة ولا موضع يلزم منه محال. وهذا ليس بارتياض ولكن ابتداء من المعرفة الناقصة بالشيء وتدرّج في معرفته قليلا قليلا إلى أن نبلغ إلى أقصاه أو إلى أ كمل ما يمكن أن نعرف به الشيء. (248) وأمّا السوفسطائيّة فإنّها تستعمل السؤال بحرف " هل " في ثلاثة أمكنة. أحدها عند التشكيك السوفسطائيّ، فإنّه يسأل بالمتقابلين وبما هو في الظاهر والمغالطة متقابلين، ويلتمس إلزام المحال من كلّ واحد منهما. والثاني عندما تتشبّه بصناعة الجدل أو تغالط وتوهم أنّ صناعتها هي صناعة الارتياض. فيستعمل السؤال بحرف " هل " عند تسلّم الوضع ويستعمله أيضا عندما يلتمس تسلّم المقدّمات التي يُبطل بها على المجيب الوضع الذي تضمّن حفظه. غير أنّ ما تفعله صناعة الجدل فيما هو في الحقيقة مشهور تفعله السوفسطائيّة فيما هو في الظنّ والظاهر والتمويه أنّه مشهور من غير أن يكون في الحقيقة كذلك. والثالث عندما تتشبّه بالفلسفة وتوهم أنّها هي صناعة الفلسفة. وكلّ موضع تستعمل فيه الفلسفة فيه السؤال بحرف " هل " وتطلب به الحقّ اليقين من المطلوب بحرف " هل " فإنّ السوفسطائيّة تطلب فيه بحرف " هل " ما هو في الظنّ والتمويه والمغالطة حقّ يقين لا في الحقيقة. (249) وأمَا صناعة الخطابة فإنّ أ كثر مخاطباتها لا بالسؤال والجواب، وإنّما تستعمل السؤال حيث ترى أنّ السؤال انجح في اقتصاص مثل. وكذلك صناعة الشعر. وهما يقتصران من " هل هو موجود " و " هل كذا موجود كذا " على الأشهر من معاني الموجود وما هو من معانيه مفهوم في بادئ الرأي: أمّا في قولنا " هل كذا موجود كذا " فعلى أنّه رابط فقط، وأمّا في قولنا " هل كذا موجود " فعلى معنى هل هو محسوس أو هل هو ملموس وهل له أثر محسوس وهل له فعل محسوس. فإنّ

معاني الموجود هي هذه كلّها عندهم. ولذلك كلّ ما كان خارجا عن هذه كلّها كان عندهم غير موجود. ولذلك صارت الأجسام التي محسوساتها قليلة أو هي أخفى بالحسّ هي عندهم في حدّ ما هو غير موجود، مثل الريح والهواء والهباء. والخطابة تستعمل حرف " هل " على ما وُضع للدلالة عليه أوّلا، وتستعمله على طريق الاستعارة. وأمّا حرف " لِمَ " وحرف " ما " فإنّها لا تستعملها في السؤال إلاّ على طريق الاستعارة فقط. وحرف " أيّ " وحرف " كيف " فربّما استعملتهما في الدلالة على معانيهما الأول. وأ كثر ما تستعملهما إنّما تستعملهما أيضا على طريق الاستعارة. وبالجملة فإنّ صناعة الخطابة تستعمل جميع هذه الحروف على طريق الاستعارة. (250) ونقول الآن في الأمكنة التي يقال يقال فيها هذه الحروف على طريق الاستعارة والتجوّز والمسامحة. فالتجوّز والمسامحة إنّما تُستعمَل في الصنائع التي يحتاج الإنسان فيها إلى إظهار القوّة الكاملة في غاية الكمال على استعمال الألفاظ، فيعرّف أنّ له قدرة على الإبانة عن الشيء بغير لفظه الخاصّ به لأدنى تعلّق يكون له بالذي تُجعَل العبارة عنه باللفظ الثاني، أو له قدرة على استعمال اللفظ الذي يخصّ شيئا مّا على ما له تعلّق به ولو يسيرا من التعلّق، وليُبين عن نفسه أنّ له قدرة على أخذ اتّصالات المعاني بعضها ببعض ولو الاتّصال اليسير، ويبيّن أنّ عباراته وإبانته لا تزول ولا تضعف وإن عبّر عن الشيء بغير لفظه الخاصّ بل بلفظ غيره. وأمّا الاستعارة فلأنّ فيها تخييلا وهو شعريّ. (251) والصناعة التي حالها هذه الحال هي صناعة الخطابة وصناعة الشعر. فلذلك ينبغي أن يُعرَف كيف تستعمل هاتان الصناعتان هذه الحروف على طريق الاستعارة والتجوّز وأين تستعمل ما تستعمل منها على معانيها الأول وكيف مستعملها. ومن المشهور عند الجميع في بادئ الرأي أنّ الشيء الذي يقال إنّه مفرط في الخسّة والقلّة والهوان، وفي كلّ شيء كان في حيّز العدم، تدلّ معاني العبارة عنه باسمه الخاصّ أنّه ليس بشيء أصلا - يريدون أنّه ليس له ذات أصلا وأنّه ليس داخلا تحت نوع ولا جنس أصلا - فإنّه لذلك مجهول الذات أصلا لا يمكّن أحدا أن يُجيب عنه ما هو. وما هو مفرد في العِظَم والكثرة والجلالة من أيّ شيء كان يقال فيه " إنّه كلّ " - يريدون أنّ له ذات كلّ ما له ذات وأنّه داخل تحت كلّ نوع. وأيضا فإنّ كلّ ما هو جليل جدّا فإنّه يفوق طباع الإنسان أن يعرف ماهو وما ذاته، وذلك بحيث لا يمكّن أحدا أن يُجيب عنه ماهو أصلا حتّى يصف ما هو أقصى ما هو به موجود أيضا. وأيضا فإنّ كلّ صناعة من الصنائع القياسيّة الخمس فيها ضرب أو ضروب من السؤال خاصّ بها، ففي الفلسفة سؤال برهانيّ وفي الجدل سؤال جدليّ وفي الفلسفة سؤال سوفسطائيّ وفي الخطابة سؤال

خطبيّ وفي الشعر سؤال شعريّ. والسؤال الذي في كلّ صناعة هو على نوع ونحو وبحال مّا على غير ما هو في الأخرى. وللسؤال في كلّ صناعة أمكنة ينجح فيها وأمكنة لا ينجح فيها. فلذلك إنّما يصير ذلك السؤال نافعا وفي تلك الصناعة متى استُعمل في الأمكنة التي فيها ينجح وعلى النحو الذي ينجح. فالسؤال الجدليّ يكون بتصريح المتقابلين أو تكون قوّة ما صُرّح به قوّة المتقابلين. وكذلك في كثير من الصنائع. وأمّا السؤال الخطبيّ فمن ضروب سؤالاته أن يكون بأحد المتقابلين فقط.

تمّت رسالة الحروف للفيلسوف أبي نصر الفارابيّ.

بسم الله الرحمن الرحيم وبه نستعين

كتاب تحصيل السعادة

الأشياء الإنسانية التي إذا حصلت في الأمم وفي أهل المدن حصلت لهم بها السعادة الدنيا في الحياة الأولى والسعادة القصوى في الحياة الأخرى أربعة أجناس: الفضائل النظرية والفضائل الفكرية والفضائل الخلقية والصناعات العملية.

فالفضائل النظرية هي العلوم التي الغرض الأقصى منها أن تحصل الموجودات والتي تحتوي عليها معقولة متيقنا بها فقط. وهذه العلوم منها ما يحصل للإنسان منذ أول أمره من حيث لا يشعر ولا يدري كيف ومن أين حصلت وهي العلوم الأول ومنها ما يحصل بتأمل وعن فحص واستنباط تعليم وتعلم.

والأشياء المعلومة بالعلوم الأول هي المقدمات الأول ومنها يصار إلى العلوم التي تحصل عن فحص واستنباط وتعليم وتعلم. والأشياء التي يلتمس علمها بفحص أو تعليم هي التي تكون من أول الأمر مجهولة فإذا فحص عنها والتمس علمها صارت مطلوبة. فإذا حصل للإنسان فيما بعد ذلك عن استنباط أو تعلم اعتقاد أو رأي أو علم صارت نتائج.

والملتمس من كل مطلوب هو أن يحصل به الحق اليقين غير أنه كثيراً ما لا يحصل لنا به اليقين بل ربما حصل لنا ببعضه اليقين وحصل لنا في بعض ما نلتمسه منها ظن وإقناع وربما حصل لنا في تخيل وربما ضللنا عنه حتى تظن أنا قد صادفناه من غير أن نكون صادفناه. وربما عرضت لنا فيه حيرة إذا تكافأت عندنا المثبتة والمبطلة له والسبب في ذلك اختلاف الطرق التي نسلكها عند مصيرنا إلى المطلوب. فإنه لا يمكن أن يكون طريق واحد يوقعنا في المطلوبات اعتقادات مختلفة بل يجب أن تكون الطرق التي توقعنا في أصناف المطلوبات اعتقادات مختلفة طرقاً مختلفة لا نشعر باختلافها ولا بالفصول بينها بل نظن أنا نسلك إلى كل مطلوب طريقاً واحداً بعينه.

فينبغي أن نستعمل في مطلوب ما طريقاً شأنه أن يفضي بنا إلى اليقين ونسلك في مطلوب آخر طريقاً نصير منها إلى ما هو مثاله أو خياله أو طريقاً يفضي بنا إلى الإقناع فيه والظن فلا نشعر فيه. ويكون عندنا أن الطريق هو واحد بعينه وأن الذي سلكناه في الثاني هو الذي سلكناه في الأول وعلى هذه نجد الأمر في أكثر أحوالنا وفي جل من نشاهد من النار والفاحصين. فيتبين من ذلك أنا مضطرون قبل أن نشرع في الفحص عن المطلوبات إلى أن نعرف أن هذه الطرق كلها

صناعية وإلى علمٍ نميز به بين هذه الطرق المختلفة بفصول وعلامات تخص واحدة منها واحدة من تلك الطرق وأن تكون قرائحنا العلمية المفطورة فينا بالطبع مقومة بصناعة تعطينا علم هذه إذ كانت فطرتها غير كافية في تمييز هذه الطرق بعضها عن بعض وذلك أن تتيقن بأي شرائط وأحوال ينبغي أن تكون المقدمات الأول وبأي ترتيب ترتب حتى تفضي لا محالة بالفاحص إلى الحق نفسه وإلى اليقين فيه. وبأي شرائط وأحوال تكون المقدمات الأول وبأي ترتيب ترتب فلا تعطي في المطلوب الظن والإقناع حتى توهم أنه يقين من غير أن يكون يقيناً فتضلل الفاحص عن الحق أو تحيره فيه حتى لا يدري أيما هو الحق من مطلوبه فتفضي بالفاحص لا إلى الحق نفسه بل إلى مثال الحق وخياله.

فإذا عرفنا هذه كلها شرعنا حينئذ في التماس علم الموجودات. إما بفحصنا نحن بأنفسنا وإما بتعليم غيرنا لنا. فإننا إنما ندري كيف الفحص وكيف التعليم والتعلم بمعرفة الأشياء التي ذكرناها. وبهذه القوة نقدر أن نميز فيما استنبطنا نحن هل هو يقين أو ظن أو هو الشيء نفسه أو خياله ومثاله. وكذلك أيضا نمتحن بما قد تعلمناه من غيرنا وما نعلمه نحن غيرنا.

والمعلومات الأول في كل جنس من الموجودات إذا كانت فيها الأحوال والشرائط التي تفشي لأجلها بالفاحص إلى الحق اليقين فيما يطلب عمله من ذلك الجنس فهي مبادىء التعليم في ذلك لجنس. وإذا كانت للأنواع التي يحتوي عليها ذلك الجنس أو لكثير منها أسباب بها أو عنها أو لها وجود تلك الأنواع التي يحتوي عليها ذلك الجنس فهي مبادىء الوجود لما يشتمل عليه ذلك الجنس مما يطلب معرفته كانت مبادىء التعليم فيه هي بأعيانها مبادىء الوجود.

وسميت البراهين الكائنة عن تلك المعلومات الأول براهين لم الشيء إذا كانت تعطى مع علم هل الشيء موجود ولم هو موجود وإذا كانت المعلومات التي فيها تلك الأحوال والشرائط في جنس ما من الموجودات أسباباً لعلمنا بوجود ما يحتوي عليه ذلك لجنس من غير أن تكون أسباباً لوجود شيء منها كانت مبادىء التعليم في ذلك الجنس من غير أن تكون أسباباً لوجود شيء منها كانت مبادىء التعليم في ذلك الجنس غير مبادىء الوجود.

وكانت البراهين الكائنة عن تلك المعلومات براهين هل الشيء وبراهين إن الشيء لا براهين لم الشيء. ومبادىء الوجود أربعة: ماذا وبمادا وكيف وجود الشيء فإن هذه يعنى به أمر واحد وعماذا وجوده ولماذا وجوده. فإن قولنا عماذا. وجوده ربما دل به على المبادىء الفاعلة وربما دل به على المواد فتصير أسباب الوجود

ومبادئه أربعة. ومن أجناس الموجودات ما لا يمتنع أن لا يكون لوجوده مبدأ أصلاً وهو المبدأ الأقصى لوجود سائر الموجودات.

فإن هذا المبدأ إنما عندنا مبادىء علمنا له فقط ومنها ما توجد له هذه الأربعة بأسرها ومنها ما لا وكل علم من العلوم التي يلتمس بها أن تحصل الموجودات معقولة فقط فإنما قصدها أولا اليقين بوجود جميع ما يحتوي عليه الجنس الذي يلتمس عنه علم أنواعه ثم اليقين بمبادىء الوجود فيما له منه مبادىء والبلوغ في ذلك إلى استيفاء عدد المبادىء الموجودة فيه. فإن كانت المبادىء التي توجد له هي الأربعة بأسرها استوفاها كلها ولم يقتصر على بعضها دون بعض. وإن لم يكون فيه الأربعة كلها التمس الوقوف على مقدار ما يجد له من المبادىء كانت ثلاثة أو ثنتين أو واحدة ثم لم يقتصر في شيء من أجناس المبادىء القريبة من ذلك الجنس بل يلتمس مبادىء تلك المبادىء ومبادىء المبادىء إلى أن ينتهي إلى أبعد مبدأ يجده في ذلك الجنس فيقف.

وإن كان لهذا الأقصى الذي هو أقصى مبدأ في ذلك الجنس مبدأ أيضا ولم يكن من ذلك الجنس بل كان من جنس آخر لم يتخط إليه بل تخلى عنه. ويرجىء النظر فيه إلى أن يبلغ إلى النظر في العلم الذي يحتوي على ذلك الجنس فإذا كان الجنس الذي فيه ينظر توجد مبادىء التعليم فيه هي بأعيانها مبادىء وجود ما يحتوي عليه ذلك الجنس استعمل تلك المبادىء وسلك إلى ما بين يديه حتى يأتي على ما يحتوي عليه ذلك الجنس فيحصل له في كل مطلوب علم هل الشيء ولم هو معاً إلى أن ينتهي إلى أقصى ما سبيله أن يبلغ في ذلك الجنس. وإذا كانت مبادىء التعليم في جنس ما من الموجودات غير مبادىء الوجود فإنما يكون ذلك فقيما مبادىء الوجود فيه خفية غير معلومة من أول أمر وتكون مبادىء التعليم فيه أشياء وجودها غير مبادىء الوجود وتكون متأخرة عن مبادىء الوجود وإنما يصار إلى علم مبادىء الوجود إذا أُبتدىء من مبادىء التعليم فرتبت الترتيب الذي تلزم به النتيجة ضرورة فتكون النتيجة الكائنة هي مبدأ وجود الأشياء التي ألفت ورتبت فتكون مبادىء التعليم أسباباً لعلمنا بمبادىء الوجود وتكون النتائج الكائنة عنها مبادىء وأسباباً لوجود الأمور التي اتفق فيها إن كانت مبادىء للتعليم. فعلى هذه المثال نرتقي من علوم الأشياء المتأخرة عن مبادىء الوجود إلى اليقين بالأشياء التي هي ميادىء أقدم وجودا فإن كان مبدأ الوجود الذي صرنا إليه بهذا الطريق له مبدأ آخر أعل منه وأبعد من الأول جعلنا ذلك مقدماً وارتقينا منه إلى مبدأ المبدأ.

ثم نسلك على هذا الترتيب أبداً إلى أن تأتي على أقصى مبدأ نجده في ذلك الجنس. ولا يمتنع إذا ارتقينا إلى مبدأ ما عن أشياء معلوم وجودها عن ذلك المبدأ أن تكون أيضا هناك أشياء مجهول وجودها عن ذلك المبدأ خفية عنا لم نكن علمنا بها منذ أول الأمر فإذا استعملنا ذلك المبدأ الذي حصل معلوما عندنا الآن مقدمة وصرنا منها إلى معرفة تلك الأشياء الأخر الكائنة عن ذلك المبدأ أعطانا ذلك المبدأ في تلك الأشياء علم هل هو ولم هو معا. فإنه لا يمتنع أن تكون أشياء كثيرة كائنة عن مبدأ واحد ويكون واحد من تلك الأشياء الكثيرة هو المعلوم وحده عندنا عندنا منذ أول الأمر ويكون ذل المبدأ وتلك الأشياء الأخر الكائنة عنه خفية فنرتقي من ذلك الواحد المعلوم إلى علم المبدأ فيعطينا ذلك الواحد في ذلك المبدأ علم وجوده فقط. ثم نستعمل ذلك المبدأ في تبيين تلك الأشياء الأخر الخفية الكائنة عنه فنخطو منه إلى علم وجودها وسبب وجودها معاً. وإن كان لذلك المبدأ مبدأ آخر استعملناه أيضاً في تبيين أمر مبدئه فيعطينا علم وجود مبدئه الذي هو أقدم منه فنكون قد استعملناه في أمرين: يعطينا في أحد الأمرين علم وجوده فقط ويعطينا في الآخر علم وجوده وسبب وجوده. وعلى هذا المثال إن كان مبدأ المبدأ حاله هذه الحال بأن يكون له أيضا مبدأ وتكون له أشياء كائنة عنه استعملنا مبدأ المبدأ في تبيين مبدئه وفي تبيين تلك الأشياء الأخر الخفية الكائنة عنه. فيعطينا أيضاً ذلك المبدأ من مبدئه علم وجوده فقط ومن تلك الأشياء الأخر علم وجودها وسبب وجودها. فأول أجناس الموجودات التي ينظر فيها ما كان أسهل على الإنسان وأحرى أن لا تقع فيه حيرة واضطراب الذهن وهو الأعداد والأعظام. والعلم المشتمل على جنس الأعداد والأعظام هو علم التعاليم فيبتدأ أولا في الأعداد فيعطى في الأعداد الأعداد التي بها يكون التقدير ويعطى مع ذلك كيف التقدير بها في الأعظام الأخر التي شأنها أن تقدر.

ويعطى أيضا في الأعظام الأشكال والأوضاع وجودة الترتيب واتقان التأليف وحسن النظام ثم ينظر في الأعظام التي تلحقها الأعداد فيعطى تلك الأعظام كل ما يلحقها لأجل الأعداد من التقدير وجودة الترتيب واتقان التأليف وحسن النظام فيحصل لهذه الأعظام خاصة التقدير وجودة الترتيب واتقان التأليف وحسن النظام من جهتين: من جهة مالها من ذلك لأجل أنها أعظام ومن جهة ما لها ذلك ولكن من جهة أنها أعداد. وما لم يكن من الأعظام يلحقه العدد كان ما يلحقه من التقدير وجودة الترتيب واتقان التأليف وحسن النظام من جهة ما لها ذلك لأجل أنها أعظام فقط.

ثم من بعد ذلك ينظر في سائر الموجودات الأخر فما كان منها يلحقه التقدير وجودة الترتيب وحسن النظام من جهة الأعداد فقط أعطاها إياه. وينظر أيضا في سائر الأشياء التي لها أعظام فيعطيها كل ما يلحق الأعظام من جهة ما هي أعظام: من أشكال وأوضاع وتقدير وترتيب وتأليف ونظام. وما كان منها تلحقه هذه الأشياء من جهة الأعداد ومن جهة الأعظام جميعاً أعطاه ما يوجد في الجنسين من ذلك إلى أن يأتي على جميع الموجودات التي يمكن أن توجد فيها هذه الأشياء من جهة الأعداد والأعظام فيحدث من ذلك أيضا علوم المناظر وعلوم الأكبر المتحركة وعلوم في الأجسام السماوية وعلم الموسيقى وعلم الأثقال وعلم الحيل.

ويبتدىء فيأخذ في الأعداد والأعظام جميع الأشياء التي هي مبادىء التعاليم في الجنس الذي ينظر فيرتبها الترتيب الذي يحصل عن القوة التي تقدم ذكرها فيصير إلى ما يلتمسه من إعطاء شيء شيء من تلك في شيء شيء مما ينظر فيه. إلى أن يأتي عليها أجمع أو يبلغ من علم ذلك الجنس إلى مقدار ما تحصل منه أصول الصناعة فيكف إذ كان ما يبقى من ذلك الجنس ويلحق هذا العلم الذي نظره في الأعداد والأعظام أن تكون مبادىء التعليم فيه بأعيانها مبادىء الوجود فتكون براهينها كلها تجمع الأمرين جميعا أعني: أن تعطي وجود الشيء ولم هو موجود فتصير كلها براهين إن الشيء ولم هو معاً. ويستعمل من مبادىء الوجود ماذا وبماذا وكيف ذا وجوده دون الثلاثة لأنه ليس للإعداد ولا للأعظام المجردتين في العقل عن المادة مبادىء من جنسهما غير مبادىء وجوده وإنما توجد لهما المبادىء الأخر من جهة ما يوجدان طبيعين أو إراديين وذلك إذا أخذا في المواد. فلذلك لما كان نظره فيهما لا من جهة ما هما في المواد لم يستعمل فيهما ما لا يوجد فيهما من حيث هما لا في مواد. فيبتدىء أولاً من الأعداد ثم يرتقي إلى الأعظام ثم إلى سائر الأشياء التي تلحقها الأعداد والأعظام بالذات مثل المناظر والأعظام المتحركة التي هي الأجسام السماوية ثم إلى الموسيقى والأثقال والحيل فيكون قد ابتدأ مما قد يفهم ويتصور بلا مادة أصلاً.

ثم إلى ما من شأنه أن يحتاج في تفهمه وتصوره إلى مادة ما حاجة يسيرة جداً ثم إلى ما الحاجة في تفهمه وتصوره إلى مادة ما حاجة يسيرة جداً ثم إلى ما الحاجة في تفهمه وتصوره وفي أن يعقل إلى مادة ما حاجة أزيد قليلاً. ثم لا يزال يرتقي فيما تلحقه الأعداد والأعظام إلى ما يحتاج في أن يصير ما يعقل منه محتاجاً في أن يصير معقولاً إلى المادة أكثر إلى أن يصير إلى الأجسام السماوية ثم إلى الموسيقى ثم إلى الأثقال وعلوم الحيل. فيضطر حينئذ إلى استعمال الأشياء التي يعسر أن تصير

معقولة إذ لا يمكن أن توجد إلا في مواد فعند ذلك نضطر إلى إدخال مبادىء أخر غير مبادىء ماذا وبماذا وكيف ذا فيكون قد صار متاخماً. وفي الوسط بين الجنس الذي ليس له من مبادىء الوجود إلا ماذا وجوده وبين الجنس الذي توجد لأنواعه المبادىء الأربعة فحينئذ تلوح له المبادىء الطبيعية فعند ذلك ينبغي أن يشرع في علم الموجودات التي توجد لها مبادىء الوجود الأربعة وهو جنس الموجودات التي لا يمكن أن تصير معقولة إلا في مواد فإن المواد تسمى حينئذ الطبيعية.

فينبغي للناظر عند ذلك أن يأخذ كل ما في جنس الأمور الجزئية من مبادىء التعاليم وهي المقدمات الأول وينظر أيضا فيما قد حصل له من العلم الأول فيأخذ منه ما يعلم أنه يصلح أن يجعل مبادىء التعلم في هذا العلم فيبتدىء حينئذ فينظر في الأجسام وفي الأشياء الموجودة للأجسام وأجناس الأجسام وهي العالم والأشياء التي يحتوي عليها العالم.

وبالجملة هي أجناس الأجسام المحسوسة أو التي توجد لها الأشياء المحسوسة وهي الأجسام السماوية ثم الأرض والماء والهواء وما جانس ذلك من نار وبخار وغير ذلك. ثم الأجسام الحجرية والمعدنية التي على سطح الأرض وفي عمقها ثم النبات والحيوان غير الناطق والحيوان الناطق. ويعطي في كل واحد من أجناس هذه وفي كل واحد من أنواع كل جنس وجوده ومبادىء وجوده كلها. فإنه يعطي في كل واحد من المطلوبات فيه إنه موجود وماذا وبماذا وكيف وجوده وعماذا وجوده ولأجل ماذا وجوده. وليس يقتصر في شيء منه على مبادئه القريبة بل يعطي مبادىء مبادئه ومبادىء مبادىء مبادئه إلى أن ينتهي إلى أقصى المبادىء الجسمانية التي له. ومبادىء التعليم في جل ما يحتوي عليه هذا العلم هي مبادىء الوجود. وإنما يصار من مبادىء التعليم إلى علم مبادىء الوجود وذلك أن مبادىء التعليم في كل جنس من أجناس الأمور الطبيعية هي أشياء متأخرة عن مبادىء وجودها. فإن مبادىء الوجود في هذا الجنس هي أسباب وجود مبادىء التعليم وإنما يرتق إلى علم مبادىء كل جنس أو نوع عن أشياء كائنة عن تلك المبادىء فإن كانت تلك المبادىء قريبة وكانت للمبادىء مبادىء استعملت تلك المبادىء القريبة مبادىء التعليم فارتقي منها إلى علم مبادئها ثم إذا صارت تلك المبادىء معلومة صير منها إلى مبادىء تلك المبادىء إلى أن يتأتى على أقصى مبادىء وجود ذلك. وإذا ارتقينا من مبادىء التعليم إلى مبادىء الوجود فحصلت مبادىء الوجود معلومة ثم كانت هناك أشياء أخر كائنة عن تلك المبادىء

مجهولة سوى الأشياء المعلومة الأولى التي منها كنا ارتقينا إلى المبادىء استعملنا تلك المبادىء من مبادىء الوجود مبادىء التعليم أيضا.

فنصير منها إلى علم تلك الأشياء المتأخرة عنها فحينئذ تصير تلك المبادىء بالإضافة إلى تلك الأشياء المتأخرة عنها فحينئذ تصير تلك المبادىء بالإضافة إلى تلك الأشياء مبادىء التعليم ومبادىء الوجود جمعياً ويسلك هذا المسلك في كل جنس من أجناس الأجسام المحسوسة ونوع نوع من أنواع كل جنس. وعندما ينتهي بالنظر إلى الأجسام السماوية ويفحص عن مبادىء وجودها يضطرة النظر في مبادىء وجودها إلى أن يطلع على مبادىء ليست هي طبيعة ولا طبيعة بل موجودات أكمل وجوداً من الطبيعة والأشياء الطبيعية ليست بأجسام ولا في أجسام فيحتاج في ذلك إلى فحص آخر وعلم آخر يفرد فيما بعد الطبيعيات من الموجودات. فيصير عند ذلك أيضا في الوسط بين علمين: علم الطبيعة وعلم ما بعد الطبيعيات في ترتيب الفحص والتعليم وفوق الطبيعيات في رتبة الوجود.

وعندما ينتهي بالنظر إلى الفحص عن مبادىء وجود الحيوان يضطر إلى النظر في النفس ويطلع من ذلك على مبادىء نفسانية ويرتقي منها إلى النظر في الحيوان الناطق. فإذا فحص عن مبادئه اضطر إلى النظر فيماذا هو النظر وبماذا وكيف ذا وعماذا ولماذا فيطلع حينئذ على العقل وعلى الأشياء المعقولة فيحتاج حينئذ إلى أن يفحص عن ماذا العقل وبماذا وكيف هو وعماذا ولماذا وجوده فيضطره الفحص إلى أن يطلع من ذلك على مبادىء أخر ليست بأجسام ولا في أجسام ولا كانت ولا تكون في أجسام فيكون قد انتهى بالنظر في الحيوان الناطق إلى شبيه ما انتهى إإليه عند نظره في الأجسام السماوية فيصير إلى أن يطلع على مبادىء غير جسمانية نسبتها إلى ما دون الأجسام السماوية من الموجودات كنسبة المبادىء غير الجسمانية التي اطلع عليها عند نظره في السماوية إلى الأجسام السماوي. ويطلع من أمر النفس والعقل على مبادئها التي لأجلها كونت وعلى الغايات والكمال الأقصى الذي لأجله كون الإنسان. ويعلم أن المبادىء الطبيعية التي في الإنسان وفي التعليم غير كافية في أن يصير الإنسان بها إلى الكمال الذي لأجل بلوغه كون الإنسان.

ويتبين أنه محتاج فيه إلى مبادىء نطقية عقلية يسعى الإنسان بها نحو ذلك الكمال. فحينئذ يكون قد لاح للناظر جنس آخر غير ما بعد الطبيعيات سبيل الإنسان أن يفحص عما يشتمل عليه ذلك الجنس وهي الأشياء التي تحصل للإنسان إربه عن المبادىء العقلية التي فيه فيبلغ بها الكمال الذي تحصلت معرفته في العلم الطبيعي. ويتبين مع ذلك أن هذه المبادىء النطقية ليست إنما

هي أسباب ينال بها الإنسان الكمال الذي لأجله كون. ويعلم مع ذلك أن هذه المبادىء العقلية هي أيضا مبادىء لوجود أشياء كثيرة في الموجودات الطبيعية غير تلك التي أعطتها إياها المبادىء الطبيعية. وذلك أن الإنسان إنما يصير إلى الكمال الأقصى الذي له ما يتجوهر به في الحقيقة إذا سعى عن هذه المبادىء نحو بلوغ هذا الكمال وليس يمكنه أن يسعى نحوه إلا باستعمال أشياء كثيرة من الموجودات الطبيعية وإلى أن يفعل فيها أفعالاً تصير بها تلك الطبيعيات نافقة له في أن يبلغ الكمال الأقصى الذي سبيله أن يناله.

ويتبين له مع ذلك في هذا العلم أن كل إنسان إنما ينال من ذلك الكمال قسطاً ما وإن ما يبلغه من ذلك القسط كان أزيد أو أنقص إذ جميع الكمالات ليس يمكن أن يبلغها وحده بانفراده دون معاونة ناس كثيرين له. وإن فطرة كل إنسان أن يكون مرتبطاً فيما ينبغي أن يسعى له بإنسان أو ناس غيره وكل إنسان من الناس بهذه الحال. وإنه كذلك يحتاج كل إنسان فيما له أن يبلغ من هذا الكمال إلى مجاورة ناس آخرين واجتماعه معهم. وكذلك في الفطرة الطبيعية لهذا الحيوان أن يأوي ويسكن مجاوراً لمن هو في نوعه فلذلك يسمى الحيوان الإنسي والحيوان المدني. فيحصل ههنا علم آخر ونظر آخر يفحص عن هذه المبادىء العقلية وعن الأفعال والملكات التي بها يسعى الإنسان نحو هذا الكمال فيحصل من ذلك العلم الإنساني والعلم المدني.

فيبتدىء وينظر في الموجودات التي هي بعد الطبيعيات ويسلك فيها الطرق التي سلكها في الطبيعيات ويجعل مبادىء التعليم فيها ما يتفق أن يوجد من المقدمات الأول التي تصلح لهذا الجنس ثم ما قد برهن في العلم الطبيعي مما يليق أن يستعمل مبادىء التعليم في هذا الجنس وترتب الترتيب الذي سلف ذكره إلى أن يصار إلى شيء شيء مما في هذا الجنس من الموجودات. فيتبين الفاحص عنها أنه ليس يمكن أن يكون لشيء منها مادة أصلاً وإنما ينبغي أن يفحص في كل واحد منها ماذا وكيف وجوده ومن أي فاعل ولماذا وجوده. فلا يزال يفحص هكذا إلى أن ينتهي إلى موجود لا يمكن أن يكون له مبدأ أصلاً من هذه المبادىء: لا ماذا وجوده ولا عماذا وجوده ولا لماذا وجوده بل يكون هو المبدأ الأول لجميع الموجودات التي سلف ذكرها ويكون هو الذي به وعنه وله وجودها بالأنحاء التي لا تدخل عليه نقصاً أصلاً بل بأكمل الأنحاء التي بها يكون الشيء مبدأ للموجودات.

فإذا وقف على هذا فحص بعد ذلك عما يلزم أن يحصل في الموجودات إد كان ذلك الوجود مبدأها وسبب وجودها فيبتدىء من أقدمها رتبة في الوجود وهو

أقربها إليه حتى ينتهي إلى آخرها رتبة في الوجود وهو أبعدها عنه في الوجود فتحصل معرفة الموجودات بأقصى أسبابها. وهذا هو النظر الإلهي في الموجودات. فإن المبدأ الأول هو الإله وما بعده من المبادىء التي ليست هي أجساماً ولا في أجسام هي المبادىء الإلهية. ثم بعد ذلك يشرع في العلم الإنسان ويفحص عن الغرض الذي لأجله كون الإنسان وهو الكمال الذي يلزم أن يبلغه الإنسان ماذا وكيف هو. ثم يفحص عن جميع الأشياء التي بها يبلغ الإنسان ذلك الكمال إذ ينتفع في بلوغها وهي الخيرات والفضائل والحسنات ويميزها عن الأشياء التي تعوقه عن بلوغ ذلك الكمال وهي الشرور والنقائص والسيئات.

ويعرف ماذا وكيف كل واحد منها وعن ماذا ولمادا ولأجل ماذا هو إلى أن تحصل كلها معلومة ومعقولة متميزة بعضها عن بعض وهذا هو العلم المدني. وهو علم الأشياء التي بها أهل المدن بالإجتماع المدني ينال السعادة كل واحد بمقدار ما له أعد بالفطرة. ويتبين له أن الإجتماع المدني والجملة التي تحصل من اجتماع المدنيين في المدن شبيه باجتماع الأجسام في جملة العالم ويتبين له أيضا في جملة ما تشتمل عليه المدينة والأمة نظائر ما تشتمل عليه جملة العالم. وكما أن في العالم مبدأ ما أولاً ثم مبادىء أخر على ترتيب وموجودات عن تلك المبادىء وموجودات أخر تتلو تلك الموجودات على ترتيب إلى أن تنتهي إلى آخر الموجودات رتبة في الوجود كذلك في جملة ما تشتمل عليه الأمة أو المدينة مبدأ ما أول ثم مبادىء أخر تتلوه ومدنيون آخرون يتلون تلك المبادىء وآخرون يتلون هؤلاء إلى أن ينتهى إلى آخر المدنيين رتبة في المدينة والإنسانية حتى يوجد فيما تشتمل عليه المدينة نظائر ما تشتمل عليه جملة العالم.

فهذا هو الكمال النظري وهو كما تراه يشتمل على علم الأجناس الأربعة التي بها تحصل السعادة القصوى لأهل المدن والأمم. والذي يبقى بعد هذه أن تحصل هذه الأربعة بالفعل موجودة في الأمم والمدن على ما أعطتها الأمور النظرية. أترى هذه النظرية قد أعطت أيضا الأشياء التي بها يمكن أن تحصل هذه بالفعل في الأمم والمدن أم لا أما إنها أعطتها معقولة فقد أعطتها لكن إن كان إذا أعطيت معقولة فقد أعطيت موجودة فقد أعطيت العلوم النظرية هذه الأشياء موجودة بالفعل مثل أنه إن كان إذا أعطيت البنائية معقولة وعقل بماذا تلتئم البنائية وبماذا يلتئم البناء فقد أوجدت البنائية في الإنسان الذي عقل كيف صناعة البناء أو يكون إذا أعطي البناء معقولا فقد أعطي البناء موجوداً فإن العلوم النظرية قد أعطت ذلك. وإن لم يكن إذا عقل الشيء فقد وجد خارج العقل وإذا أعطي معقولا فقد أعطي موجودا لزم ضرورة عندما يقصد إيجاد هذه الأشياء النظر إلى

شيء آخر غير العلم النظري. وذلك أن الأشياء المعقولة من حيث هي معقولة هي مخلصة عن الأحوال والأعراض التي تكون لها وهي موجوة خارج النفس. وهذه الأعراض فيما تدوم واحدة بالعدد لا تتبدل ولا تتغير أصلا وفي التي لا تدوم واحدة بالنوع تتبدل. فلذلك يلزم في الأشياء المعقولة التي تدوم واحدة بالنوع إذا احتيج إلى إيجادها خارج النفس أن تقرن بها الأحوال والأعراض التي شأنها أن تقترن بها إذا أزمعت أن توجد بالفعل خارج النفس وذلك عام في المعقولات الطبيعية التي توجد وتدوم واحدة بالنوع وفي المعقولات الإرادية. غير أن المعقولات الطبيعية التي توجد خارج النفس إنما توجد عن الطبيعة وتقترن بها تلك الأعراض بالطبيعة. وأما المعقولات التي يمكن أن توجد خارج النفس بالإرادة فإن الأعراض والأحوال التي تقترن بها مع وجودها هي أقصى بالإرادة ولا يمكن أن توجد إلا وتلك مقترنة بها. وكل ما شأنه أن يوجد بالإرادة فإنه لا يمكن أن يوجد أو يعلم أولا فلذلك يلزم متى كان شيء من المعقولات الإرادية مزمعا أن يوجد بالفعل خارج النفس أن يعلم أولا الأحوال التي من شأنها أن تقترن به عند وجوده ولأنها ليست من الأشياء التي توجد واحدة بالعدد بل بالنوع أو الجنس صارت الأحوال والأعراض التي شأنها أن تقترن بها أحوالا وأعراضاً تتبدل عليها دائما تزداد وتنقص ويتركب بعضها مع بعض تركيبات لا تحاط بقوانين صورية لا تتبدل ولا تنتقل أصلا بل بعضها لا يمكن أن يجعل لها قوانين وبعضها يمكن أن يجعل لها قوانين لكل قوانين تبدل وكلمات تتغير. والتي لا يمكن أن يجعل لها قوانين أصلا فهي التي تبدلها تبدل دائم في مدد يسيرة والتي يمكن أن يجعل لها قوانين هي التي تتبدل أحوالها في مدد طويلة. وما يحصل منها موجودا فكثيرا ما يحصل على حسب ما عليه المريد الفاعل له وربما لم يحصل منه شيء أصلا وذلك للمتضادات العائقة له التي بعضها أمور طبيعية وبعضها إرادية كائنة عن إرادة قوم آخرين. وليس إنما تخلف تلك المعقولات الإرادية في الأزمان المختلفة حتى توجد في زمان ما يخالفه في أعراضها وأحوالها لما توجد عليه في زمان قلبه أو بعده بل تختلف أيضا أحوالها عند وجودها في الأمكنة المختلفة كما يتبين ذلك في الإشياء الطبيعية مثل الإنسان فإنه إذا وجد بالفعل خارج النفس يكون ما يوجد فيه من الأحوال والأعراض في زمان ما مخالفاً لما يوجد له منها في زمان آخر بعده أو قبله.

وكذلك حاله في الأمكنة المختلفة فإن الأعراض والأحوال التي توجد له توجد في بلاد مخالفة لما يوجد منه في بلاد أخرى والمعقول في جميع ذلك من معنى الإنسان معقول واحد. كذلك الأشياء الإرادية مثل العفة واليسار وأشباه ذلك هي

معان معقولة إرادية وإذا أردنا أن نوجدها بالفعل كان ما يقترن بها من الأعـراض عند وجودها في زمان ما مخالفا لما يقترن بها من الأعراض في زمان آخـر. ومـا مـن شأنه أن يوجد لها عند أمة ما غير ما يكون لها من الأعراض عند وجودهـا في أمـة أخرى. فبعضها تتبدل هذه الأعراض عليه ساعة ساعة وبعضها يوما يومـا وبعضـها شهرا وبعضها سنة سنة وبعضها حقبا حقبا وبعضها في أحقاب أحقاب. فمتى كـان شيء من هذه مزمعا أن يوجد بـإرادة فينبغـي أن يكـون المريـد لإيجـاد شيء مـن هذه بالفعل خارج النفس قد علم فيما تتبـدل عليـه الأعـراض في المـدة المعلومـة التي يلتمس إيجادها فيها وفي المكان المحدود من المعمورة. فيعلم الأعـراض الـتي سبيلها أن تكون لما شأنه أن يوجد بالإرادة ساعة ساعة وفي التي توجد شهرا شـهرا والتي توجد سنة سنة والتي توجد حقبا حقبا. أو في مدة أخـرى طويلـة محـدودة الطول في مكان ما محدود إما كـبيرا وإمـا صـغيرا ومـا سـبيله مـن هـذا أن يكـون مشتركا للأمم كلها أو لبعض الأمم أو لمدينة واحدة في مدة طويلة أو مشـتركا لهـم ي مدة قصيرة أو خاصا ببعضهم ينفعهم في مدة قصيرة. وإنما تتبدل أعـراض هـذه المعقولات وأحوالها عند ورود الأشياء الواردة في المعمورة إما مشـتركا لهـا كلهـا أو مشتركا لأمة أو لمدينة أو لطائفة من مدينة أو لإنسان واحد. والأشياء الـواردة إمـا واردة طبيعية أو واردة إرادية وهذه الأشياء ليس تحيط بهـا العلـوم النظريـة إنمـا تحيط بالمعقولات التي لا تتبدل أصلا.

فلذلك تحتاج إلى قوة أخرى وماهية يكون بها تميز الأشياء المعقولـة الإراديـة مـن جهة ما توجد لها هذه الأعراض المتبدلة وهي الجهات التي بهـا تحصـل موجـودة بالفعل عن الإرادة في زمان محدود ومكان محدود عند محدود عند وارد محدود. فالماهيـة والقـوة الـتي بهـا تسـتنبط وتميـز الأعـراض الـتي شـأنها أن تتبـدل على المعقولات التي شأن جزئياتها أن توجد بـالإرادة عنـدما يلتمـس إيجادهـا بالفعـل عن الإرادة في زمان محدود ومكان محـدود و عنـد وارد محـدود طـال الزمـان أو قصر عظم المكان أو صغر هي: القوة الفكرية. والأشياء الـتي سـبيلها أن تسـتنبط بالقوة الفكرية إنما تستنبط على أنا نافعة في أن تحصل غاية ما وغرض والمستنبط إنما ينصب الغاية ويقدمها في نفسه أولا ثم يفحص عن الأشـياء الـتي تحصـل بهـا تلك الغاية وذلك الغرض. وأكمل ما تكون القوة الفكرية متى كانت إنمـا تسـتنبط أنفع الأشياء في تحصيلها وربما كانت خيرا في الحقيقة وربما كانت شرا وربمـا كـانت خيرات مظنونة أنها خيرات.

فإذا كانت الأشياء التي تستنبط هي أنفع الأمور في غاية ما فاضلـة كـانت الأشـياء التي تستنبط هي الجميلة والحسنات. وإذا كـانت الغايـات شروراً كـانت الأشـياء

التي تستنبط بالقوة الفكرية شروراً أيضا وأموراً قبيحة وسيئات. وإذا كانت الغايات خيرات مظنونة كانت الأشياء النافعة في حصولها وبلوغها خيرات أيضا مظنونة. وتنقسم القوة الفكرية هذه القسمة فتكون الفضيلة الفكرية هي التي تستنبط ما هو أنفع في غاية ما فاضلة. وأما القوة الفكرية التي يستنبط بها ما هو أنفع في غاية هي شر فليست هي فضيلة فكرية بل ينبغي أن تسمى باسم آخر. وإذا كانت القوة الفكرية التي يستنبط بها ما هو أنفع في المظنونة أنها خيرا كانت حينئذ تلك القوة مظنوناً بها أنها فضيلة فكرية.

والفضيلة الفكرية منها ما يقتدر به على جودة الاستنباط لما هو أنفع في غاية فاضلة مشتركة لأمم أو لأمة أو لمدينة عند وارد مشترك فلا فرق بين أن يقال أنفع في غاية فاضلة وبين أن يقال أنفع وأجمل عامة فإن الأنفع الأجمل هو بالضرورة لغاية فاضلة والأنفع في غاية ما فاضلة هو الأجمل في تلك الغاية.

فهذه الفضيلة الفكرية هي فضيلة فكرية مدنية وهذه المشتركة ربما كانت ما سبيلها أن تبقى وتوجد مدة طويلة. ومنها ما يتبدى في مدد قصار إلا أن الفضيلة الفكرية التي إنما تستنبط الأنفع الأجمل المشترك لأمم أو لأمة أو لمدينة إذا كان شأن ما يستنبط أن يبقى عليهم مدة طويلة أو تكون متبدلة في مدة قصيرة فهي فضيلة فكرية مدنية. فإن كانت إنما تستنبط أبدا من المشتركات للأمم أو لأمة أو لمدينة ما إنما تتبدل في أحقاب أو في مدد طويلة محدودة كانت تلك أشبه أن تكون قدرة على وضع النواميس. وأما الفضيلة الفكرية التي إنما يستنبط بها ما يتبدل ف مدد قصار فهي القوة على أصناف التدبيرات الجزئية الزمنية عند الأشياء الواردة التي ترد أولا فأولا على الأمم أو على الأمة أو على المدينة وهذه الثانية تتلو الأولى. وأما القوة التي يستنبط بها ما هو أنفع وأجمل أو ما هو انفع في غاية فاضلة لطائفة من أهل المدينة أو لأهل منزل فإنما فضائل فكرية منسوبة إلى تلك الطائفة مثل إنها فضيلة فكرية منزلية أو فضيلة فكرية جهادية. وهذه أيضا تنقسم إلى ما سبيله أن لا يتبدل إلا في مدد طوال وإلى ما يتبدل في مدد قصار.

وقد تنقسم الفضيلة إلى أجزاء صغار من هذه مثل الفضيلة الفكرية التي يستنبط بها ما هو الأنفع والأجمل معا في غرض صناعة صناعة أو في غرض عرض حادث في وقت وقت فتكون أقسامها على عدد أقسام الصنائع وعلى عدد أقسام السير. وأيضا فإن هذه القوة تنقسم أيضا في أن يجور استنباط الإنسان بها هو أنفع وأجمل في غاية تخصه عند وارد يخصه هو في نفسه. وتكون قوة فكرية يستنبط بها ما هو أنفع وأجمل في غاية فاضلة تحصل لغيره فهذه فضيلة فكرية مشورية.

فربما اجتمعت هاتان في إنسان واحد وربما افترقنا. وظاهر أن الذي له فضيلة بها الأنفع والأجمل والأجل غاية ما فاضلة هي خير كان المستنبط خيرا في الحقيقة يهواه لنفسه أو خيرا في الحقيقة يهواه لغيره أو لخير مظنون عند من يهوى له وذلك الخير ليس يكن أن تكون له هذه القوة أو تكون له فضيلة خلقية من قبل أن يهوى إنسان الخير لغيره أكان خيرا في الحقيقة أو خيرا مظنونا عند من يهوى له الخير إنه خير لا خير فاضل.

وكذلك الذي يهوى لنفسه الخير الذي هو في الحقيقة خير ليس يكون إلا خيرا فاضلا ليس خيرا فاضلا في فكره بل خيرا فاضلا في خلقه وأفعاله ويشبه أن تكون فضيلته وخلقه وأفعاله على مقدار قوة فكرة على ما له من استنباط الأنفع والأجمل. فإن كان إنما يستنبط بفضيلته الفكرية من الأنفع والأجمل ما هو عظيم القوة مثل الأنفع في غاية فاضلة مشتركة لأمة أو لأمم أو مدينة مما شأنه أن لا يتبدل إلا في مدة طويلة فينبغي أن تكون فضائله الخلقية على حسب ذلك.

وكذلك إن كانت فضائله الفكرية إنما يقتصر بها على الأشياء التي هي أنفع في غاية خاصة وعند وارد خاص ففضيلته أيضا على مقدار ذلك. فكل ما كان من هذه الفضائل الفكرية أكمل رياسة وأعظم قوة كانت الفضائل الخلقية المقترنة به أشد رياسة وأعظم قوة. ولما كانت الفضيلة الفكرية التي يستنبط بها ما هو أنفع وأجمل في الغايات المشتركة عند الوارد المشترك للأمم أو لمة أو لمدينة منها فيما كان منها لا يتبدل إلا في مدد طويلة لما كانت أكمل رياسة وأعظم قوة والفضائل المقترنة بها أكملها كلها رياسة وأعظمها كلها قوة. ويتلو ذلك الفضيلة الفكرية التي يجوز بها استنباط ما هو أنفع في غاية مشتركة زمنية في مدد قصيرة وبيان الفضائل المقترنة بها على حساب ذلك. ثم تتلوها الفضائل الفكرية المقتصر بها على جزء جزء من أجزاء المدينة إما في الجزء المجاهدي أو في الجزء المالي أو في شيء شيء من سائر الأجزاء الأخر.

فالفضائل الخلقية فيها على حسب تلك إلى أن يأتي على الفضائل الفكرية المقترنة بصناعة صناعة بحسب غرض تلك الصناعة وبمنزل منزل وبإنسان إنسان في منزل منزل فيما يخصه عند وارد وارد عليه ساعة ساعة أو يوما يوما فإن الفضيلة المقترنة بها تكون بحسب ذلك. فإذن ينبغي أني فحص عن الفضيلة الكاملة التي هي أعظمها قوة أي فضيلة هي هل هي مجموع الفضائل كلها أو أن تكون فضيلة ما أو عدة فضائل قوتها قوة الفضائل كلها. فأي فضيلة ينبغي أن تكون قوتها قوة الفضائل كلها حتى تكون تلك الفضيلة أعظم الفضائل قوة فتلك الفضيلة هي الفضيلة التي إذا أراد الإنسان أن يوفي أفعالها لم يمكنه ذلك إلا

باستعمال أفعال سائر الفضائل كلها فإن لم يتفق أن تحصل فيه هذه الفضائل كلها حتى إذا أراد أن يوفي أفعال الفضيلة الرئيسة استعمل أفعال الفضائل الجزئية فيه كانت فضيلته الخلقية تلك فضيلة تستعمل فيها أفعال الفضائل الكائنة في كل من سواه من أمم أو مدن في أمة أو أقسام مدينته أو أجزاء كل قسم. فهذه الفضيلة هي الفضيلة الرئيسة التي فضيلة أشد تقدما منها في الرياسة.

ثم يتلوها ما شابهها من الفضائل التي قوتها شبيهة بهذه القوة في جزء جزء من أجزاء المدينة. فإن صاحب الجيش مثلا ينبغي أن تكون له مع القوة الفكرية التي يستنبط بها الأنفع والأجمل فيما هو مشترك للمجاهدين أن تكون له فضيلة خلقية إذا أراد أن يوفي فعلها استعمل الفضائل التي في المجاهدين من جهة ما هم مجاهدون مثل أن تكون شجاعته شجاعة يستعمل بها أفعال الشجاعات الجزئية التي في المجاهدين وكذلك مقتني الفضيلة الفكرية التي يستنبط بها ما هو الأنفع والأجمل في غايات مكتسبي أموال المدينة ينبغي أن تكون فضيلته الخلقية فضيلة يستعمل بها الفضائل الجزئية التي في أصناف مكتسبي أموال المدينة ينبغي أن يكون فضيلته الخلقية فضيلة يستعمل بها الفضائل الجزئية التي في أصناف مكتسبي الأموال من الناس. وتلك ينبغي أن تكون حال الصناعات فإن الصناعة الرئيسة التي لا تتقدمها صناعة أخرى في الرياسة هي الصناعة التي إذا أردنا أن نوفي أفعالها لم يمكن دون أن نستعمل أفعال الصنائع كلها وهي الصناعة التي لأجل توفية غرضها تطلب سائر الصنائع كلها وهي الصناعة التي لأجل توفية غرضها تطلب سائر الصنائع كلها.

فهذه الصناعة هي رئيسة الصناعات وهي أعظم الصناعات قوة. وتلك الفضيلة الخلقية هي أعظم الفضائل الخلقية قوة. ثم تتلو هذه الصناعة سائر الصناعات فتكون صناعة من جنس أكمل وأعظم قوة مما في جنسها متى كانت غايتها إنما توفى باستعمال أفعال الصنائع التي من جنسها مثل الصناعات الجزئية الرئيسة. فإن صناعة قود الجيوش منها هي الصناعة التي إنما يبلغ الغرض منها باستعمال أفعال الصنائع الحربية الجزئية وكذلك الصناعة التي ترأس الصناعة المالية في المدينة هي الصناعة التي إنما يبلغ غرضها من المال باستعمال الصنائع ثم ظاهر أن كل ما هو أنفع وأجمل فإما أن يكون أجمل في المشهور أو أجمل في ملة أو أجمل في الحقيقة. كذلك الغايات الفاضلة إما أن تكون فاضلة وخيرا في المشهور أو فاضلة وخيرا في ملة ما أو فاضلة وخيرا في الحقيقية. وليس يمكن أن يستنبط الأجمل عند أهل ملة ما إلا الذي فضائله الخلقية فضائل في تلك الملة خاصة

وكذلك من سواه. وتلك حال الفضائل التي هي أعظم قوة والجزئيات التي هي أصغرها قوة.

فالفضيلة الفكرية التي هي أعظمها قوة والفضيلة الخلقية التي هي أعظمها قوة لا يفارق بعضها بعضا. وبين أن الفضيلة الفكرية الرئيسة جدا لا يمكن إلا أن تكون تابعة للفضيلة النظرية لأنها إنما تميز أعراض تلك المعقولات التي جعلتها الفضيلة النظرية محصلة من غير أن تكون هذه الأعراض مقترنة بها. فإن كان مزمعا أن يكون الذي له الفضيلة الفكرية إنما يستنبط المتبدلات من الأعراض والأحوال في المعقولات التي معرفته بها تبصرة نفسه وعلم نفسه حتى لا يكون ما يستنبطه يستنبطه فيما عسى أن لا يكون صحيحا أن تكون الفضيلة الفكرية غير مفارقة للفضيلة النظرية. فتكون الفضيلة النظرية والفضيلة الفكرية الرئيسة والفضيلة الخليقة الرئيسة والصناعة الرئيسة غير مفارق بعضها بعضا وإلا اختلت هذه الآخرة ولم تكن كاملة ولا الغاية في الرياسة كاملة. لكن إن كانت الفضائل الخلقية إنما يمكن أن تحصل موجودة بعد أن صيرتها الفضيلة النظرية معقولة بأن تميزها الفضيلة الفكرية وتستنبط أعراضها التي تصير معقولاتها موجودة باقتران تلك الأعراض بها فالفضيلة الفكرية إذن سابقة للفضائل الخلقية. فإذا كانت سابقة لها فالذي له الفضيلة الفكرية التي يستنبط بها الفضائل الخلقية التي سبيلها أن توجد منفردة دون الفضائل الخلقية فإن انفردت الفضيلة الفكرية عن الفضيلة الخلقية لم يكن الذي له قدرة على استنباط الفضائل التي هي خيرات خيراً ولا بفضيلة واحدة. فإن لم يكن خيرا فكيف التمس الخير أو هوي الخير بالحقيقة لنفسه أو لغيره. فإن لم يكن هوية فكيف يقدر على استنباطه ولم يجعله غايته. فالفضيلة الفكرية إذن إذا انفردت دون الفضيلة الخلقية لم يمكن أن يستنبط بها الفضيلة الخليقة.

فإن كانت الفضيلة الخلقية لا تفارق الفضيلة الفكرية وكان وجودهما معا فكيف استنبطتها الفضيلة الفكرية ثم جعلتها مقترنة بها فإنه يلزم إن كانت غير مفارقة لها أن تكون استنبطتها هي وإن كانت هي التي استنبطتها فقد انفردت عنها. فلذلك إما أن تكون الحيرة وإما أن تجعل فضيلة أخرى مقترنة بالفضيلة الفكرية غير الفضيلة الخلقية التي استنبطتها القوة الفكرية. فإن كانت تلك الفضيلة الخلقية كائنة أيضا بإرادة لزم أن تكون الفضيلة الفكرية هي التي استنبطتها فيعود الشك الأول.

فإذن يلزم أن تكون الفضيلة الفكرية هي التي استنبطتها الفضيلة الفكرية مقترنة بالفضيلة النظرية تهدي بها من له الفضيلة الخيرية والغاية الفاضلة. وتكون تلك

الفضيلة طبيعية وكائنة بالطبع مقترنة بفضيلة فكرية كائنة بالطبع تستنبطها الفضائل الخلقية الكائنة بإرادة وتكون الفضيلة الكائنة بالإرادة هي الفضيلة الإنسانية التي إذا حصلت للإنسان بالطريق الذي تحصل له بها الأشياء الإرادية حصلت حينئذ الفضيلة الفكرية الإنسانية. ولكن ينبغي أن ينظر كيف هذه الفضيلة الطبيعية هل هي بعينها هذه الفضيلة الإرادية أم لا لكن ينبغي أن يقال إنها شبيهة بها مثل الملكات التي توجد في الحيوانات غير الناطقة مثل ما يقال الشجاعة في الأسد والمكر في الثعلب والروغان في الذئب والسرقة في العقعق وأشباه ذلك. فإنه لا يمنع أن يكون كل إنسان مفطوراً على أن تكون قوة نفسه في أن يتحرك إلى فعل فضيلة ما من الفضائل أو ملكة ما من الملكات في الجملة أسهل عليه من حركته إلى فعل ضدها. والإنسان أولا إنما يتحرك إلى حيث تكون الحركة عليه أسهل إن لم يقسر على شيء آخر غيره.

فإذا كان إنسان من الناس مفطورا مثلا على أن تكون حاله فيما نقدم عليه من المخاوف أكثر من إحجامه عنها فما هو إلا أن يتكرر عليه ذلك عدة مرار إلا وقد صارت له تلك الملكة إرادية وقد كانت له تلك الملكة الأولى الشبيهة بهذه طبيعية. فإن كانت كذلك في الفضائل الخلقية الجزئية التي شأنها أن تقترن بالفضائل الفكرية الجزئية فكذلك ينبغي أن تكون حال الفضائل الخلقية العظمى التي شأنها أن تقترن بالفضائل الفكرية العظمى. فإن كان كذلك لزم أن يكون إنسان دون إنسان مكونا بفطرته لفضيلة تشبه الفضيلة العظمى مقرونة بقوة فكرية بالطبع عظمى ثم سائر المراتب على ذلك. فإذا كان كذلك فليس أي إنسان اتفق تكون صناعته وفضيلته الخلقية وفضيلته الفكرية عظيمة القوة فإن الملوك ليس إنما هم ملوك بالإرادة فقط بل بالطبيعة وكذل الخدم خدم بالطبيعة أولا ثم ثانيا بالإرادة فيكمل ما أعدوا له بالطبيعة. فإذا كان كذلك فالفضيلة النظرية والفضيلة الفكرية العظمى والفضيلة الخلقية العظمى والصناعة العملية العظمى إنما سبيلها أن تحصل فيمن أعد لها بالطبع وهم ذوو الطبائع الفائقة العظيمة القوى جدا فإذا حصلت هذه في إنسان ما يبقى بعد هذا أن تحصل الجزئية في الأمم والمدن. ويبقى أن نعلم كيف الطريق إلى إيجاد هذه الجزئية في الأمم والمدن فإن الذي له هذه القوى العظيمة ينبغي أن تكون له قدرة على تحصيل جزئيات هذه في الأمم والمدن. وتحصيلها بطريقين أولين: بتعليم وتأديب.

والتعليم هو إيجاد الفضائل النظرية في الأمم والمدن والتأديب هو طريق إيجاد الفضائل الخلقية والصناعات العملية في الأمم. والتعليم هو بقول فقط والتأديب هو أن تعود الأمم والمدنيون الأفعال الكائنة عن الملكات العملية وبأن تنهض

عزائمهم نحو فعلها وأن تصير تلك وأفعالها مسئولية على نفوسهم ويجعلوا كالعاشقين لها. وإنهاض العزائم نحو فعل الشيء ربما كان بقول وربما كان بفعل. والعلوم النظرية إما أن يعلمها الأئمة والملوك وإما أن يعلمها من سبيله أن ستحفظ العلوم النظرية. وتعليم هذين بجهات واحدة بأعيانها وهي الجهات التي سلف ذكرها بأن يعرفوا أولا المقدمات الأول والمعلوم الأول في جنس جنس من أجناس العلوم النظرية ثم يعرفوا أصناف أحوال المقدمات وأصناف ترتيبها على ما تقدم ذكره. ويؤخذو بتلك الأشياء التي ذكرت بعد أن يكونوا قد قومت نفوسهم قبل ذلك: الأشياء التي تراض بها أنفس الأحداث الذين مراتبهم بالطبع في إنسانية هذه المرتبة. ويعودوا استعمال الطرق المنطقية كلها في العلوم النظرية كلها ويؤخذوا بالتعلم من صباهم على الترتيب الذي ذكره أفلاطون مع سائر الآداب ألى أن يبلغ كل واحد منهم أشده.

ثم يجعل الملوك منهم في مراتب رياسة رياسة من الرياسات الجزئية ويترقون قليلا قليلا من مراتب الرياسات الجزئية إلى أن يبلغوا ثمانية أسابيع من أعمارهم ثم يجلعوا في مرتبة الرياسة العظمى. فهذا طريق تعليم هؤلاء وثم الخاصة الذين سبيلهم أن لا يقتصر بهم في معلوماتهم النظرية على ما يوجبه بادىء الرأي المشترك. وينبغي أن يعلموا الأشياء النظرية بالطرق الإقناعية وأن كثيرا من النظرية يفهمونها بطريق التخييل وهي التي لا سبيل إلى أن يعقلها الإنسان إلا بعد أن يعقل معلومات كثيرة جدا وهي المبادىء القصوى والمبادىء التي ليست هي جسمانية. فإن تلك ينبغي أن يفهم العامة مثالاتها وتمكن في نفوسهم بطريق الإقناعات وتمييز ما ينبغي أن تعطاه أمة أمة من ذلك وما سبيله أن يكون مشتركا لجميع الأمم ولجميع أهل كل مدينة. وما ينبغي أن تعطاه أمة دون أمة أو مدينة دون مدينة أو طائفة من أهل مدينة دون طائفة. وهذه كلها سبيلها أن تميز بالفضيلة الفكرية إلى أن تحصل لهم الفضائل النظرية.

وأما الفضائل العملية والصناعات العملية فبأن يعودوا أفعالها وذلك بطريقين: أحدهما بالأقاويل الإقناعية والأقاويل الانفعالية وسائر الأقاويل التي تمكن في النفس هذه الأفعال والملكات تمكينا تاما حتى يصير نهوض عزائمهم نحو أفعالها طوعا وتلك ممكنة بما أعطتها من استعمال الصنائع المنطقية وما يعود وا من استعمالها. والطريق الآخر هو طريق الإكراه وتلك تستعمل مع المتمردين المعتاصين من أهل المدن والأمم الذي ليسو ينهضون للصواب طوعا من تلقاء أنفسهم ولا بالأقاويل. وكذلك من تعاصى منهم على تلقي العلوم النظرية التي تعاطاها. فإذن إذا كانت فضيلة الملك أو صناعته هي استعمال أفعال فضائل ذوي

الفضائل وصناعات ذوي الصناعات الجزئية فإنه يلزم ضرورة أن يكون من يستعملهم من أهل الفضائل وأهل الصنائع في تأديب الأمم وأهل المدن طائفتين أوليتين: طائفة يستعملهم في تأديب من يتأدب منهم طوعا وطائفة يستعملهم في تأديب من سبيله أن يؤدب كرها. وذلك على مثال ما يوجد الأمر عليه في أرباب المنازل والقوام بالصبيان والأحداث. فإن الملك هو مؤدب الأمم ومعلمها كما أن رب المنزل هو مؤدب أهل المنزل ومعلمهم والقيم بالصبيان والأحداث هو مؤدب الصبيان والأحداث ومعلمهم. وكما أن كل واحد من هذين يؤدب بعض من يؤدبه بالرفق والإقناع ويؤدب بعضهم كرها. كذلك الملك فإن تأديبهم كرها وتأديبهم طوعا. جميعا من أجل ما هية واحدة في أصناف الناس الذين يؤدبون ويقومون. وإنما يتفاضل في القلة والكثرة وفي عظم القوة وصغرها وعلى قدر عظم قوة تأديب الأمم. ويتفاضل في تقويمهم على قوة تأديب الصبيان والأحداث وتأديب أرباب المنازل لأهل المنازل. كذلك عظم قوة المقومين والمؤدبين الذين هم الملوك ومن يستعمل وما يستعمل في تأديب الأمم والمدن وإنه يحتاج من المهن التي بها يكون التأديب طوعا إلى أعظمها قوة ومن التي يؤدب بها كرها إلى أعظمها قوة وتلك من الماهية الجزئية وهي القوة على جودة التدبير في قوة الجيوش مثلا واستعمال آلات الحرب والناس الحربيين في مغالبة الأمم والمدن الذي لا يتعادون لفعل ما ينالون به السعادة التي لأجل بلوغها كون الإنسان. وإن كل موجود إنما كون ليبلغ أقصى الكمال الذي له أن يبلغه بحسب رتبته في الوجود الذي يخصه. فالذي للإنسان من هذا هو المخصوص باسم السعادة القصوى وما لإنسان إنسان من ذلك بحسب رتبته في الإنسانية هو السعادة القصوى التي تخص ذلك الجنس. والجزئي الكائن لأجل هذا الغرض هو الجزئي العادل والصناعة الجزئية التي غرضها هذا الغرض هي الصناعة الجزئية العادلة والفاضلة. والذين يستعملون في تأديب الأمم وأهل المدن طوعا هم أهل الفضائل والصنائع المنطقية. وظاهر أن الملك يحتاج إلى أن يعود إلى الأمور النظرية المعقولة التي قد حصلت معرفتها ببراهين يقينية ويلتمس في كل واحدة منها الطرق الإقناعية الممكنة فيها ويتحرى في كل واحدة منها جميع ما يمكن فيه من الطرق الإقناعية. وذلك يمكنه بما له من القوة على الإقناع في شيء شيء من الأمور لم يعمد إلى تلك القوة على الإقناع في شيء شيء من الأمور لم يعمد إلى تلك الأمور بأعيانها فيأخذ مثالاتها وينبغي أن يجعل تلك المثالات مثالات تخيل الأمور النظرية عند جميع الأمم باشتراك. ويجعل المثالات بما يمكن أن يوقع التصديق به بالطرق الإقناعية ويجتهد في كل ذلك أن يجعلها مثالات مشتركة وبطرق إقناعية مشتركة لجميع الأمم والمدن. ثم بعد ذلك

يحتاج إلى إحصاء أفعال الفضائل والصنائع العملية الجزئية وهـي الـتي اشـترطت فيها تلك الشرائط المذكورة فيما سلف. ويجعل لها طرقا إقناعيـة مشـورية تنهـض بها عزائمهم نحوها ويستعمل في ذلك الأقاويل التي يوطأ بها أمر نفسه والأقاويـل الإنفعالية والخلقية التي تخشع منها نفوس المدنيين وتذل وترق وتضعف.
وفي الأشياء المضادة لها يستعمل أقاويل انفعالية وخلقية تقوى لها نفوس المدنيين وتعز وتقسو وتحنو فهذه بأعيانها يستعملها في الملوك المشاكلين له والمضادين لـه وفي النـاس والأعـوان الـذي يسـتعملهم وفي الـذين يسـتعملهم المضـادون لـه وفي الفاضلين وفي المضادين لهم فإنه يستعمل فيما يخصه أقاويل تخشع منها النفـوس وتذل وفي المضادين أقاويل تعز بها النفوس وتقسو وتعـاف. وأقاويـل ينـاقض بهـا مخالفي تلك الآراء والأفعال بـالطرق الإقناعيـة وأقاويـل تقبـح آراءهـم وأفعـالهم وتظهر نكرها وشنعتها. ويسـتعمل في ذلـك مـن الأقاويـل الصـنفين جميعـا أعنـي الصنف الذي سبيله أن يستعمل حينا بحين ويوما بيوم ووقتا بوقت ولا يحفظ ولا يستدام ولا يكتب. ويستعمل الصنف الآخر وهو الذي سبيله أن يحفظ ويسـتدام متلوا ومكتوبا ويجعل في كل من الكتابين الآراء والأفعال التي إليها دعوا والأقاويل التي التمس بها أن تحفظ عليهم وتمكن فيهـم مـا إليـه دعـوا حـتى لا تـزول عـن نفوسهم والأقاويل التي يناقض بها من ضاد تلـك الآراء والأفعـال فتحصـل للعلـوم التي يؤدبون بها ثلاث رتب لكل علم منهـا قـوم يسـتحفظونه ممـن لـه قـوة على جودة اسـتنباط مـا لم يصرح لـه في الجنـس الـذي اسـتحفظ وعلى القيـام بنصرته ومناقضة ما يناقضه ومضادة ما ضاده وعلى جودة تعليم كـل ذلـك ملتمسـين ثـم بعد ذلك ينظر في أصناف الأمم أمة أمة وينظر فيما وطنت له تلك الأمـة بـالطبع المشترك من الملكات والأفعال الإنسـانية حـتى يـأتي على النظـر في الأمـم كلهـم أو أكثرهم وينظر فيما سبيل الأمم كلهم أن يشتركوا فيه وهو الطبيعة الإنسانية التي تعمهم.
ثم ما سبيل كل طائفة من كل أمة أن تخص به فيميز هذه كلها وتحصل بالفعـل. ثم الأشياء التي سبيلها أن تقوم بها أمة أمة من الأفعال والملكـات ويسـددوا فيهـا نحو السعادة كم عدد ذلك بالتقريب وأي أصناف الإقناعـات ينبغـي أن تسـتعمل معهم وذلك في الفضـائل النظريـة والفضـائل العمليـة. فيثبـت مـا لأمـة أمـة على حيالها بعد أن يقسم أقسام كل أمة وينظر هل يصلح أن تستحفظ طائفـة منهـم العلـوم النظريـة أم لا وهـل فيهـم مـن يسـتحفظ النظريـة الذائعـة أو النظريـة المخيلة. فإذا حصلت هذه كلها عنـدهم كـانت العلـوم الحاصـلة عنـدهم أربعـة: أحدها الفضيلة النظرية التي تحصل بها الموجودات معقولة عن براهين يقينية ثم

تحصل تلك المعقولات بأعيانها عن طرق إقناعية ثم العلم الذي يحتوي على مثالات تلك المعقولات مصدقا بها بالطرق الإقناعية ثم بعدها العلوم المنتزعة عن هذه الثلاثة لأمة أمة فتكون تلك العلوم المنتزعة على عدد الأمم يحتوي كل علم منها على جميع الأشياء التي تكمل بها تلك الأمة وتسعد. فذلك محتاج إلى أن يرتب لعلم ما تسعد به أمة أمة أو قوم قوم أو إنسان إنسان ويستحفظ ما ينبغي أن تؤدب به تلك الأمة فقط ويعرف الأشياء التي تستعمل في تأديب تلك الأمة من طريق الإقناع. وينبغي أن يكون الذي يستحفظ ما ينبغي ان يعلمه تلك الأمة إنسان أو قوم له أو لهم أيضا قوة على جودة استنباط ما لم يعطه أو يعطوه بالفعل في الجنس الذي استحفظ وعلى القيام بنصرته ومناقضة ما ضاده وعلى جودة تعليمه لتلك الأمة ملتمسا بكل ذل تتميم غرض الرئيس الأول في الأمة التي لأجلها أعطاه أو أعطاهم ما أعطاه. فهؤلاء هم الذي سبيلهم أن يستعملوا في تأديب الأمم طوعا والأفضل أن يكون في كل واحد من هؤلاء الذي إليهم تفويض تأديب الأمم من هؤلاء الطوائف في كل واحد منهم فضيلة جزئية وفضيلة فكرية ينتفعون بهما على جودة استعمال الجيوش في الحروب إذا احتاجوا إلى ذلك حتى تجتمع في كل واحد منهم ماهية التأديب بالوجهين جميعا.

فإن لم يتفق ذلك في إنسان واحد أضاف إلى الذي يؤدب طوعا من له هذه الماهية الجزئية وتصير سنة من يفوض إليه تأديب كل أة أن يكون له قوم يستعملهم في تأديب تلك الأمة طوعا أو كرها فيجعل من يستعملهم أيضا طائفتين أو طائفة واحدة لها ماهية في الأمرين جميعا. ثم تقسم تلك الطائفة أو الطائفتين إلى أجزائها أو أجزاء كل واحدة منها إلى أن تنتهي إلى أصغر أجزائها أو أصغرها قوة في التأديب. ويجعل المراتب فيها بحسب الفضيلة الفكرية التي في كل واحد منهم إما فضيلة فكرية يستعمل بها أجزاء أو فكرية يستعمل بها أجزاء أخر. فيكون أما ذاك فقريبا وأما هذا فمحاذيا بحسب قوة فضيلته الفكرية.

فإذا حصلت هاتان الطائفتان في كل أمة أو في كل مدينة ترتبت الأجزاء الأخر عن هؤلاء. فهذه هي الوجوه و الطرق التي منها تحصل في الأمم والمدن الأشياء الإنسانية الأربعة التي بها ينالون السعادة القصوى. وأول هذه العلوم كلها هو العلم الذي يعطي الموجودات معقولة ببراهين يقينية وهذه الأخر إنما تأخذ تلك بأعيانها فتقنع فيها أو تتخيلها ليسهل بذلك تعليم جمهور الأمم وأهل المدن. وذلك أن الأمم وأهل المدن منهم من هو خاصة ومنهم من هو عامة. والعامة هم الذين يقتصرون أو الذي سبيلهم أن يقتصر بهم في معلوماتهم النظرية على ما

يوجبه بادىء الرأي المشترك. والخاصة هم الذين ليس يقتصرون في شيء من معلوماتهم النظرية على ما يوجبه بادىء الرأي المشترك.

بل يعتقدون ما يعتقدونه ويعلمون ما يعلمونه عن مقدمات تعقبت غاية التعقب فلذلك صار كل من ظن بنفسه أنه لا يتقصر على ما يوجبه بادىء الرأي المشترك في الأمر الذي ينظر فيه ظن بنفسه أنه خاصي في ذلك الأمر وبغيره أنه عامي. فلذلك صار الحاذق من أهل كل صناعة يسمى خاصيا لعلمهم أنه ليس يقتصر فيما تحتوي تلك الصناعة على ما يوجبه بادىء الرأي المشترك فيها بل يستقصيها ويتعقبها غاية التعقب. وأيضا فإنه يقال عامي لكل من لم تكن له رياسة ما مدنية ولا كانت له صناعة يرشح بها لرئاسة مدنية بل إما لا صناعة له أصلا أو أن تكون صناعته صناعة يخدم بها في المدينة فقط.

والخاصي كل من له رئاسة ما مدنية أو كل من له صناعة يرصد بها لرئاسة ما مدنية. ولذلك كل من ظن بنفسه أن له صناعة يصلح أن يتقلد بها رئاسة ما مدنية أو حالة حال يظن بها عند نفسه أنها حال رئاسة مدنية يسمي نفسه خاصيا مثل ذوي الأحساب وكثير من ذوي اليسار العظيم. وأدخل في الخصوص كل من كانت صناعته صناعة أكمل في أني تقلد بها رئاسة. فأخص الخواص يلزم أني كون هو الرئيس الأول فيشبه أن يكون ذلك لأجل أنه هو الذي لا يتقصر في شيء من الأشياء أصلا على ما يوجبه بادىء الرأي المشترك. وبالواجب ما استأهل بملكته وبماهيته الرياسة الأولى والخصوص الخاص. وكل من تقلد رئاسة مدنية قصد بها تتميم غرض الرئيس الأول فهو تابع لآراء متعقبة في الغاية من التعقب إلا أنه لم تكن آراؤه التي بها صار تابعا أو بها يتمكن في نفسه أنه ينبغي أن يخدم بصناعته تلك الرئيس الأول إلا بما أوجبه بادىء الرأي فقط ويكون في معلوماته النظرية على ما يوجبه بادىء الرأي المشترك فيحصل أن يكون الخصاي هو الرئيس الأول والذي عنده من العلم العلم الذي يحتوي على المعقولات ببراهين يقينية والباقون عامة وجمهور.

فالطرق الإقناعية والتخيلات إنما تستعمل إذن في تعليم العامة وجمهور الأمم والمدن. وطرق البراهين اليقينية في أن تحصل بها الموجودات أنفسها معقولة تستعمل في تعليم من سبيله أن يكون وهذا العلم هو أقدم العلوم وأكملها رئاسة وسائر العلوم الأخر الرئيسة هي تحت رئاسة هذا العلم. وأعني بسائر العلوم الرئيسة الثاني والثالث ثم المنتزع منها إذ كانت هذه العلوم إنما تحتذي حذو ذلك العلم وتستعمل ليكمل الغرض بذلك العلم وهو السعادة القصوى والكمال الأخير الذي يبلغه الإنسان.

وهذا العلم كما يقال: غنه كان فيالقديم في الكلدانيين وهم أهل العراق ثـم صـار إلى أهل مصر ثم انتقل إلى اليونـانيين ولم يـزل إلى أن انتقـل إلى السريانيين ثـم إلى العرب. وكانت العبارة عن جميع ما يحتوي عليه ذلك العلم باللسان اليونـاني ثـم صارت باللسان السرياني ثم باللسان العربي. وكان الذين عنـدهم هـذا العلـم مـن اليونـانيين يسـمونه الحكمـة على الإطلاق والحكمـة العظمـى ويسـمون اقتناءهـا العلم وملكته الفلسـفة ويعنـون بـه إيثـار الحكمـة العظمـى ومحبتهـا ويسـمون المقتني لها فيلسوفا ويعنون المحب والمـؤثر للحكمـة العظمـى ويـرون أنهـا هـي بالقوة الفضائل كلها ويسمونها علم العلوم وأم العلـوم وحكمـة الحكـم وصـناعة الصناعات ويعنون بها الصـناعة الـتي تسـتعمل الصـناعات كلهـا والفضـيلة الـتي تستعمل الفضائل كلها والحكمة التي تستعمل الحكم كلها.

وذلك أن الحكمة قد تقال على الحذق جدا وبإفراط في أي صناعة كانت حتى يرد من أفعال تلك الصناعة ما يعجز عنه أكثر من يتعاطاهـا. ويقـال حكمـة بشريطة فإن الحاذق بإفراط في صناعة ما يقال إنه حكيم في تلـك الصـناعة وكـذلك النافـذ الروية والحثيث فيها قد يسمى حكيما في ذلك الشيء الذي هو نافذ الرؤيـة فيـه. إلا أن الحكمة عل الإطلاق في هذا العلم وملكته. وإذا انفردت العلوم النظرية ثـم لم يكن لمن حصلت له قوة على استعمالها في غيره كانت فسلفة ناقصة.

والفيلسوف الكامل على الإطلاق هو أن تحصل له العلوم النظرية وتكون لـه قـوة على استعمالها في كل من سواه بالوجه المكن فه. وإذا تؤمـل أمـر الفيلسـوف على الإطلاق لم يكو بينه وبين الرئيس الأول فرق وذلك أن الذي له قـوة على اسـتعمال ما تحتوي عليه النظرية في كل من سواه أهل هو أن تكون له القوة على إيجادهـا معقولة وعلى إيجاد الإرادية منها بالفعل. وكلما كانت قوته على هذه أعظم كـان أكمل فلسفة فيكون الكامل على الإطلاق هو الذي حصلت لـه الفضـائل النظريـة أولا ثم العملية ببصيرة يقينية. ثم أن تكون له قدرة على إيجادها جميعا في الأمم والمدن بالوجه والمقدار الممكنين في كل واحد منهم. ولما كان لا يمكن أن تكون لـه قوة على إيجادها إلا باستعمال براهين يقينية وبطرق إقناعية وبطرق تخيليـة إمـا طوعا أو كرها صار الفيلسوف على الإطلاق هو الرئيس الأول.

وإذا كان كل تعليم فهو يلتئم بشـيئين بتفهيـم ذلـك الشيء الـذي يتعلـم وإقامـة معناه في النفس ثم بإيقـاع التصـديق بمـا فهـم وأقيـم معنـاه في النفـس. وتفهيـم الشيء على ضربين: أحدهما أن تعقل ذاته والثاني بأن يتخيل بمثاله الـذي يحـاكيه. وإيقاع التصديق يكون بأحد طريقين: إما بطريـق البرهـان اليقينـي وإمـا بطريـق الإقناع. ومتى حصل علم الموجودات أو تعلمت فإن عقلت معانيها أنفسها وأوقع

التصديق بها عن البراهين اليقينية كان العلم المشتمل على تلك المعلومات فلسفة. ومتى علمت ب
أن تخيلت بمثالاتها التي تحاكيها وحصل التصديق بما خيل منها عن الطرق الإقناعية كان المشتمل على تلك المعلومات تسمية القدماء ملة. وإذا أخذت تلك المعلومات أنفسها واستعمل فيها الطرق الإقناعية سميت الملكة المشتملة عليها الفلسفة الذائعة المشهورة والبرانية. فالملة محاكية للفلسفة عندهم وهما يشتملان على موضوعات بأعيانها وكلتاهما تعطيان المبادئ القصوى للموجودات. فإنهما تعطيان علم المبدأ الأول والسبب الأول للموجودات وتعطيان الغاية القصوى التي لأجلها كون الإنسان وهي السعادة القصوى والغاية القصوى في كل واحد من الموجودات الأخر. وكل ما تعطيه الفلسفة من هذه معقولا أو متصورا فإن الملة تعطيه متخيلا وكل ما تبرهنه الفلسفة من هذه فإن الملة تقتنع. فإن الفلسفة تعطي ذات المبدأ الأول وذات المبادئ الثواني غير الجسمانية التي هي المبادئ القصوى معقولات والملة تخيلها بمثالاتها المأخوذة من المبادئ الجسمانية وتحاكيها بنظائرها من المبادئ المدنية وتحاكي الأفعال الإلهية بأفعال المبادئ المدنية وتحاكي أفعال القوى والمبادئ الطبيعية بنظائرها من القوى والملكات والصناعات الإرادية كما يفعل ذلك أفلاطن في طيماوس.
وتحاكي المعقولات منها بنظائرها من المحسوسات مثل من حاكى المادة بالهاوية أو الظلمة أو الماء العدم بالظلمة. وتحاكي أصناف الصناعات القصوى التي هي غايات أفعال الفضائل الإنسانية بنظائرها من الخيرات التي يظن أنها هي الغايات. وتحاكي السعادات التي هي في الحقيقة سعادات بالتي يظن أنها سعادات. وتحاكي مراتب الموجود في الوجود بنظائرها من المراتب المكانية والمراتب الزمانية وتتحرى أن تقرب الحاكية لها من ذواتها. وكل ما تعطي الفلسفة فيه البراهين اليقينية فإن الملة تعطي فيه الإقناعات والفلسفة تتقدم بالزمان الملة. وأيضا فإن معقولات الأشياء الإرادية التي تعطيها الفلسفة العملية بين أنها إذا التمس إيجادها بالفعل فينبغي أن تشترط فيها الشرائط التي بها يمكن أن تحصل موجودة بالفعل وتأتلف بأعيانها إذا اشترطت فيها الشرائط التي بها يمكن وجودها بالفعل في النواميس.
فواضع النواميس هو الذي له قدرة على أن يستخرج بجودة فكرته شرائطها التي بها تصير موجودة بالفعل وجودا تنال بها السعادة القصوى. وبين أنه ليس يلتمس واضع النواميس استنباط شرائطها أو تعقلها قبل ذلك ولا يمكن أن يستخرج شرائطها التي يسدد بها نحو السعادة القصوى أو يعقل السعادة القصوى وليس

يمكن أن تحصل له هذه الأشياء معقولة وتصير بها ماهية وضع النـواميس رئيسـة أولى دون أن يكون قد حاز قبل ذلك الفلسفة.

فإذن يلزم فيمن كان واضع نواميس - على أن ماهيته ماهية رئاسة لا خدمـة - أن يكون فيلسوفا. وكذلك الفيلسوف الذي اقتنى الفضائل النظرية فإن ما اقتناه مـن ذلك يكون باطلا إذا لم تكن له قدرة على إيجادها في كل من سواه بالوجه الممكن فيه. وليس يمكن أن يستخرج في المعقـولات الإراديـة أحوالهـا وشرائطها الـتي بهـا تكون موجودة بالفعل دون أن تكون له فضيلة فكرية.

والفضيلة الفكرية التي لا يمكن أن توجد فيه دون الفضيلة العملية و لا يمكن مع ذلك إيجادها في كل ما سواه بالوجه الممكن إلا بقـوة على جـودة الإقنـاع وجـودة التخييل. فإذن معنى الإمام والفيلسوف وواضع النواميس معنى واحد إلا أن اسـم الفيلسوف يدل منه على الفضيلة النظرية إلا أنها إن كانت مزمعـة على أن تكـون الفضيلة النظرية على كمالها الأخير من كل الوجوه لزم ضرورة أن تكون فيه سـائر القوى. وواضع النواميس يدل منه على جودة المعرفة بشرائط المعقـولات العمليـة والقوى على استخراجها والقوة على إيجادهـا في الأمـم والمـدن. فـإن كـانت هـذه مزمعة أن تكون موجودة عن علم لزم أن تكون قبل هذه فضيلة نظرية على جهة ما يلزم وجود المتأخر وجود المتقدم.

واسـم الملـك يـدل على التسـلط والاقتـدار. والاقتـدار التـام هـو أن يكـون أعظـم الاقتدارات قوة وأن لا يكون اقتدارا على الشيء بالأشياء الخارجة عنه فقط بـل مـا يكون في ذاته من عظم المقـدرة بـأن تكـون صـناعته ومـاهيته وفضـيلته عظيمـة القوة جدا وليس يمكن ذلك إلا بعظم قوة المعرفة وعظم قوة الفكرة وعظـم قـوة الفضيلة والصناعة وإلا لم يكن ذا مقدرة على الإطلاق ولا ذا تسـلط إذ كـان يبقـى فيما كان دون هذه المقدرة نقص في قدرته. وكذلك إن لم تكـن لـه مقـدرة إلا على الخيرات التي هي ون السعادة القصوى كـان اقتـداره أنقـص لم يكـن كملا. فلـذل صار الملك على الإطلاق هو بعينه الفيلسوف وواضع النواميس. وأما معنـى الإمـام في لغة العرب فإنما يـدل على مـن يـؤتم بـه ويتقبـل وهـو إمـا المتقبـل كماله أو المتقبل غرضه فإن لم يكن متقبلا بجميع الأفعال والفضائل والصناعات الـتي هـي غير متناهية لم يكن متقبلا على الإطلاق. وإن لم يكن ها هنا غرض يلتمس حصوله بشيء من الصنائع والفضائل والأفعال سوى غرضه كانت صناعته هي أعظم الفكر قوة وفضيلته أعظم الفضائل قوة وفكرته أعظم الفكرة قوة وعلمه أعظـم العلـوم قوة.

إذ كان بجميع هذه التي فيه يستعمل قوى غيره في تكميل غرضه وليس يمكن ذلك دون العلوم النظرية ودون الفضائل الفكرية التي هي أعظمها قوة ثم دون سائر تلك الأشياء التي تكون في الفيلسوف. فتبين أن معنى الفيلسوف والرئيس الأول وواضع النواميس والإمام معنى كله واحد. وأي لفظة ما أخذت من هذه الألفاظ ثم أخذت ما يدل عليه كل واحد منها عند جمهور أهل لغتنا وجدتها كلها تجتمع في آخر الأمر في الدلالة على معنى واحد بعينه. ومتى حصلت هذه الأشياء النظرية التي تبرهنت في العلوم النظرية مخيلة في نفوس الجمهور وأوقع التصديق بما تخيل منها وحصلت الأشياء العملية بشرائطها التي بها وجودها ممكنة في نفوسهم واستولت عليها وصارت عزائمهم لا تنهضم نحو فعل شيء آخر غيرها فقد حصلت الأشياء النظرية والعملية تلك وهذه بأعيانها إذا كانت في نفس واضع النواميس فهي فلسفة وإذا كانت في نفوس الجمهور فهي ملة. وذلك أن الذي يبين هذه في علم واضع النواميس بصيرة يقينية والتي تمكن في نفوس الجمهور متخيل وإقناع وعلى أن واضع النواميس يتخيل أيضا هذه الأشياء وليست المتخيلات له ولا المقنعات فيه بل يقينية له وهو الذي اخترع المتخيلات والمقنعات لا ليمكن بها تلك الأشياء في نفسه على أنها ملكة له إنما على أنها متخيل وإقناع لغيره ويقين له وعلى أنها ملة وله هو فلسفة. بهذه هي الفلسفة بالحقيقة والفيلسوف بالحقيقة.

فأما الفلسفة البتراء والفيلسوف الزور والفيلسوف البهرج والفيلسوف الباطل فهو الذي يشع في أن يتعلم العلوم النظرية من غير أن يكون موطأ نحوها. فإن الذي سبيله أن يشرع في النظر ينبغي أن يكون له بالفطرة استعداد للعلوم النظرية وهي الشرائط التي ذكرها أفلاطن في كتابه في السياسة وهو أن يكون جيد الفهم والتصور للشيء وللشيء الذاتي ثم أن يكون حفوظا وصبورا على الكد الذي يناله في التعلم وأن يكون بالطبع محبا للصدق وأهله والعدل وأهله غير جموح ولا لجوج فيما يهواه وأن يكون غير شره على المأكول والمشروب تهون عليه بالطبع الشهوات والدرهم والدينار وما جانس ذلك.

وأن يكون كبير النفس عما يشين عند الناس وأن يكون ورعا سهل الانقياد للخير والعدل عسر الانقياد للشر والجور وأن يكون قوي العزيمة على الشيء الصواب. ثم بعد ذلك أن يكون قد ربي على نواميس وعلى عادات تشاكل ما فطر عليه وأن يكون صحيح الاعتقاد لآراء الملة التي نشأ عليها متمسكا بالأفعال الفاضلة التي في ملته غير مخل بكلها أو بمعظمها. وأن يكون مع ذلك متمسكا بالفضائل التي هي في المشهور فضائل غير مخل بالأفعال الجميلة التي هي في المشهور جميلة. فإن

الحدث إذا كان هكذا ثم شرع في أن يتعلم الفلسفة فتعلمها أمكن أن لا يصير فيلسوف زور ولا بهرج ولا باطل. والفيلسوف الباطل هو الذي تحصل له العلوم النظرية من غير أن يكون له ذلك على كماله الآخر بأن يوجد ما قد علمه في غيره بالوجه الممكن فيه. والبهرج هو الذي يتعلم العلوم النظرية ولم يرد ولم يعود الأفعال الفاضلة التي بحسب ملة ما ولا الأفعال.

Also available from JiaHu Books

لقرآن الكريم - 9781909669246
كتاب ألف ليلة وليلة - 9781909669338